高地应力软岩隧道及时-强-让压支护理论与工程实践

汪 波 郭新新 王治才 吴航通 徐建强 著

中国建筑工业出版社

图书在版编目（CIP）数据

高地应力软岩隧道及时-强-让压支护理论与工程实践/汪波等著．—北京：中国建筑工业出版社，2022.5
 ISBN 978-7-112-27212-9

Ⅰ.①高… Ⅱ.①汪… Ⅲ.①地应力-软岩层-隧道-研究 Ⅳ.①U45

中国版本图书馆CIP数据核字（2022）第041990号

本书针对挤压性大变形隧道支护体系的设计与施工，以实际工程为背景，系统阐述了基于"抗-让"协同支护理念的及时-强-让压支护理论与实践，并以研发的新型大让压量锚索为核心载体，对让压支护体系中让压力、让压量等关键性参数进行了研究，最终形成一套集新理论、新产品、新工艺和新技术于一体的新型让压支护系统，对于开启我国软岩隧道大变形支护新模式具有很好的促进作用及参考价值。

本书适合从事隧道工程研究、设计、施工人员及相关专业高校师生参考使用。

责任编辑：刘婷婷
责任校对：李美娜

高地应力软岩隧道及时-强-让压支护理论与工程实践
汪 波 郭新新 王治才 吴航通 徐建强 著

*

中国建筑工业出版社出版、发行（北京海淀三里河路9号）
各地新华书店、建筑书店经销
霸州市顺浩图文科技发展有限公司制版
北京建筑工业印刷厂印刷

*

开本：787毫米×1092毫米 1/16 印张：12¾ 字数：309千字
2022年5月第一版　2022年5月第一次印刷
定价：60.00元
ISBN 978-7-112-27212-9
（38931）

版权所有　翻印必究
如有印装质量问题，可寄本社图书出版中心退换
（邮政编码100037）

前　言

　　随着交通基础设施建设向艰险山区与青藏高原边缘及腹地延伸，隧道工程呈现出了"埋深大、地应力高、软岩分布范围广"等显著特点，由此带来的（极）高地应力软岩大变形问题十分突出，如兰渝铁路木寨岭隧道、雅康高速二郎山隧道、成兰铁路杨家坪隧道、松潘隧道以及在建的木寨岭公路隧道、滇中引水工程香炉山隧洞等，都出现了不同程度和形式的软岩大变形问题，给工程建设带来极大困难和安全风险的同时，严重制约了工程进度，推高了工程成本，成为地下工程建设中的"卡脖子"难题。

　　当前，针对软岩隧道大变形的处治，业界基本采用"强支硬顶"的支护模式，在此理念支配下，支护参数的设计往往极大地突破了各行业设计规范的上限值，这种以"硬扛"模式形成的强力刚性结构在处治大变形过程中由于抑制了岩体形变能的释放，在形变量较大的软岩隧道中出现各类不同程度的工程灾害问题几成常态，导致软岩隧道大变形处治陷入"无可奈何"的境地。

　　近年来，随着高地应力软岩隧道中挤压型大变形工程案例与实践的逐渐增多，对围岩挤压大变形机理和支护结构破坏特征认识的逐步深入，同时伴随着地下工程支护技术的发展，国内外部分专家学者提出了基于"抗-让一体"的让压支护理念，为挤压型大变形隧道的整治开辟了一个崭新的方向。但总体而言，大部分的研究仅停留在对让压支护概念的探讨上，未提出系统性、操作性强的让压支护理论，而对适用于隧道工程的让压支护技术研究也极为匮乏，至于让压支护系统中关于"让压体系合理组成""让压点""让压量"等关键技术问题的研究则几乎处于空白。为此，亟需出版一部全面、系统介绍挤压型大变形隧道让压支护理论与实践的专著，为我国，乃至世界领域的挤压型大变形隧道支护体系的设计施工提供借鉴。

　　本书以G75兰海高速木寨岭公路隧道挤压型围岩大变形为工程背景，在系统剖析挤压型大变形隧道中强力支护模式下衬砌结构破坏机制和让压支护技术优越性的基础上，提出并系统阐述了基于"抗-让"协同支护理念的及时-强-让压支护理论；基于径、环向让压支护技术可行性分析，研发了与径向让压技术相适应、结构适宜、力学性能稳定及让压可靠的大让压量锚索系统；以研发的新型大让压量锚索为核心载体，对让压支护体系中让压力、让压量等关键性参数进行了系统研究，并在木寨岭公路隧道大变形段进行了成功实践，最终形成了一套集新理论、新产品、新工艺和新技术于一体的新型让压支护技术，系列研究成果有望开启我国软岩隧道大变形支护新模式。

　　本书共分8章。全书的整体构思、统稿和审定由汪波负责。各章节编写分工如下：第1章，汪波；第2章，汪波、郭新新；第3章，汪波、吴航通、徐建强；第4章：汪波、郭新新、吴航通；第5章，汪波、郭新新、吴航通、王治才；第6章：汪波、郭新新；第7章：汪波、郭新新、王治才；第8章：汪波、王治才、徐建强。

　　本书编写过程中得到了西南交通大学、甘肃长达路业有限责任公司、杭州丰强土建工程设计咨询研究院、中国电建集团华东勘测设计研究院有限公司等单位的大力支持，感谢上述单位为本书研究成果的取得提供的研究平台和经费支持。特别感谢孙钧院士、吴德兴大师在项目研究过程中的悉心指导！感谢郭陈强、王勇、马振旺、王志伟、王振宇、喻炜、刘锦超、魏夏鹏、王东等为本书编写提供的支持与帮助。本书在编写过程中得到了相关施工、设计单位的指导与大力支持，在此一并表示衷心的感谢。

本书得到国家自然科学基金高铁联合重点支持项目（U2034205）和面上项目（51578456）及甘肃省科技重大专项（19ZD2GA005）等课题的联合资助。

本书编写中参考的主要资料已在参考文献中注明，如有误漏之处敬请谅解。由于作者水平有限，书中难免存在差错、不当，恳请读者们批评指正。

作　者
2021 年 11 月于成都

目　录

第1章　绪论······1
1.1 问题的提出······1
1.2 高地应力与软岩隧道大变形概述······3
1.2.1 高地应力概述······3
1.2.2 软岩概述······4
1.2.3 软岩隧道大变形概述······5
1.3 软岩大变形隧道支护技术现状与发展趋势······7
1.3.1 现行软岩大变形隧道支护技术特点分析······7
1.3.2 强力及分层支护作用机理······11
1.3.3 现行支护体系存在的问题及发展趋势······12
1.4 让压支护技术研究现状······16
1.4.1 让压支护技术简介······16
1.4.2 径向让压支护技术······17
1.4.3 环向让压支护技术······21
1.4.4 小结······24

第2章　强力支护模式下软岩大变形隧道支护结构破坏特征及成因机制分析······26
2.1 木寨岭公路隧道概况······26
2.2 木寨岭公路隧道工程地质特征······27
2.2.1 地层岩性······27
2.2.2 地质构造······29
2.2.3 水文地质条件······31
2.2.4 初始应力场特征······32
2.3 结构参数设计及支护特性分析······33
2.3.1 支护体系及其参数······33
2.3.2 支护特性分析······34
2.4 强力支护模式下支护结构破坏特征及其影响因素分析······36
2.4.1 木寨岭公路隧道施工过程中大变形灾害实录······36
2.4.2 木寨岭公路隧道大变形灾害特征分析······41
2.4.3 木寨岭公路隧道大变形影响因素分析······43
2.5 强力支护模式下的高应力软岩隧道大变形成因机制······48

2.5.1　基于支护-围岩力学特性的大变形成因机制分析 …………… 48
　　2.5.2　基于数值仿真的高地应力软岩隧道大变形成因机制分析…… 52
2.6　本章小结 ………………………………………………………………… 60

第3章　高地应力软岩大变形隧道中让压支护的必要性与适用性研究 …… 62

3.1　软岩大变形隧道中基于支护强度的让压必要性研究………………… 62
　　3.1.1　挤压因子及围岩挤压性程度的判识 ………………………… 62
　　3.1.2　分析方案的确定 ………………………………………………… 63
　　3.1.3　基于围岩变形的让压支护必要性分析 ……………………… 64
　　3.1.4　基于围岩自稳性的让压支护适用性分析 …………………… 67
3.2　不同支护模式在高地应力软岩大变形隧道中的效用性研究………… 67
　　3.2.1　依托工程概况 …………………………………………………… 68
　　3.2.2　各类支护方案设计 ……………………………………………… 69
　　3.2.3　数值分析中各类支护模式的实现 …………………………… 69
　　3.2.4　不同支护模式下围岩-结构变形与应力状态分析 ………… 71
　　3.2.5　各类型支护效果对比分析 ……………………………………… 75
3.3　本章小结 ………………………………………………………………… 75

第4章　高地应力软岩大变形隧道中及时-强-让压支护的基本原理及其技术实现 …………………………………………………………………… 76

4.1　高地应力软岩隧道及时强支护的必要性 …………………………… 76
　　4.1.1　基于开挖后围岩应力变化的及时支护必要性分析 ………… 76
　　4.1.2　基于不同围压下岩体力学特性的强力支护重要性分析 …… 77
4.2　及时-强-让压支护的基本原理及作用机制 ………………………… 78
　　4.2.1　及时-强-让压支护的基本内涵 ……………………………… 78
　　4.2.2　及时-强-让压支护的作用机制 ……………………………… 79
4.3　让压支护技术的实现形式及其体系组成 …………………………… 80
　　4.3.1　径、环向让压支护技术在软岩大变形隧道中的适用性分析 … 80
　　4.3.2　让压支护技术的适宜实现形式 ……………………………… 81
　　4.3.3　让压支护体系的合理组成 …………………………………… 82
4.4　本章小结 ………………………………………………………………… 82

第5章　新型高强预应力大让压量锚索系统的研发及其力学特性研究 …… 84

5.1　大让压量锚索系统组成 ………………………………………………… 84
　　5.1.1　大让压量锚索的结构 …………………………………………… 84
　　5.1.2　预应力锁定系统的结构 ……………………………………… 86
　　5.1.3　后注浆系统的结构 ……………………………………………… 87
5.2　大让压量锚索的"及时-强-让压"支护机理分析 ………………… 88
5.3　大让压量锚索系统后注浆结构的抗腐特性及寿命预测 …………… 89

5.3.1　锚杆（索）体防腐技术概述 ································· 90
　　5.3.2　试验材料、试件与腐蚀环境 ······························· 92
　　5.3.3　试验方案拟定 ··· 93
　　5.3.4　试验结果与分析 ··· 93
　5.4　大让压量锚索让压力影响参数分析 ································ 96
　　5.4.1　大让压量锚索弹塑性力学模型 ······························· 96
　　5.4.2　让压力的主要影响参数分析 ··································· 98
　5.5　大让压量锚索力学特性及让压可靠性研究 ··················· 100
　　5.5.1　大让压量锚索让压力影响参数试验研究 ··············· 100
　　5.5.2　无约束下大让压量锚索力学特性及可靠性室内试验研究 ··· 105
　　5.5.3　不同约束刚度下大让压量锚索力学特性及可靠性室内试验研究 ··· 108
　　5.5.4　围岩约束下大让压量锚索力学特性及可靠性现场试验研究 ··· 114
　5.6　本章小结 ·· 117

第6章　基于蠕变效应的让压支护设计理论及关键参数研究 ············ 119

　6.1　软岩大变形隧道中让压支护关键设计理论 ··················· 119
　　6.1.1　让压支护设计中的关键问题 ··································· 119
　　6.1.2　让压支护体系中关键性参数的设计原则与方法 ··· 120
　6.2　基于两阶段法的支护试验段确定 ··································· 122
　　6.2.1　基于实践经验与工程类比的试验段初步选择 ······· 122
　　6.2.2　基于半经验半理论和经验方法的试验段变形预测 ··· 123
　6.3　常规支护构件参数与径向让压支护系统几何参数设计 ··· 125
　　6.3.1　常规支护构件材料与参数 ······································· 125
　　6.3.2　径向让压支护系统几何参数 ··································· 126
　6.4　基于材料、锚固性能及支护效果的让压力 F 的综合确定 ··· 130
　　6.4.1　锚索材料性能的确定 ··· 130
　　6.4.2　"锚索-树脂-围岩"锚固性能的测试及分析 ············· 131
　　6.4.3　基于数值仿真的让压力 F 的最终确定 ···················· 133
　6.5　基于蠕变效应的让压量 δ 设计与让压支护体系的受力特性分析 ··· 136
　　6.5.1　木寨岭公路隧道炭质板岩蠕变模型及其参数的确定 ··· 136
　　6.5.2　计算参数与工况拟定 ··· 138
　　6.5.3　让压量不足时的让压支护体系受力特性分析 ········· 139
　　6.5.4　适宜让压量下让压支护体系受力特性分析 ············· 140
　6.6　本章小结 ·· 142

第7章　及时-强-让压支护体系在木寨岭公路隧道中的应用实践 ············ 143

　7.1　软岩隧道中及时-强-让压支护体系方案设计 ··············· 143
　　7.1.1　关键设计参数 ··· 143
　　7.1.2　支护体系结构组成 ··· 143

  7.1.3 支护构件材料与规格 ·············· 145
  7.1.4 基于分部开挖的及时-强-让压支护体系设计 ·············· 145
 7.2 及时-强-让压支护体系对软岩隧道的变形控制效果分析 ·············· 148
  7.2.1 现场监测方案的制订 ·············· 148
  7.2.2 围岩稳定性 ·············· 152
  7.2.3 支护结构受力特性及安全性 ·············· 154
  7.2.4 让压锚索受力特征及让压可靠性 ·············· 158
 7.3 "让压"与"强支"模式下软岩大变形隧道稳定性对比分析 ·············· 159
  7.3.1 强力支护段概况 ·············· 160
  7.3.2 围岩稳定性对比分析 ·············· 165
  7.3.3 结构受力特性与安全性对比分析 ·············· 169
 7.4 本章小结 ·············· 170

第8章 软岩隧道中及时-强-让压支护体系施工关键技术研究 ·············· 171

 8.1 大让压量锚索系统的施工工艺流程、控制要点与施工配置 ·············· 171
  8.1.1 施工工艺流程 ·············· 171
  8.1.2 关键控制要点 ·············· 173
  8.1.3 施工配置设计 ·············· 174
 8.2 及时-强-让压支护技术的工艺流程与控制要点 ·············· 180
 8.3 基于"先锚后支"的及时-强-让压支护体系施工工序 ·············· 181
 8.4 大让压量锚索系统的质量检测 ·············· 182
  8.4.1 锚索让压力、让压滑移量和拉拔力检测 ·············· 182
  8.4.2 锚索预紧力检测 ·············· 183
  8.4.3 锚索后注浆质量检测 ·············· 184
  8.4.4 锚索支护几何参数与安装质量检测 ·············· 184
 8.5 本章小结 ·············· 185

参考文献 ·············· 186

第1章 绪 论

1.1 问题的提出

近年来,随着国内铁路、公路建设的持续迅猛发展,穿越高地应力区的深、长、险、大隧道大量出现,尤其是我国西部地区青藏高原边缘及纵深带以及"河西走廊—祁连山—西秦岭—陇南—汶川"等地带,均分布有大范围的以板岩、泥岩、炭质板岩、千枚岩等为代表的软弱破碎岩土地层。有鉴于此类型地层一般具有岩石强度低、破碎程度高、遇水易软化等特点,高应力下隧道修建过程中软弱围岩大变形灾害问题极为突出,如兰新线上的乌鞘岭隧道、兰渝线上的木寨岭铁路隧道、国道 G212 线上的木寨岭公路隧道、成兰线上的杨家坪隧道、松潘隧道等,在修建过程中均遇到了不同程度的高应力软弱围岩大变形灾害问题。

据对已有大量高应力软岩大变形隧道的资料调研分析表明:该类隧道开挖后围岩具有显著的变形总量大、变形速率快和变形持续时间长等特点,若断面开挖后,支护体系施作滞后或强度及变形控制能力不足等,均会使得围岩性状急剧恶化,塑性区与松动圈持续不断扩大,最终诱发围岩-支护体系变形过大及结构破坏等问题(图 1.1-1)。

图 1.1-1 围岩-支护大变形实景

为有效抑制高应力下软岩隧道开挖后快速发展的变形,保持岩体自承载能力,将围岩塑性区及松动圈保持在合理范围内,多年来,国内外尤其是我国隧道工程界对于软岩大变形的治理一直沿用实时施作强力支护来"硬扛"的传统设计施工理念。在上述理念指导下，锚、喷、网、钢架和二衬等支护诸参数的设计标准都大大突破了各行业设计规范中推荐的上限值。至于支护方式及其材料、工艺等方面，大多仍沿用常规既有模式，即传统"复合式刚性衬砌"："初衬"采用"复喷喷射网筋混凝土＋普通的刚度大、密布式的中空注浆/砂浆锚杆＋纵向加密式钢桁拱架（或型钢拱架）"来施作联合支护，其二次衬砌则多采用增厚式模注钢筋混凝土的刚性复合衬砌来做"硬扛"处理。事实上，这种刚性支护方案实践上大多以失败而告终，频繁出现了普通刚性锚杆因不能适应围岩的变形而被拉断失效，钢拱架因受荷过大而产生扭曲或剪断，喷射混凝土出现开裂等现象（图 1.1-2），此类教训几成常态！因此，传统的支护方式及设计理论在日益复杂多变的地下工程中受到了极大的挑战，基于新型理论下的全新支护理论与体系亟待提出。

(a) 钢拱架扭曲　　　　　　　　　　　　　(b) 喷射混凝土开裂

图 1.1-2　衬砌结构破坏图

我国隧道工程设计与施工一直遵循"新奥法"理念，允许围岩产生可控的、有限的一定量的变形位移（即本书所提的"让"）。显然，前述"硬扛"的理念并不符合这一思想。有鉴于此，国内外专家对现行的"强支护"体系提出了不少新的看法，如孙钧院士指出❶："在软岩大变形地下洞室中，通过提高支护结构的刚度和强度来阻止围岩变形收敛的思路一般都是行不通的，支护结构应具有有限可缩的变形功能。"因此，对于高应力软岩大变形的治理思维模式，不能一味地采用刚度大、支护强、延展性差而费用又高的支护手段，而是应在施工过程中提供恒定的设定支护力（"边支"）控制围岩早期变形和提升围岩自承能力的同时，让"围岩形变能"得以在相应的支护抗力持续伴随作用下适当释放，进而达到优化隧道支护参数、满足其合理受力状态的目的。

依据上述思路，高应力软岩大变形隧道支护体系，特别是对严重挤压大变形隧道，除能及时地提供较高的初期支护抗力外，还应具备良好的延伸性（让压量）以适应围岩变形历时增长发展的需要，从而起到"边支边让"的有益效果，谓之"让压"。因此，结合及时-强-让压支护理论，研发理论可行、结构适宜、应用可靠的让压支护产品，并依托该（系列）产品，开展让压支护技术与体系在典型大变形工程中的应用试验将显得尤为必要与迫切，形成的系列研究成果也有望为我国大变形软岩隧道工程带来全新的支护理念、体

---

❶　孙钧. 地下工程设计理论与实践 [M]. 上海：上海科学技术出版社，1991.

系与工程实践。

1.2 高地应力与软岩隧道大变形概述

1.2.1 高地应力概述

地应力为存在于地壳中的应力，即由于岩石形变而引起的介质内部单位面积上的作用力。地应力一般包括两部分：一是由引力和地球自转惯性离心力引起的，由覆盖岩石的重量引起的应力；二是由邻近地块或底部传递来的构造应力。这种应力是指与标准状态差异的部分，除包括由邻近地块或底部传来的现代构造应力外，还包括过去构造运动残留下来而尚未完全松弛掉的残留应力，以及附近人为工程（如隧洞、开采面）引起的应力变化。

一般认为高地应力是隧道围岩发生挤压大变形的基础，这也是与目前工程实践相契合的。对高地应力的判别/鉴定，目前主要有三种方式：

(1) 根据应力值的绝对大小，一般定义最大主应力大于等于 20MPa 为高地应力，大于等于 30MPa/40MPa 为极高地应力。这类标准主要由早期的部分学者提出，现已较少采用。

(2) 根据岩石（块）的强度应力比，多数采用岩石的饱和单轴抗压强度与最大主应力的比值进行划分。国内一般定义强度应力比 4~7 为高地应力，小于 4 为极高地应力。该方法结合岩石强度定义的高地应力是一个相对的概念，目前应用最为广泛，国内如岩土工程国家标准、铁路工程行业标准、公路工程行业标准（表 1.2-1），国外如法国、日本等（表 1.2-2），均采用此类标准。

(3) 采用应力值大小和强度应力比进行双控，目前主要应用于国内水电工程行业，如表 1.2-3 所示。

国内采用岩石（饱和）强度应力比划分地应力的标准　　　　表 1.2-1

划分标准	分级	
	高地应力	极高地应力
铁路工程行业标准	4~7	<4
公路工程行业标准	4~7	<4
岩土工程国家标准	4~7	<4

部分国家采用岩石（饱和）强度应力比划分地应力的标准　　　　表 1.2-2

划分标准	分级		
	低地应力	中地应力	强地应力
法国隧协	>4	2~4	<2
日本应用地质协会	>4	2~4	<2
日本国铁隧规	>4	4~6	2~4

国内水电工程采用双控指标划分地应力的标准　　　表 1.2-3

划分标准		分级			
		低地应力	中等地应力	高地应力	极高地应力
水电工程行业标准	最大主应力	<10MPa	10～20MPa	20～40MPa	≥40MPa
	强度应力比	>7	4～7	2～4	<2
水电工程国家标准	强度应力比	>4		2～4	<2

1.2.2 软岩概述

软岩分为地质软岩和工程软岩。目前，人们普遍采用的软岩定义基本上可归于地质软岩的范畴，按地质学的岩性划分，地质软岩是指强度低、孔隙度大、胶结程度差、受构造面切割及风化影响显著或含有大量膨胀性黏土矿物的松散、软弱岩层，该类岩石多为泥岩、页岩、粉砂岩和泥质砂岩等单轴抗压强度小于某一临界值的岩石，如国际岩石力学会将软岩定义为单轴抗压强度在 0.5～25MPa 之间的一类岩石。国内如铁路、公路、岩土的标准规范中则一般定义单轴饱和抗压强度低于 30MPa 为软岩，分类依据基本上是依强度指标，强调软弱松散的低强度特点。

但是，该软岩定义用于工程实践中会出现矛盾，如隧道所处深度足够浅，地应力水平足够低，则小于 30MPa 的岩石也不会产生软岩的特征；相反，大于 30MPa 的岩石，如工程部位足够深，地应力水平足够高，也可以产生软岩的大变形、大地压和难支护的现象。因此，地质软岩的定义不能用于工程实践，故而提出了工程软岩的概念。

工程软岩的定义是指在工程力作用下能产生显著塑性变形的工程岩体。该定义的主题词是工程力、显著变形和工程岩体。工程岩体是软岩工程研究的主要对象，是隧道、边坡、基坑等开挖扰动影响范围之内的岩体，包含岩块、结构面及其空间组合特征。工程力是指作用在工程岩体上的力的总和，可以是重力、构造残余应力、水的作用力和工程扰动力以及膨胀应力等。显著塑性变形是指以塑性变形为主体的变形量超过了工程设计的允许变形值并影响了工程的正常使用，显著塑性变形包含显著的弹塑性变形、黏弹塑性变形、连续性变形和非连续性变形等。此定义揭示了软岩的相对性实质，即取决于工程力与岩体强度的相互关系。当工程力一定时，不同岩体，强度高于工程力水平的大多表现为硬岩的力学特性，强度低于工程力水平的则可能表现为软岩的力学特性；对同种岩石，在较低工程力作用下，表现为硬岩的变形特性，在较高工程力的作用下则可能表现为软岩的变形特性。

按照工程软岩的定义，根据产生塑性变形的机理不同，可将软岩分为四类，即膨胀性软岩（或称低强度软岩）、高应力软岩、节理化软岩和复合型软岩，具体的分级分类指标如表 1.2-4～表 1.2-7 所示，其中，对于复合型软岩根据具体条件进行分级。

软岩工程分类　　　表 1.2-4

软岩分类	分类指标		
	单轴饱和抗压强度 σ_c (MPa)	泥质含量	结构面
膨胀性软岩	<25	≥25%	少

续表

软岩分类	分类指标		
	单轴饱和抗压强度 σ_c (MPa)	泥质含量	结构面
高应力软岩	≥25	≤25%	少
节理化软岩	低～中等	少含	多组
复合型软岩	低～高	含	少～多组

膨胀性软岩分级　　　　　　表 1.2-5

软岩分级	分级指标		
	蒙脱石含量(%)	干燥饱和吸水率 k_0(%)	自由膨胀变量(%)
弱膨胀软岩	<10	<10	>15
中膨胀软岩	10～30	10～50	10～15
强膨胀软岩	>30	>50	<10

高应力软岩分级　　　　　　表 1.2-6

软岩分级	分级指标
	工程岩体应力水平(MPa)
高应力软岩	25～50
超高应力软岩	50～75
极高应力软岩	>75

注：高应力水平是指，使岩石进入塑性状态的应力水平。

节理化软岩分级　　　　　　表 1.2-7

软岩分级	分级指标		
	岩体面积节理数 J_s(条·m^{-2})	节理间距	岩体完整性指数 K_v
较破碎软岩	0～15	0.2～0.4	0.55～0.35
破碎软岩	15～30	0.1～0.2	0.35～0.15
极破碎软岩	>3	<0.1	<0.15

1.2.3　软岩隧道大变形概述

1. 软岩隧道大变形类型

按隧道围岩压力性质划分隧道大变形主要有：膨胀型大变形、松散型大变形和挤压型大变形。分述如下：

(1) 膨胀型大变形

膨胀型大变形又称材料型大变形，因岩体中含有大量的膨胀型矿物（如高岭石、蒙脱石等），遇水情况下体积膨胀而发生大变形，其特点是变形无明显的优势方向和部位。

(2) 松散型大变形

松散型大变形又称结构型大变形，由于岩体结构面强度较弱，在地下洞室开挖后，在不大的地应力情况下岩体沿结构面如节理、层理等产生滑移、松动而产生大变形，其特点是大变形沿岩体结构面发生，具有突发性。

松散型大变形是可以防止的。支护设计和施工失当是诱发松散型大变形的重要原因，包括：

1) 初期支护不及时；
2) 支护结构刚度不足；
3) 初期支护与围岩不密贴。

松散型大变形是围岩大坍方的预兆，十分危险，处治方案可以简单明确地归结为：立即加强支护！特别要指出的是，如果松散型大变形已经发展到需拆换支护、扩挖断面的程度，则施工中的安全风险是很大的，必须有防范措施。

（3）挤压型大变形

挤压型大变形又称应力型大变形，由于岩体强度较低，在高应力条件下岩体发生剪切破坏，进而失稳发生大变形，变形具有明显的方向和部位。挤压型大变形发生在围岩的松弛阶段，是在高地应力条件下由于软弱围岩的松弛而产生的变形，围岩的松弛会有一定的持续性，直到变形达到一定的量值，围岩发生松散或坍塌。

2. 挤压变形一般特征及其力学机制

（1）高地应力软弱围岩引发的挤压变形总体表现为：

1) 初期变形速率快，围岩变形严重，往往出现变形不对称的情况，变形具有方向性，以向洞内挤出为主。

2) 由于软岩的流变性，变形持续时间长，且具有重复性，在初期支护完成之后，变形仍在继续，甚至呈现不收敛趋势，如图1.2-1所示。

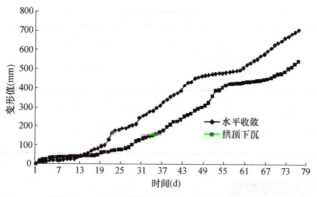

图1.2-1 挤压型围岩大变形曲线时间特征

3) 大变形灾害主要表现为初喷混凝土开裂或鼓起、锚杆拉断失效、钢拱架扭曲断裂、隧道侵限、局部二衬开裂，甚至开挖面坍塌等，如图1.2-2所示。

（2）从围岩的变形机理上分析，主要有完全剪切破坏、弯曲破坏、剪切及滑动张裂破坏，如图1.2-3所示。

1) 完全剪切破坏：如图1.2-3（a）所示，地下洞室围岩因剪力超限而发生破坏，剪切破坏区形状为环绕洞周的环形塑性区，剪切过程伴随围岩的滑移和突然分离。完全剪切破坏常见于连续的塑性岩区或有较大间隙的不连续岩体。

(a) 初支开裂　　　　　　　　　(b) 钢拱架扭曲破坏

图 1.2-2　挤压型大变形地下洞室主要灾害

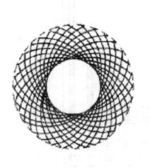 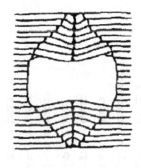 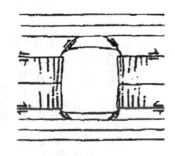

(a) 完全剪切破坏　　　　　(b) 弯曲破坏　　　　　(c) 剪力及滑动张裂破坏

图 1.2-3　挤压型围岩破坏形式

2）弯曲破坏：如图 1.2-3（b）所示，开挖洞室周围层状岩体因受到较大弯矩而发生破坏，常发生于呈层状分布或节理较为发育的变质岩（如千云母片岩）及具有延性的薄层状沉积岩（如泥岩、页岩、砂岩、粉岩等）中。

3）剪切及滑动张裂破坏：如图 1.2-3（c）所示，洞室两侧围岩受到挤压，沿层面发生滑移，进而导致张裂破坏；洞室顶部及仰拱处的围岩因受到较大剪力而发生破坏。剪切及滑移张裂破坏常发生于厚层沉积岩中。

1.3　软岩大变形隧道支护技术现状与发展趋势

1.3.1　现行软岩大变形隧道支护技术特点分析

1. 强力支护模式

自 20 世纪初首例严重的交通隧道（辛普伦Ⅰ线隧道）软岩大变形发生以来，国内外隧道工程发生围岩大变形灾害的事例屡见不鲜，国外如日本的惠那山隧道、奥地利的陶恩隧道、阿尔贝格隧道等都是典型的软岩大变形灾害工程案例。国内如青藏线上的关角隧道，宝中线上的大寨岭隧道、堡子梁隧道，南昆线上的家竹箐铁路隧道，兰渝线上的木寨岭隧道等工程均出现了不同形式和程度的围岩大变形情况，给工程建设造成极大的困难，给隧道设计、施工带来了一系列的问题。为此，国内外众多学者针对软岩隧道大变形支护技术开展了系列研究，提出了各种形式的支护措施。但总体而言，强支护措施仍是目前大变形隧道处治过程中的首选，如日本惠那山隧道Ⅰ线采用了厚达 1.2m 的初支及二衬＋两层 H250@0.8m 型钢拱架的强支护体系，Ⅱ线海夹石断层带也同样采用了极强的支护措施；国内兰渝铁路线上两水隧道为遏制大变形的产生发展，亦采用了双层初支（喷射混凝土 30cm＋20cm，H175@0.5m＋I16@1.0m 型钢钢架）＋二衬（拱墙 60cm、仰拱 70cm）和初支（喷射混凝土 30cm，H175@0.5m 型钢钢架）＋双层二衬（50cm＋30cm，C45 钢筋混凝土）的强支护手段等。有鉴于此，为充分了解国内外软岩大变形隧道中现行支护体系的状况，特针对铁路、公路典型软岩大变形隧道支护措施进行了调研，并按支护体系中各组成构件特点归纳总结如图 1.3-1～图 1.3-4 所示。

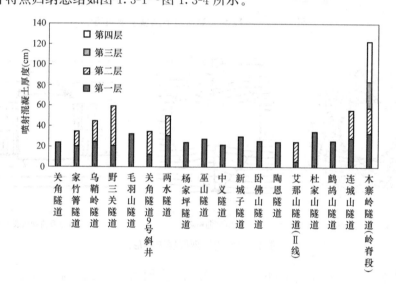

图 1.3-1　国内外典型软岩大变形隧道中喷射混凝土参数

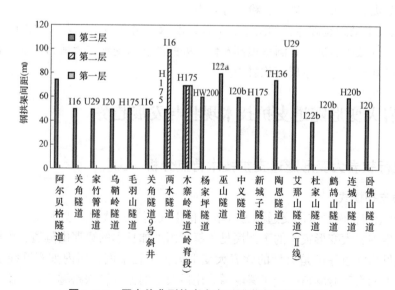

图 1.3-2　国内外典型软岩大变形隧道中钢拱架参数

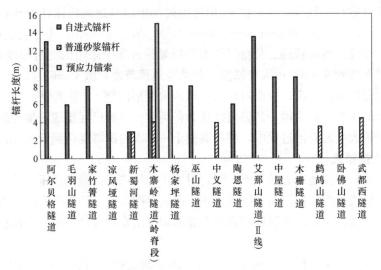

图 1.3-3　国内外典型软岩大变形隧道中锚杆（索）参数

注：锚杆（索）间距普遍在 50～100cm 不等。

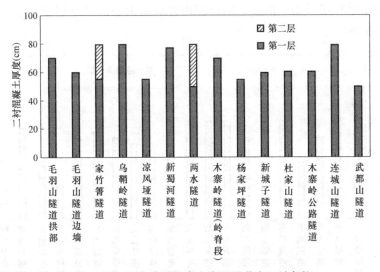

图 1.3-4　国内典型软岩大变形隧道中二衬参数

注：除家竹箐隧道采用钢纤维混凝土外，其余均为钢筋混凝土。

通过对软岩隧道大变形段支护参数的调研，并结合现行铁路、公路隧道规范推荐值对比分析可知：

（1）喷射混凝土：铁路、公路隧道规范推荐的厚度值为 15～25cm。而实际大变形处治过程中采用的喷射混凝土厚度基本上都大于 25cm，最大达到了 45cm（单层），远大于规范推荐值。施作工艺上，部分隧道为两层两次甚至多次施作，如家竹箐隧道、乌鞘岭隧道。

（2）钢拱架：铁路、公路隧道规范推荐拱架间距值为 0.8～1.2m。而实际大变形处治过程中采用的钢拱架间距主要集中在 0.5m 左右，远小于规范推荐值，且基本上采用大型号钢拱架，如 I22b、H175 型钢等。

（3）锚杆（索）：当前软岩隧道大变形处治过程中以自进式长锚杆为核心，长度普遍在 6m 以上，以 8m 为主；间距在 50～100cm 不等，集中在 50cm，小于规范推荐值。

（4）二衬厚度：当前铁路、公路隧道大变形处治过程中采用的二衬厚度基本为 50cm 以上，最大甚至达到 80cm，远大于铁路、公路隧道规范推荐值 45cm。

通过上述分析可以看出，为应对软岩隧道的大变形问题，"强支硬顶"已成为现今软岩隧道大变形的主要支护手段，其突出特征为各类支护参数已远超规范推荐的上限值，如木寨岭铁路隧道大变形处治过程中，喷射混凝土＋二次衬砌厚度达到近 2.0m。

2. 分层支护模式

实际工程中，在高地应力状态下，围岩对支护结构造成持续性挤压，前述的传统"强支硬顶"支护模式，难以抑制长期服役过程中因软弱围岩流变效应产生的应力集中而造成的局部混凝土开裂。于是，从释放围岩形变能的理念出发，分层支护技术被提出并逐步应用于实践。

所谓分层支护，主要针对初期支护而言，即初期支护分两层甚至多层施作。一般来讲，第一层采用刚度较小的支护措施，以释放部分围岩压力，待围岩压力及形变能释放到一定程度后，再施作二层支护，以保持围岩-结构稳定。基于该理念的支护手段在国内外大变形地下洞室中有所采用，据此，调研国内外软岩大变形地下洞室双层初期支护的厚度，如图 1.3-5 所示。

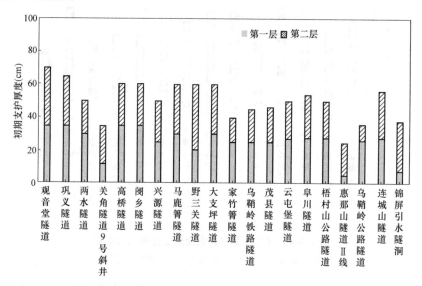

图 1.3-5 双层初期支护隧道支护厚度

由图 1.3-5 可以看出，已实施的分层支护措施具有以下特点：

（1）部分隧道第一层支护施作的支护参数同样远超规范建议值，实际已处于强支护状态，如铁路隧道中两水隧道第一层喷射混凝土厚度 30cm，H175 型钢钢拱架，间距 0.5m；公路隧道中梧村山隧道第一层喷射混凝土厚度 28cm，内设双层钢筋网和 I22b 工字钢。在上述强支护状态下，围岩-初期支护结构体系变形亦受到约束，实际很难达到预设的预留变形量、释放围岩变形的目的。

（2）为达到释放围岩变形的目的，部分隧道第一层支护设计的支护参数较小，如关角铁路隧道喷层厚度只有12cm，惠那山隧道只有5cm，达到了释放围岩变形的目的。但此时第二层支护的时机掌握就极为重要，若处置不当，容易出现塌方风险，如关角隧道9号斜井B线西宁方向DyK304+556～+440段为了控制变形，采用了双层支护，在K304+500～+440段由于第二道支护未及时施作，变形加剧，导致DyK304+487～+474段初期支护破坏，不得不进行拆换。

1.3.2 强力及分层支护作用机理

1. 强力支护作用机理

所谓"强支护"是指：洞室开挖后，通过加大支护结构刚度，如采用加厚的喷射混凝土、间距更密的高强度钢拱架及尽早跟进二次衬砌等措施，以期抑制围岩的变形，控制围岩松动圈的发展。由于采用了很强的支护结构，导致支护参数的设计往往突破了各行业设计规范中的推荐值，而支护方式及工艺材料方面大多采用常规模式。

按照新奥法的理念，隧道结构体系是由围岩和支护结构共同构成，两者都是承载单元，其中围岩是主要的承载单元。基于此理念，地下结构中理想的支护应该是既能提供足够的支护强度保证围岩与支护安全，又能与围岩共同发生适量的变形，释放部分围岩内应力，达到围岩与支护结构的共同平衡。因此，对于用矿山法修建的一般地下洞室，要寻找合适的支护时机，采用适宜的支护结构参数，达到安全与经济的双重效益。但在挤压型大变形地下洞室的开挖过程中，由于围岩的自承载能力弱，自稳时间短，导致洞室开挖后变形速度快、变形量大、持续时间长，若开挖后不及时支护或支护强度不足，在高内应力和蠕变效应的作用下，围岩压力将持续增加，使得自身强度降低，在无围压约束状态的洞室周边岩体很快进入塑性状态，岩体性状急剧恶化，最终形成过大的松动破坏圈，诱发大变形及坍塌等风险。有专家指出，在软岩大变形隧道开挖中，应及时给围岩施加一定的围压，尽早提供较强的支护强度，绝不允许过多的释放，在软岩大变形隧道中寻找最佳支护点是错误的。在上述思想的指导下，强支护体系在挤压型大变形中被广泛使用。

图1.3-6所示为挤压型大变形条件下围岩-支护特性曲线，其中，曲线①表示围岩特性曲线，曲线②、③、④表示支护特性曲线（②、③表示支护刚度相同而支护时机不同，③、④表示支护时机相同而支护刚度不同），斜率越大，支护刚度越大。

由图1.3-6可以看出：

（1）按照新奥法理念，地下洞室合理的支护曲线应该为②，即选择合适的支护时机（A），用适宜的支护刚度达到围岩与支护的平衡。但对于挤压型大变形地下洞室，由于围岩的自承载能力弱、强度低，开挖后变形速度快、变形量大，按照主流的强支护理念，应及时给围岩施加一定的围压，尽早提供较强的支护强度，绝不允许过多的释放，因此，强支护条件下挤压型大变形地下

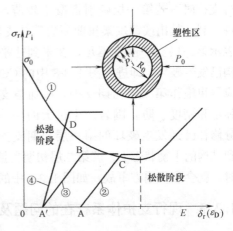

P_i—支护力；P_0—围岩压力；σ_r—洞周径向压应力；σ_0—开挖完成后（未支护的初始状态下）洞周径向压应力；δ_r—洞周径向变形

图1.3-6 挤压型围岩-支护特性曲线

洞室的支护时机相对于一般地下洞室更早一些（A′）。

（2）挤压型大变形地下洞室中，若支护施作过早，围岩变形释放小，导致围岩的内应力较大，此时若支护结构刚度不足，结构就会在达到平衡点之前进入塑性状态，进而发生破坏，如曲线③。所以，对于挤压型大变形地下洞室，开挖后必须进行强支护，即增加支护刚度以保证围岩支护体系安全，如曲线④。

2. 分层支护作用机理

分层初期支护系统与同种厚度（刚度较大的强支护）的单层初期支护系统受力呈现不同的状态，具体情况如图 1.3-7 所示，其中，曲线①是洞室开挖后围岩特性曲线，AB 是常规强支护体系的支护特性曲线，ACD 是分层初期支护体系的支护特性曲线（以双层为例），支护特性曲线的斜率表示刚度。

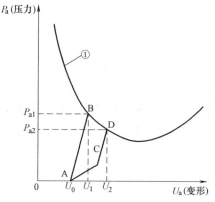

图 1.3-7　单、双层初支力与位移关系曲线

由图 1.3-7 可以看出：

（1）采用常规强支护体系时，支护结构与围岩达到平衡点 B 时，支护结构受力为 P_{a1}。

（2）采用分层初期支护体系时，支护特性曲线由两部分构成，即图中 AC 段和 CD 段，AC 段表示施作的第一层喷射混凝土，其刚度小于 AB 段，说明喷层厚度小于常规强支护；待围岩变形适当释放之后，再施作第二层喷射混凝土，特性曲线为图中 CD 段，AB 平行于 CD，说明此时分层支护喷射混凝土的总厚度与常规强支护相同；到达平衡点时支护结构受力为 P_{a2}，显然 $P_{a1} > P_{a2}$，说明在支护时机和支护总厚度（刚度）相同的前提下，采用分层初期支护达到平衡点时结构受力低于常规强支护。

但是，当采用分层初期支护对挤压型软岩进行支护时，若第一层喷射混凝土较薄，则容易出现开裂、鼓出或钢拱架扭曲断裂等初支破坏现象，表示第一层支护刚度不足，在未到达平衡点时结构已发生破坏，即进入图 1.3-8 中的 CC′段。此时应尽快施作第二层初期支护，以加强支护结构的强度和刚度，防止围岩产生过大的松动圈，并部分修补已经发生破坏的第一层初期支护，最终达到结构的平衡状态 D。若第二层初期支护施作不及时，就会出现塌方事故，如图 1.3-8 中的 C′E 段。

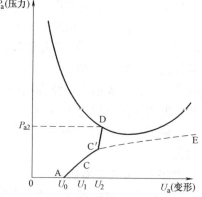

图 1.3-8　双层初支受力破坏关系曲线

1.3.3　现行支护体系存在的问题及发展趋势

1. 存在的问题

工程实践已经证明，对常规隧道和轻微乃至中等挤压变形隧道，目前常用的隧道支护体系一般能起到良好的支护效果，围岩位移也多数能控制在既定的标准之内。但是，对于挤压变形严重的隧道（挤压因子 $N_c < 0.16$），强力支护模式和多层支护模式往往难以有

效支护，存在下述几方面的问题。

（1）强力支护模式

1）属被动承压模式，支护刚度大、延展性差、抗震性能低，若遇超出承载能力的压力或偶然荷载（如地震、爆破荷载等）时，极易产生前述的如喷射混凝土开裂、剥落，锚杆拉断，钢拱架扭曲等破坏。

2）为控制变形发展及预防塌方风险，大变形段二衬及时跟进，鉴于我国隧道二衬施作普遍采用现浇模筑混凝土工艺，受其限制，二衬浇筑后需经一定时间的养护才能满足设计中提出的强度要求，进而实现较好的承载目的。但软岩隧道中过早地施作二衬，导致其早期强度未达设计标准时，围岩形变压力就已发挥作用，从而诱发了新建隧道二衬开裂进而影响后期承载的现象（图1.3-9）。

  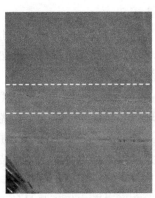

(a) 杜家山隧道　　　　　(b) 桐寨隧道　　　　　(c) 某输水隧洞

图1.3-9　施工期隧道二衬裂损

3）部分隧道采用了可控围岩变形的支护手段，如设置了可缩式钢拱架，或设置带纵向伸缩缝的喷射混凝土＋可缩式钢拱架，如阿尔贝格隧道、陶恩隧道、家竹箐隧道。但由于支护是包含喷射混凝土＋锚杆及钢拱架的复杂体系，变形过程中上述各部分是一相互协调的综合体，因此，仅容许钢拱架变形或设置初期支护措施较弱的含纵向伸缩缝的喷射混凝土＋可缩式钢拱架的支护体系将难以达到预期效果，易出现锚杆拉断，初喷混凝土开裂、剥落掉块等现象，如中屋隧道、家竹箐隧道。

综合以上三点可知，随围岩挤压程度增加，单纯依靠增强支护参数来提升支护力是难以有效控制围岩变形的，这是因为，高强支护过程中约束了围岩变形能的适当释放，其虽在部分隧道施工初期取得了成功，但在高形变能积聚下，伴随着围岩蠕变效应的发展，二次衬砌结构将极大可能地在营运早期出现开裂等现象，这也是部分已建成的严重挤压变形隧道多次修缮二次衬砌的原因之一。

（2）分层支护模式

1）双层初期支护的理论研究尚不深入，缺乏成熟的可供借鉴的工程经验。

2）第一层支护的厚度难以确定。围岩的塑性区和支护方式的关系如图1.3-6所示。当第一层支护较薄时，能起到柔性支护的作用，但是在大变形地下洞室中，若开挖后没有进行及时强支护，会使围岩产生很大的塑性区，且因为支护太弱很容易被破坏并发生塌方事故。若第一层支护较厚，难以起到柔性支护的作用，进而未达到释放围岩变形的目的。

从调研资料可以发现，除少数隧道（惠那山隧道Ⅱ线、锦屏引水隧洞）第一层初期支护比较薄外，多数隧道第一层初期支护厚度（刚度）较大，已经超出规范规定的初期支护刚度，难以起到释放围岩位移进而释放围岩压力的作用。

3）第二层初期支护施作时机难以把握，容易引发工程事故。影响双层初期支护施作效果的另一个关键性因素是第二层初期支护的施作时间，第二层初期支护如施作过早，不能有效释放围岩应力；施作过晚，极易引起大变形加剧，第一层支护破坏，甚至引发隧道塌方。如关角铁路隧道9号斜井进洞时，由于第二层初期支护未及时施作，导致出现严重大变形，支护被破坏。乌鞘岭公路隧道原设计采用双层初期支护，由于地质条件复杂和初期支护施工不当，在进行掌子面喷射混凝土作业时，初支开裂，出现塌方，拱腰处钢架被冲毁。另外，在同样支护条件下，不同级别的围岩对第二层初期支护时间也有不同的要求。

4）双层初期支护影响施工进度。施作第二道初期支护时对掌子面的施工干扰比较大，难以满足施工进度要求。如关角隧道施工中，二次支护的施作对掘进影响较大，造成施工缓慢。

综合以上四点可知，双层初期支护在大变形隧道的应用尚处于起步探索阶段，其设计理论和施工工艺主要是借鉴初期支护与二衬相互作用理论、现场试验或施工经验，相应的设计理论、施工方法、支护参数及支护手段并不成熟，不能准确地考虑和反映现实情况。尤其需要指出的是，双层支护或多层支护，支护的核心在于释放（一定）围岩形变能，但其对于第一次支护的强度，以及第二次支护的时机，都难以明确，因此，双层初期支护在大变形隧道中仍不是最佳选择。

2. 发展趋势

近年来，随着软岩大变形隧道建设过程中各类灾害问题的大量出现，现行的及时-强-支护和分层支护设计理念受到国内外越来越多地下工程专家的质疑，并由此引发了关于软岩隧道大变形处治措施的讨论，以及时强支护和分层支护为基础，融合两种支护思想的新型支护理念近年来被业界学者提出。其中，基于"先抗后让""边抗边让""抗让联合"特点的让压支护理念便是典型代表（图1.3-10）。

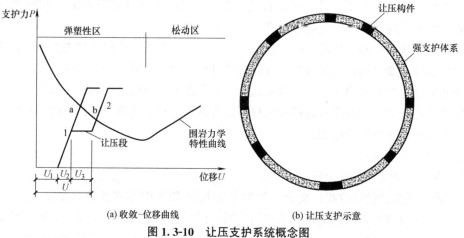

(a) 收敛-位移曲线　　(b) 让压支护示意

图 1.3-10　让压支护系统概念图

让压支护理念的提出，为挤压变形隧道，尤其是严重挤压变形隧道的有效整治提供了一条全新的道路，并已成为隧道工程领域的研究热点之一。

由图 1.3-10 可知，所谓让压，是要求在保持支护结构恒定承载力的条件下，允许其产生一定的位移量［图 1.3-10（a）中的让压段］，以释放部分围岩压力及动荷载作用时积聚的能量，待让压量释放完毕后，结构随变形的进一步加大而持续承载直至破坏，从而达到充分发挥围岩的自承载能力，优化支护受力，保障隧道稳定、安全的目的。该理念正如孙钧院士指出的❶：对于软岩大变形地下洞室，支护结构应具备"强柔性、高可缩性、边支边让、支护结构后期的增阻性及经济性和施工的便利性"等特点。

截至目前，国内外针对让压支护体系进行了尝试性的试验研究，如日本惠那山Ⅱ线公路隧道穿越断层时，最早采用了设置带 6 个 25cm 纵向切槽的喷射混凝土（厚度 5cm＋20cm，分层施作）＋可缩性钢拱架＋6m 长锚杆的让压支护系统，虽开始时有效抑制了大变形的发生，但后续开挖中仍出现了极为严重的喷射混凝土开裂、剥落及拱架扭曲现象，后变更为带 4 个 15cm 纵向切槽的喷射混凝土（厚度 5cm＋20cm）＋可缩性钢拱架＋9m 长锚杆的让压支护系统，才使得大变形得以控制。在连接法国与意大利之间的里昂—都灵基线隧道修建过程中，由于其"圣马丁拉波特"平导变形量过大，采用了带让压控制器的喷射混凝土（20cm）＋可缩性拱架＋8m 长锚杆的让压支护体系（图 1.3-11），并进行了现场实测与数值模拟分析，取得了良好的效果。瑞士学者 L. Cantieni G. 及 Anagnostou 对挤压型大变形隧道中让压支护体系中的相关技术问题进行了分析探讨。

图 1.3-11　圣马丁拉波特隧道让压支护体系

孙钧院士是国内对让压支护系统研究较早的学者，但受早期产品材料及工程建设规模的限制，其让压支护系统实现主要是以高强度大弧板、铰式接头、背衬材料构成软岩巷道的永久支护，以金属网、喷混凝土、注浆锚杆构成软岩巷道的临时支护，如图 1.3-12 所示。基本原理是软岩巷道的变形可以通过压缩背衬材料，最终通过作用在带有铰接接头的高强度大弧板上来实现变形让压。从支护形式来看，其支护方式与当前交通、水工隧道的实践具有较大差别。

家竹箐隧道在最初设置带纵向切槽喷射混凝土（厚度 20cm）＋U29 可缩型钢架＋3m 长锚杆的让压支护体系失败后，将让压支护系统进一步加强至 3 个 20cm 纵向切槽喷射混凝土（厚度 20cm＋15cm）＋U29 可缩型钢架＋（8～10）m 长锚杆的让压支护体系，使得大变形问题得到有效控制。

---

❶ 孙钧. 地下工程设计理论与实践 [M]. 上海：上海科学技术出版社，1991.

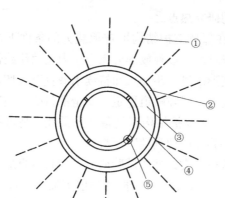

①—注浆锚杆，$L=2500$；
②—100喷射混凝土层（$\phi 8\times 250\times 250$网筋）；
③—250衬垫，250(厚)×320(宽)×2900(长)；
④—钢筋混凝土弧板/环；
⑤—弧板钢管接头。
注：单位为mm。

图1.3-12　高强度大弧板支护结构示意

王建宇研究员从地层特征曲线和支护-围岩相互作用的机理出发，阐述了挤压型大变形隧道中可让式支护的基本原理，并对支护构件进行了探讨，给出了相关的设计施工建议。李冲以曲江矿－850m东皮带大巷（高应力泥化软岩巷道）为工程背景，提出了让压壳的概念及让压壳-网壳耦合支护技术，并对软岩巷道让压壳-网壳耦合支护机理与技术进行了系统研究，给出了让压壳-网壳耦合支护技术关键控制方法。

综合上述国内外对让压支护体系的研究现状可以看出，对于软岩大变形隧道而言，若开挖初期不及时进行强支护，很容易出现如惠那山Ⅱ线公路隧道、家竹箐隧道最初发生的混凝土剥落、拱架扭曲等无法控制的大变形状况。

1.4　让压支护技术研究现状

1.4.1　让压支护技术简介

根据让压支护的定义，让压支护技术是一种能够在保持（相对）恒定支护力的条件下，发生一（设）定位移变形量的支护技术，且上述的恒定支护力是在一定受力范围内；待达到（设定的）位移变形量，后续结构随变形将呈现为常规支护结构力学性能状态。

目前，地下工程中的让压支护技术研究主要依托于已有的常规支护技术开展，结合地下工程（初期）支护体系的发展现状（锚、架、喷等），所发展的让压支护根据在横断面上的支护方向不同，大致可划分为径向让压支护技术和环向让压支护技术。

径向让压支护技术主要包括在初期支护与二次衬砌间设置缓冲层和让压锚杆（索）支护技术。其中，缓冲层让压支护原理如图1.4-1所示，在目前的大变形隧道支护中并没有得到广泛应用，原因主要是缓冲层的设置并非对大变形进行治理，主要考虑的是二衬施作完成后的岩体蠕变导致的变形，工

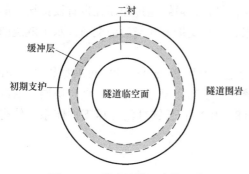

图1.4-1　缓冲层让压支护示意

程中也易对二次衬砌受力带来不利影响。因此，径向让压支护技术主要仍以让压（恒阻/大变形）锚杆（索）为主。

环向让压支护技术主要应用在隧（巷）道已有的环向支护技术（喷射混凝土和钢架）上，可划分为基于钢拱架的让压技术、基于喷射混凝土的让压技术和喷射混凝土与钢架联合让压技术。

1.4.2 径向让压支护技术

大量的工程实践表明，传统的锚杆失效行为通常有以下几种表现形式：一是变形能力不足导致的杆体拉断及剪断等；二是锚固界面（包括第一界面和第二界面）的拉脱；三是锚固系统构件间匹配性失效引起，如托盘（垫板）、螺母及锚固剂的破坏等。上述失效行为多现于软岩大变形和硬岩岩爆地下工程中，基于此，学者们设计了能够适应围岩大变形且可持续提供支护抗力的新型锚杆，即让压锚杆（索），又称为大变形锚杆（索）或恒阻锚杆（索）等，以让压锚杆（索）系统为基础，辅以其他（必要）的支护构件，形成了目前主要的径向让压支护技术。现今，国内外学者研制的让压锚杆（索）形式很多，已达几十种，但多应用于巷道工程，隧道工程中应用较少。

让压锚杆（索）按其基本工作原理可分为杆体可延伸型、结构滑移型和复合型三大类。

(1) 杆体可延伸型让压锚杆（索）

杆体可延伸型让压锚杆（索）的支护强度是由杆体材质的力学特性决定的，锚杆（索）的延伸量则是依靠杆体特殊的材质或特殊外形提供较大的延伸率来实现的，故其多现于锚杆（低碳钢、高延伸率），如图1.4-2所示。

典型的杆体可延伸型让压锚杆有：苏联研制的波形让压锚杆［图1.4-3 (a)］、德国研制的蒂森型可延伸锚杆［图1.4-3 (b)］、中国矿业大学研制的H型锚杆［图1.4-3 (c)］，挪威Charlie Chunlin Li发明的D型锚杆［图1.4-3 (d)］等。

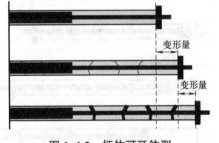

图1.4-2 杆体可延伸型让压锚杆支护原理

1) 波形锚杆。优点：依靠杆体材料的大延伸率和波形结构特征，实现大变形，具有良好的抗冲击性能；缺点：波形结构特征增大了钻孔直径，支护强度低，一般为杆体破断力的40%~60%，且支护强度不能保持恒定，同时，随着波形结构被拉直，内部注浆体将发生挤压和剪切破坏。

2) 蒂森型锚杆。优点：依靠中部奥氏体材料（塑性好、强度低）实现大变形，不需要增大钻孔直径；缺点：支护强度相对较小（取决于奥氏体的材料性能），在变形过程中支护强度不能保持恒定，随着奥氏体材料被拉伸变形，其强度急剧降低，支护强度亦随着降低。

3) H型锚杆。优点：锚杆端部经过机械加工或热处理，使锚尾（薄弱部位）强度高于杆体，不会拉断失效，充分发挥杆体材料的强度和延伸率；缺点：限于材料性能无法实现变形与支护强度的统一，即变形能力越大，支护强度越小。

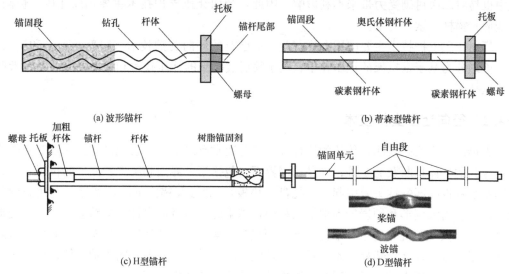

图 1.4-3 杆体可延伸型让压锚杆

4) D 型锚杆。工作原理：锚杆设有自由段和锚固单元，由于自由段非常光滑，当两个锚固单元之间的围岩发生膨胀变形时，锚固单元将抑制变形，这样拉伸荷载就会沿着杆体作用在自由段，通过自由段的弹性变形实现对围岩变形能的吸收。优点：多点锚固，在动、静荷载作用下，既保证锚杆具有较高的承载力，又使锚杆具有一定的可延伸特性，并且多点锚固可以防止杆体因局部拉断而导致整个锚杆失效；缺点：杆体外端头（变形能力有限）一旦被拉断，整个锚固体系破坏。

（2）结构滑移型让压锚杆（索）

结构滑移型让压锚杆（索）是依靠某些结构使锚杆（索）能在受到一定（特定大小）的作用力下产生滑移，滑移过程中的阻力即为锚杆（索）的让压支护力，滑移量即为让压量（恒阻量），如图 1.4-4 所示。结构滑移的形式主要有结构剪切滑移式、结构挤压滑移式和结构摩擦、挤压滑移式。结构单元既可设置在锚孔内，也可以设置在孔口。

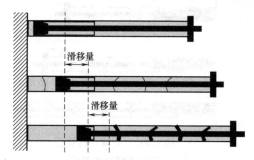

图 1.4-4 结构滑移型让压锚杆支护原理

1) 典型的结构剪切滑移式让压锚杆

包括南非研发的 Conebolt 锚杆（锥形锚杆）和加拿大研发的 Yield-Lok 锚杆，如图 1.4-5 所示。

① Conebolt 锚杆。工作原理：当锥形端和托盘之间的围岩发生膨胀变形后，产生的变形能传递到锚杆杆体上，当拉力超过设计支护强度时，锥形端开始剪切注浆体（锚固材料）而发生滑移，以实现对变形能的吸收。优点：结构简单、操作方便；缺点：对注浆体强度和拔出强度变化的敏感性和适应性非常低，并且支护强度远低于锚杆杆体材料强度。

② Yield-Lok 锚杆。工作原理与 Conebolt 锚杆基本一致，即当拉力超过设计极限值时，镦粗的锚头在聚合物包壳内剪切（聚合物）发生滑移，以吸收和转移围岩膨胀变形

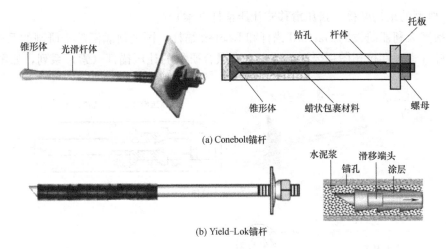

图 1.4-5　结构剪切滑移式让压锚杆

能。不同之处在于被剪切体是套管内部的聚合物，比较而言，具有更好的让压支护力；缺点在于增加了锚孔孔径。

2) 典型的结构挤压滑移式让压锚杆

包括美国捷马公司研发的让压锚杆和国内发明的一种可适应围岩变形的弹簧活塞式锚杆，如图 1.4-6 所示。

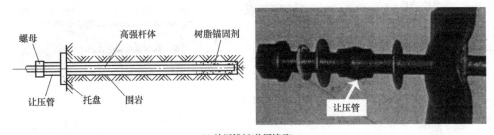

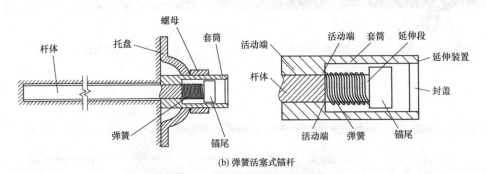

图 1.4-6　结构挤压滑移式让压锚杆

该类型让压锚杆的工作原理多是利用外置"压缩管"的变形来增强杆体随围岩的变形能力，防止锚杆被拉断破坏。优点：压缩管一般设置于岩体外，利于研究观察锚杆的实际变形情况，能够适应岩体剪切变形而持续作用；缺点：变形结构外置决定其让压量一般较小，装置稳定性普遍较差，且易受施工效果影响。

3）典型的结构摩擦、挤压滑移式让压锚杆（索）

包括澳大利亚研发的 Garford 锚杆和 Roofex 锚杆，国内何满潮院士研制的系列 NPR 恒阻锚杆（索）和杭州图强公司与西南交大联合研发的让压锚杆（索）系列，如图 1.4-7 所示。

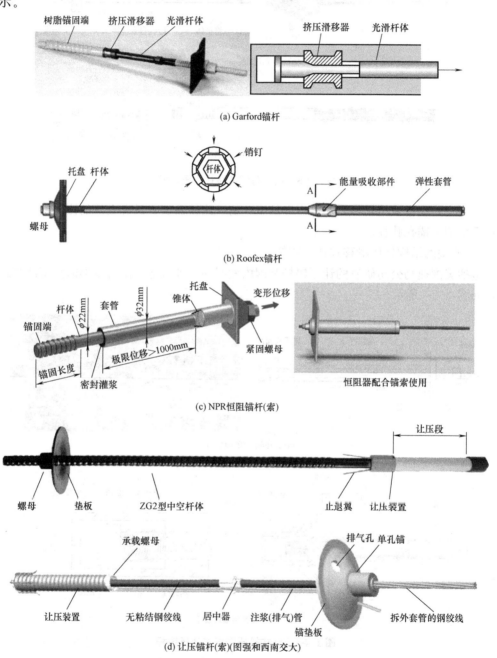

图 1.4-7 结构摩擦、挤压滑移式让压锚杆（索）

① Garford 锚杆。该锚杆的主要设计特征是锚箍的内径小于光滑杆柄的直径，当围岩膨胀时，拉力迫使光滑杆柄从锚箍中被挤出，锚杆的（让压）极限位移由包含在套筒中的杆长决定。优点：滑移过程中保持支护强度稳定；缺点：支护强度偏小（小于杆体自身支

护强度）。

② Roofex 锚杆。该锚杆的工作原理与 Garford 锚杆相似，杆体材料为高强度无应变钢丝束，核心装置是"能量吸收"部件，该部件允许杆体在动、静荷载作用下沿着弹性套管向开挖方向滑移。优点：能量吸收单元中的销钉可以自动调节摩擦力大小，从而保证在滑移过程中保持恒定的阻力；缺点：能量吸收单元明显增大了钻孔直径。

③ NPR 恒阻锚杆（索）。该锚杆（索）的主要特征是恒阻器通过垫板与围岩面"固定"，并始终处于固定状态，当杆（索）体受到拉伸荷载时，荷载传送至锥体上，待荷载达到预设的量值时，锥体与套管间产生相对滑移，此时滑移量即为（让压）变形量，滑移时所提供的反向阻力即为恒阻力，同时，拉拔过程中，锚固系统伸长，套筒受挤压膨胀，即 NPR 效应（负泊松比效应）。优点：通过设置不同的锥体、套管参数，恒阻力可预设调整，实现"大"恒阻，充分发挥材料性能；缺点：需进行扩孔安装恒阻器，功效降低。

④ 让压锚杆（索）。该锚杆（索）工作原理与 NPR 恒阻锚杆（索）类似，均采用"锥体与套管"形式构建"恒阻器（让压装置）"，不同之处在于让压锚杆（索）中的恒阻器亦用作锚固端，即内锚滑移形式（类似 Yield-Lok 锚杆）。优点：恒阻力可预设调整，且能实现后注浆；缺点：增加了锚固段的锚孔孔径。

(3) 复合型让压锚杆（索）

复合型让压锚杆（索）的让压是通过杆体材料大变形和结构大变形来提供。典型的复合型让压锚杆有"孔口压缩-杆体伸长式让压锚杆"，如图 1.4-8 所示。优点：增加了锚杆大变形能力；缺点：结构及加工工艺相对复杂，不同"让压"件间变形协调性不足等，目前未有工业性应用。

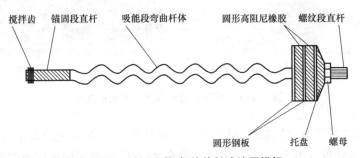

图 1.4-8　孔口压缩-杆体伸长式让压锚杆

1.4.3　环向让压支护技术

(1) 基于钢拱架的让压支护技术

基于钢拱架的让压支护技术的实现以 U 形可缩式钢架为主，如图 1.4-9 所示。不同于 H 型钢和工字钢采用刚性接头，U 形钢架接头处的上下 U 形钢相互叠合，通过被称作"卡缆"的箍具使上下 U 形钢产生摩擦力。当钢架中的轴力超过某一限值时，接头发生滑移，使围岩变形得到一定的释放，然后止滑、锁定。U 形可缩性钢拱架一般由 5 部分组成：①顶梁；②柱腿；③连接件；④架间拉杆；⑤背衬材料。

(2) 基于喷射混凝土的让压支护技术

一般为配合可压缩性钢拱架或 U 形钢拱架重叠接头处的可缩性，喷射混凝土也需使

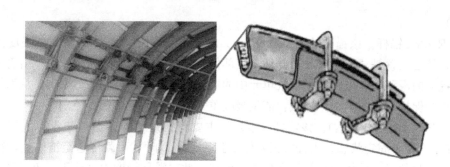

图 1.4-9　U 形钢架

之协同"让压",称为基于喷射混凝土的让压支护技术,其让压主要依靠切槽(预留槽)实现。常用的方式有 3 种,包括:①直接预留变形槽;②在预留槽中加入衬砌滑动阻尼器(Lining Sliding Damper,LSD),如图 1.4-10(a)所示;③采用高变形混凝土填充预留槽,如图 1.4-10(b)所示。

(a) 滑动阻尼器

(b) 高变形混凝土

图 1.4-10　单独喷射混凝土让压支护技术

1)衬砌滑动阻尼器(LSD),是一个由一组让压控制器组成的盒子,主要包括定位钢、阻尼器、承载板(图 1.4-11),多数安装在 2 片 U 形钢拱架的中间喷射混凝土层里,让压量及承载力的设计可根据现场需求制定。表 1.4-1 为杭州图强公司生产的 LSD 规格及参数。

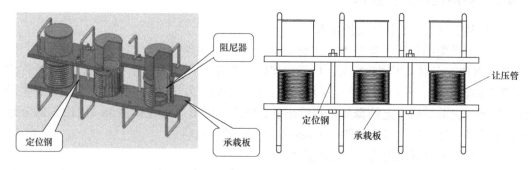

图 1.4-11　让压控制器

LSD 规格与参数 表 1.4-1

型号	尺寸 L×W×H (cm)	让压值(kN,±15%)	最大让压滑移量 (cm)	备注
LSD140-10	800×180×560	1400	10	2 个让压管
LSD140-20	800×180×760	1400	20	2 个让压管
LSD210-10	800×180×560	2100	10	3 个让压管
LSD210-20	800×180×760	2100	20	3 个让压管
LSD280-10	900×180×560	2800	10	4 个让压管
LSD280-20	900×180×760	2800	20	4 个让压管

注：1. 单个让压单元让压力 F_p=700kN，误差±15%；
2. 达到 F_p 压缩位移最小值约为 40mm。

2) 高变形混凝土元件，由水泥、钢纤维和空心玻璃颗粒的混合物组成，具有显著的大变形能力，其应力-应变曲线如图 1.4-12 所示。

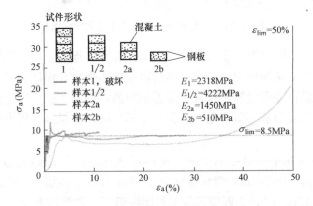

图 1.4-12 高变形混凝土的应力-应变曲线

图 1.4-13 给出了含有 6 个高变形混凝土块（屈服荷载 4~7MPa；单个厚度 d=0.3m，长度 s=0.4m）的初支应力、支护强度与围岩应变的相互关系，可知该支护在变形过程中出现了较为明显的"恒阻-大变形"功能，恒阻位移量达到 10cm。

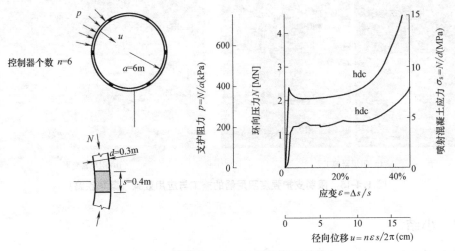

图 1.4-13 可压缩元件的荷载-变形曲线

（3）喷射混凝土与钢架联合的让压支护技术

喷射混凝土与钢架联合的让压支护技术的实现主要依靠沿开挖轮廓纵向设置的阻尼器，最新如应用于蒙华铁路的"限制支护强度阻尼器"（图1.4-14）。

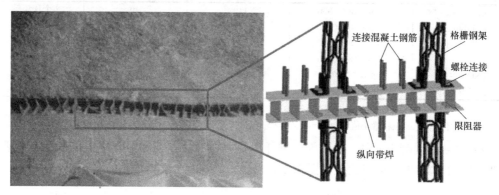

图1.4-14 限制支护强度阻尼器（蒙华铁路）

该类限制支护强度阻尼器用于与隧道初期支护的环向连接，设计原则为：①限阻器峰值须大于仰拱闭合前的结构内力，并小于结构极限抗压强度，保证初期支护的施工期安全稳定与后期限阻变形；②限阻器须保证一定的恒阻值，控制支护变形速度和收敛时机在工程可接受范围内；③限阻器须留有足够的恒阻变形空间，确保围岩压力释放到结构可支护能力之内。

图1.4-15所示为水平层状砂岩夹薄—中厚层状泥岩段落的阻尼器施工与变形情况。采用的限阻器高度为25～30cm，竖板厚度为6～8mm，设定限阻器变形限值为15cm，当限阻器压缩量达到15cm时，立即喷混凝土封闭限阻器。监测数据显示，限阻器最终压缩变形量为3～15cm，初期支护最终拱顶沉降值为30～160mm，最终水平收敛值为20～175mm。累计在高地应力水平岩层段共施作限阻器方案3520m，基本无初期支护开裂现象。

  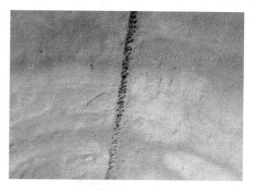

(a) 阻尼器施工　　　　　　　　(b) 阻尼器变形

图1.4-15 限制支护强度阻尼器的施工与应用效果（蒙华铁路）

1.4.4 小结

综上可以看出，虽然国内外部分专家学者针对挤压型大变形隧道，尤其是严重挤压变形隧道提出了基于让压原理的新型支护理念，并开展了相关研究，但总体而言，大部分研究仅停留在对让压支护概念的探讨上，而对于让压支护系统中核心技术问题的研究几乎处于空白：如在大变形控制过程中究竟是采用径向让压还是环向让压支护技术，截至目前，仍是需要进一步讨论的问题；再如，让压支护过程中针对关键设计参数（如让压点与让压量）的研究更是极少涉及，等等。有鉴于此，开展挤压型大变形隧道及时-强-让压支护理论与工程实践研究将具有重要的理论意义和实际应用价值。本专著将在分析强力支护模式应用于典型挤压大变形隧道中所出现的问题基础上，从"及时-强-让压"支护技术的作用机理及其有效性分析入手，研制适宜让压技术产品，构建新型让压支护体系，并通过对让压支护体系中关键技术问题的深入剖析，以及开展相应现场试验段研究，以期最终形成挤压型大变形隧道中基于让压原理的新型支护体系与设计方法，为该支护体系的进一步广泛应用提供理论基础与技术支撑，实现围岩-支护系统稳定与节约工程造价并举的目的。

第2章 强力支护模式下软岩大变形隧道支护结构破坏特征及成因机制分析

受软岩大变形长期以来支护理念与模式的影响，木寨岭公路隧道设计及施工之初基本沿袭了现行"及时强力"支护的结构形式，在上述支护模式下，木寨岭公路隧道斜井段的施工中频繁出现初期支护结构破坏的现象，初支拆换率一度超过30%。由此，本章通过对已出现的围岩-结构体系破坏情况进行统计分析，深入剖析强力支护模式下结构体系破坏特征与成因机制，探讨影响木寨岭公路隧道围岩大变形的主控因素与成因机制，为让压支护方法的提出奠定基础。

2.1 木寨岭公路隧道概况

渭源（路园）至武都（两水）高速公路是兰海国家高速公路的一段，是国家"五纵七横"交通网络建设战略的主要组成部分，是国家实施"一带一路"倡议的重要交通干线（图2.1-1）。木寨岭公路隧道位于甘肃中部定西市境内，为全线的控制性工程，全长超15km，是甘肃省在建的最长高速公路隧道。

木寨岭公路隧道穿越漳河与洮河的分水岭木寨岭，横跨漳县、岷县两县，走向与G212国道线基本一致，与兰渝铁路木寨岭隧道相平行，间距在1000m左右。隧道进口位于漳县大草滩乡小林沟沟口，紧邻G212国道；出口位于梅川镇素子沟下文斗村，交通便利。隧道下穿头岔里、大条口、鹿扎、草眼沟、阴坡梁、九母路等地。如图2.1-2所示。

木寨岭公路隧道按山岭区高速公路分离式断面设计，双向四车道，设计行车速度80km/h。其中左线进口里程ZK210+635，出口里程ZK225+856，全长15221m；右线进口里程K210+635，出口里程K225+798，全长15163m。洞身最大埋深约629.1m。隧道进口采用削竹式，出口采用端墙式。隧道采用分段纵向式通风，并设有完善的照明、消防及监控

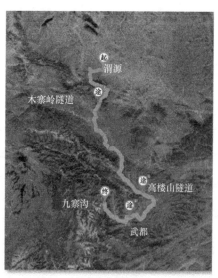

图2.1-1 木寨岭隧道区域位置

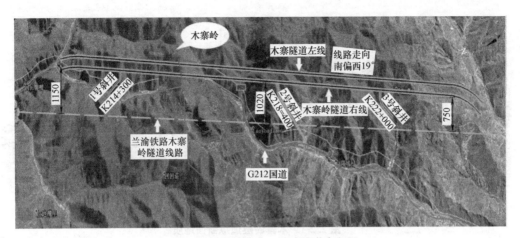

图 2.1-2 木寨岭铁路、公路隧道走向图

设施。

与该隧道平行相距约 1000m 的兰渝铁路木寨岭隧道，于 2009 年 2 月开工建设，隧道全长 19.1km，历经近 8 年建设，于 2016 年 7 月贯通。项目建设期间 50% 段落发生了软岩大变形灾害，最大变形约达 3700mm，部分段落初期支护多次发生变形开裂和严重侵限情况。经统计，全隧共发生因支护变形侵限需要拆换的段落约 7600m。设计部门反复调整了隧道支护措施，初期支护由一层增加至三层到四层，修正采用了全圆形断面以及仰拱抗隆起措施等，但个别段落在二衬完工后仍然发生变形开裂、错断现象。由此可以预警到，断面更大的木寨岭公路隧道施工中所面临的软岩大变形问题将更加严峻。

木寨岭公路隧道自 2016 年 5 月开工以来，已施工隧道内的软岩大变形破坏情况十分严重，表现为挤压变形速率快、变形历时（到达收敛稳定时间）长、挤压型变形量大（局部最大水平变形量超过 3000mm），掌子面围岩溜坍现象严重。目前，已施工隧道部分衬砌多次进行了返修，仍不能保证其持续收敛稳定，极大地危及了施工安全，严重增加建设成本并滞后了施工工期。

2.2 木寨岭公路隧道工程地质特征

2.2.1 地层岩性

隧址区可分为第四系全新统松散岩类土体及前第四系基岩两大类，纵断面地质如图 2.2-1 所示。

（1）第四系全新统松散岩类

根据现场调查及工程地质勘探，按成因从上至下分类为：

1）第四系全新坡积层（Q_4^{dl}）。岩性主要为碎石和黄土状粉土。黄土状粉土分布于隧道出口斜坡和坡脚；碎石主分布于隧道进口斜坡及坡脚地带，钻孔揭露厚度为 7.9m。

2）第四系全新统滑坡堆积物（Q_4^{del}）。岩性主要为黄土状粉土，灰黄、褐黄色，稍湿，稍密，结构较为疏松，主要分布于瓦窑沟内。

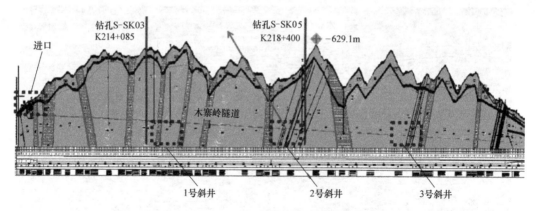

图 2.2-1　木寨岭隧道纵断面地质

3）第四系上更新统风积马兰黄土层（Q_3^{eol}）。岩性为粉质黏土，灰黄、褐黄色，具大孔隙及垂直节理，易坍塌，分布于隧道出口段山顶及斜坡地带，钻孔揭露厚度34.7m。

(2) 前第四系基岩

根据工程地质调绘、钻探及工程物探等成果，本段下伏基岩按时代由新到老为：

1) 古近系（E^b）。①泥岩：主要分布在K210+805～K211+173和K223+885～K224+300段，褐红色，泥质结构，中厚层状构造。钻孔揭露的为强—中风化泥岩。岩层倾角较平缓，近水平。②砾岩：主要分布在K210+818～K211+170和K223+915～K224+918段，褐红色，砾状结构，中厚层状构造，泥钙质胶结。岩层倾角较平缓，近水平。③砂岩：主要分布在K223+894～K225+012段，褐红色，细粒结构，中厚层状构造，泥质胶结。岩层倾角较平缓，近水平。

2) 二叠系下统（P_1）。①炭质板岩：广泛分布于大坪村至隧道终点素子沟之间，受沉积韵律影响，局部地段相变为砂岩。黑灰色，泥质变余结构，薄层板状构造。岩层产状以北倾为主，受构造影响复杂多变。②砂岩：分布于大坪村至隧道终点素子沟之间，与炭质板岩多呈互层或夹层分布，多数厚度较小，可仅达数米，单层厚度超数十米的少见。褐红色，细粒结构，中厚层状构造。岩层产状以北倾为主，受构造影响复杂多变。

3) 石炭系下统（C_1）。①灰岩：主要分布于酒店子村一带，浅灰色夹肉红色，中厚层状构造。钻孔未揭露。②炭质板岩：主要分布于酒店子—大坪村一带，黑灰色，泥质变余结构，薄层板状构造。③砂岩：主要分布于酒店子—大坪村一带，褐红色，细粒结构，中厚层状构造。④断层压碎岩：原岩为炭质板岩、灰岩或砂岩，岩体胶结差或无胶结，呈碎裂状松散结构。

各岩层的单轴饱和抗压强度如表2.2-1所示。

各岩层的单轴饱和抗压强度　　表2.2-1

岩土名称	统计指标					
	统计个数 n	范围值	算术平均值 f_m	标准差 σ_f	变异系数 δ	修正系数	标准值
砾岩(E^b)	16	5.62～11.41	7.89	1.59	0.20	0.91	7.2
砂岩(E^b)	3	5.17～6.18	5.52	—	—	—	—

续表

岩土名称	统计指标						
	统计个数 n	范围值	算术平均值 f_m	标准差 σ_f	变异系数 δ	修正系数	标准值
炭质板岩(P_1)	30	11.23~45.66	28.56	7.99	0.28	0.91	26.0
砂岩(P_1)	21	21.27~33.82	28.95	3.84	0.13	0.98	28.5
炭质板岩(C_1)	6	16.37~41.24	25.48	8.53	0.33	0.75	19.2
砂岩(C_1)	9	37.84~68.23	48.77	12.80	0.26	0.83	40.8
断层压碎岩	8	12.12~15.94	14.00	1.40	0.10	0.93	13.00

注：已剔除异常值。

总体来说，除石炭系砂岩及灰岩为硬质岩外，二叠系炭质板岩、砂岩均为较硬岩，单轴饱和抗压强度很难达到30MPa以上，其余均为软岩。

2.2.2 地质构造

木寨岭隧址区地处秦岭构造带（图2.2-2），走向北西西向。南侧以库玛断裂、迭部—略阳断裂为界与松潘甘孜褶皱系为界。自北向南又可分为北秦岭加里东褶皱带、礼县—柞水华力西褶皱带和南秦岭印支褶皱带。秦岭褶皱系是由北向南在不同时代，多旋回形成的地槽系，其主要沉积层是上古生界至三叠系。此褶皱系西部为青藏高原内部构造，而东部为中朝准地台与扬子地台的缝合构造。

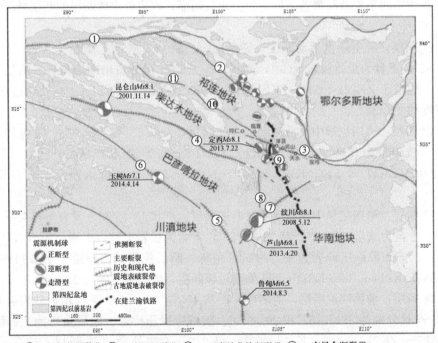

①—阿尔金断裂带；②—海原断裂带；③—西秦岭北缘断裂带；④—东昆仑断裂带；
⑤—鲜水河断裂带；⑥—甘孜—玉树断裂带；⑦—龙门山断裂带；⑧—虎牙断裂带；
⑨—临潭—宕昌断裂带；⑩—青海南山—循化断裂带；⑪—大柴旦—宗务隆山断裂带

图2.2-2 断裂带及不良地质构造分布

隧道融合了构造交汇部位地应力高度集中、活动断层、强震活动、深埋非均质软岩（如碎裂结构含石英条带炭质板岩与砂质板岩互层、极薄层炭质板岩、剪切破碎土状炭质板岩、断层破碎带—断层角砾岩、碎斑岩、碎粉岩及超碎裂岩）大变形等各类风险。

与隧道线路有关的断裂主要为美武—新寺断裂F1。断层走向100°～115°，以北倾为主，倾角30°～70°，压扭性特征显著，曾发生过向西错动。由该断裂引发的次级断层有f1、f2、f3、f4、f5、f6、f7、f8、f9、f10、f11和f12，这些断裂按其展布方向以北西西向为主，如图2.2-3所示。

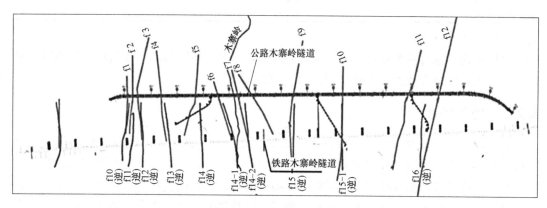

图2.2-3 断层平面分布

大多数被第四系松散层覆盖，但地貌上比较明显，现将各主要断层的断层特征及活动性简述如下。

(1) f1断层：晚更新世活动断层，逆断层，产状197°∠84°。上盘为灰岩（C_1），产状210°∠85°，下盘为炭质板岩（C_1），产状165°∠60°，破碎带由断层角砾、断层泥和压碎岩组成。隧道于ZK211+035～ZK211+135、K211+040～K211+130处通过该断层，破碎带宽度约100m。

(2) f2断层：第四纪早中期活动断层，逆断层，产状195°∠71°。上、下盘均为石灰岩（C_1^{LS}），破碎带由压碎岩组成。下盘产状210°∠85°，上盘产状20°∠70°，隧道于ZK211+240～ZK177+540、K177+240～K177+525处通过该断层，破碎带宽度约300m。

(3) f3断层：第四纪早中期活动断层，逆断层，产状13°∠80°，发育于石炭系和二叠系分界处。上盘为灰岩（C_1），产状210°∠85°，下盘为板岩夹砂岩夹炭质板岩（P_1），产状20°∠70°，破碎带以压碎岩为主，由断层角砾、断层泥组成。隧道于ZK211+305～ZK211+585、K211+300～K211+580处通过该断层，破碎带宽度约280m。

(4) f4断层：前第四纪断层，逆断层，产状195°∠56°。上、下盘均为砂岩夹炭质板岩（P_1），产状分别为195°∠55°和20°∠70°。破碎带以压碎岩、断层角砾为主。隧道于ZK212+385～ZK212+585、K212+390～K212+590处通过该断层，破碎带宽度约200m。

(5) f5断层：前第四纪断层，逆断层，产状25°∠70°。上、下盘均为砂岩夹炭质板岩（P_1），产状分别为200°∠78°和295°∠60°，破碎带由压碎岩组成。隧道于ZK213+555～ZK213+715、K213+540～K213+700处通过该断层，破碎带宽度约160m。

(6) f6断层：前第四纪断层，逆断层，产状357°∠75°。上盘为板岩夹砂岩夹炭质板岩（P_1），产状20°∠70°，下盘岩性相同，产状345°∠43°，破碎带由压碎岩组成。隧道于ZK214+385～ZK214+505、K214+370～K214+490处通过该断层，破碎带宽度约120m。

(7) f7断层：前第四纪断层，逆断层，产状358°∠65°。下盘为板岩夹砂岩夹炭质板岩（P_1），产状348°∠60°，上盘岩性相同，产状345°∠43°，破碎带由断层角砾组成。隧道于ZK215+030～ZK215+150、K215+030～K215+150处通过该断层，破碎带宽度约120m。

(8) f8断层：晚更新世活动断层，前第四纪断层，逆断层，产状339°∠65°。上、下盘均为板岩夹砂岩夹炭质板岩（P_1），上盘产状348°∠60°，下盘产状180°∠56°，破碎带以压碎岩为主，夹断层角砾、断层泥。隧道于ZK215+635～ZK215+805、K215+635～K215+805处通过该断层，破碎带宽度约170m。

(9) f9断层：第四纪早中期活动断层，逆断层，产状34°∠80°。岩性为板岩夹砂岩夹炭质板岩（P_1），下盘产状190°∠58°，上盘产状348°∠60°，破碎带以压碎岩为主，夹断层角砾、断层泥。隧道于ZK217+300～ZK217+520、K217+300～K217+520处通过该断层，破碎带宽度约220m。

(10) f10断层：前第四纪断层，逆断层，产状203°∠60°。上、下盘均为板岩夹砂岩夹炭质板岩（P_1），上盘产状52°∠20°，下盘产状28°∠34°，破碎带以压碎岩为主，夹断层角砾、断层泥。隧道于ZK219+230～ZK219+610、K219+230～K219+610处通过该断层，破碎带宽度约385m。

(11) f11断层：前第四纪断层，逆断层，产状51°∠60°。上、下盘均为板岩夹砂岩夹炭质板岩（P_1），上盘产状36°∠50°，下盘产状28°∠60°，破碎带以压碎岩为主，夹断层角砾、断层泥。隧道于ZK221+540～ZK221+690、K221+470～K221+620处通过该断层，破碎带宽度约150m。

(12) f12断层：第四纪早中期活动断层，逆断层，产状38°∠60°。上、下盘均为板岩夹砂岩夹炭质板岩（P_1），上盘产状28°∠60°，下盘产状35°∠55°，破碎带以压碎岩为主，夹断层角砾、断层泥。隧道于ZK223+010～ZK223+105、K223+010～K223+105处通过该断层，破碎带宽度约95m。

2.2.3 水文地质条件

总体来说，受风化、构造及补给条件制约，浅层孔隙、裂缝较为发育，为地下水提供了较为理想的赋存空间，深部岩层相对较完整，地层渗透性变差，地下水富水性相对较差；沟谷区有较为理想的汇流面积，相对而言，山脊部位富水性较差。

地下水类型根据隧址区出露的地层岩性、地质构造特征，结合含水介质的不同，可分为基岩裂隙水、岩溶水和第四系松散岩类孔隙水三大类。

(1) 基岩裂隙水

按其赋存的介质不同，可分为风化裂缝水及构造裂隙水两大类。风化裂隙受风化影响，浅表部富水，深层富水性差。构造裂隙水受构造控制，往往发育较深，同时构造带可将浅表地下水潜水及地表沟谷水与地下深层导通，特别是断层发育地段，地下水水量较大，开挖隧道可改变地下水的天然循环系统，使地下水形成以隧道为排泄出口的新的循环系统，容易出现涌水现象，且对当地生态环境形成较强烈的破坏作用。

（2）岩溶水

隧道穿越 K211+040～K211+600 段为石炭系下统的灰岩分布地层。地表调查期间未发现大的溶孔、溶洞等溶蚀现象。受构造活动影响，张节理裂隙十分发育，为岩溶发育提供了地下水水动力条件。加之本区气候较湿润，地下水资源较为丰富，不排除存在隐伏岩溶的可能性。因此，该段可能存在岩溶水分布。

（3）松散岩类孔隙水

隧址区松散岩类孔隙水分布较少，主要分布在隧道通过区的沟谷中，含水层主要为冲、洪积层的卵、砾石土及砂类土层，透水性较好。但一般受分布厚度的限制，无大的含水岩体。

2.2.4 初始应力场特征

木寨岭公路隧道区域内自古以来一直以南北向的持续挤压应力为主，构造线总体呈 NWW 向或近 EW 向展布。综合分析隧址区的主要断裂、褶皱构造走向（87°～126°），认为区域地应力方向应为 NNE 向。

隧道勘察期间采用水压致裂地应力测试技术在钻孔 S-SK03（里程 K214+085 处）和 S-SK05（里程 K218+400 处）共进行了 8 个测段测试，如表 2.2-2 所示。

地应力测试结果 表 2.2-2

钻孔编号	测段编号	测量段埋深(m)	主应力值(MPa)			破裂方位(°)
			S_H	S_h	S_V	
S-SK03	1	270	12.14	10.64	7.34	N39.6 E
	2	300	11.37	10.83	8.16	
	3	365	14.84	11.34	9.93	
	4	395	16.28	14.05	10.80	
	5	427	18.76	15.64	11.61	
S-SK05	1	250	11.37	9.74	6.80	N34.1E
	2	320	14.93	11.35	8.70	
	3	370	17.98	14.36	10.06	

注：S_H 为钻孔截面内最大水平主应力；S_h 为钻孔截面内最小水平主应力；S_V 为垂直主应力，根据岩石的密度和上覆岩层的厚度，按公式估算得出。

通过对地应力数据进行拟合回归，得到测孔地应力与隧道埋深的关系如图 2.2-4 所示。

鉴于隧址区范围内的 R_c 值范围为 20～30MPa，且最大水平主应力方向与隧洞轴线方向大致相同，可取 $\sigma_{max}=S_H$；计算 $R_c=\sigma_{max}$ 值列于表 2.2-3。

木寨岭隧道区应力大小与 R_c 比值 表 2.2-3

序号	测段深度	S_H(MPa)	R_c(MPa)	R_c/S_H
1	250	9.74	20～30	2.05～3.08
2	270	10.64	20～30	1.88～2.82
3	300	10.83	20～30	1.85～2.77
4	320	11.35	20～30	1.76～2.64

续表

序号	测段深度	S_H(MPa)	R_c(MPa)	R_c/S_H
5	365	11.34	20～30	1.76～2.65
6	370	14.36	20～30	1.39～2.09
7	397	14.05	20～30	1.42～2.14
8	427	15.64	20～30	1.28～1.92

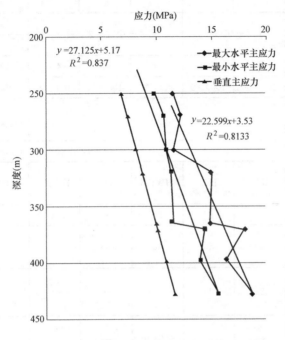

图 2.2-4 木寨岭隧道区主应力值与隧道埋深关系

由表 2.2-3 可知，隧道区 8 个测段 R_c/σ_{max} 均小于 4，结合《公路工程地质勘察规范》JTG C20—2011 的规定，判定 $R_c/\sigma_{max}<4$ 为极高应力，即所测区段均属极高应力区。

2.3 结构参数设计及支护特性分析

2.3.1 支护体系及其参数

木寨岭公路隧道衬砌结构根据围岩地质条件、施工条件，分为明洞衬砌、浅埋段复合式衬砌、深埋段复合式衬砌、围岩破碎带复合式衬砌、软岩大变形复合式衬砌。复合式衬砌采用新奥法原理设计和施工，以锚杆、喷混凝土、钢筋网、钢拱架或格栅钢架为初期支护，模筑混凝土或钢筋混凝土为二次衬砌，共同组成永久性承载结构，相关参数如表 2.3-1 所示。其中以 SVc 和 SVf 支护体系应用居多，对应衬砌结构如图 2.3-1 和图 2.3-2 所示。

主洞正常断面支护设计参数　　　　　　　　　　表 2.3-1

项目		单位	SVa 洞口管棚段	SVb V级浅埋	SVc V级深埋炭质板岩	SVd V级深埋非炭质板岩	SVe V级破碎带	SVf I级软岩大变形段	SVg II级软岩大变形段
预留变形量		cm	15	15	20	13	20	35	50
喷混凝土	C25	cm	28	28	25	24	28	28	一层25 二层25
径向锚杆	直径	mm	ϕ22 砂浆锚杆		ϕ25 中空注浆锚杆			ϕ25 自进式锚杆	
								ϕ42 径向注浆导管	
	长度	cm	350	400	400	350	400	500/400	800/400
	布置	cm	100×50	100×60	100×80	100×80	100×50	100×100	100×120
钢筋网	直径	mm	ϕ8					ϕ8（全断面）	ϕ8（全断面、双层）
	布置	cm	15×15						
钢架	型钢 型号		I20a	I20a	HW175	I18	HW175	HW175	一层U36 二层HW175
	间距	cm	50	60	80	80	50	50	60
二衬	C30 钢筋混凝土	cm	50	50	50	45	50	55	60
仰拱厚度	C25 喷混凝土	cm	28	28	—	—	28	28	一层25 二层25
	C30 混凝土	cm	—	—	垫层10	—	—		
	C30 钢筋混凝土	cm	50	50	50	45	50	55	60
超前支护	材料	—	ϕ89 管棚	ϕ42 导管			ϕ42 双排导管	ϕ42 导管	
	间距	cm	40	35	40	40	35	40	
	长度	m	32	4.5				4.5	

注：斜井段与主洞段的支护参数一致。

2.3.2 支护特性分析

分析表 2.3-1 中木寨岭公路隧道支护参数的特点，以《公路隧道设计规范 第一册 土建工程》JTG 3370.1—2018 为例，列出部分相关建议值如表 2.3-2 所示（鉴于产生软岩隧道大变形段基本处于V级围岩区，故表中仅选列规范中V级围岩段支护参数的推荐值）。

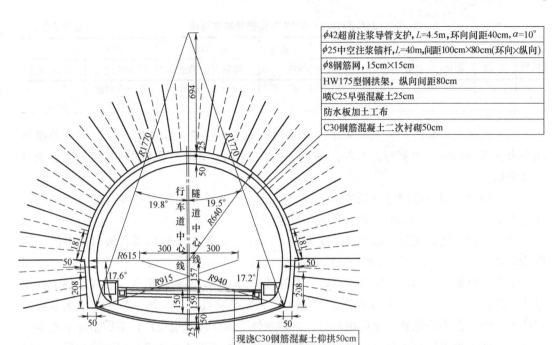

图 2.3-1　SVc 型衬砌结构

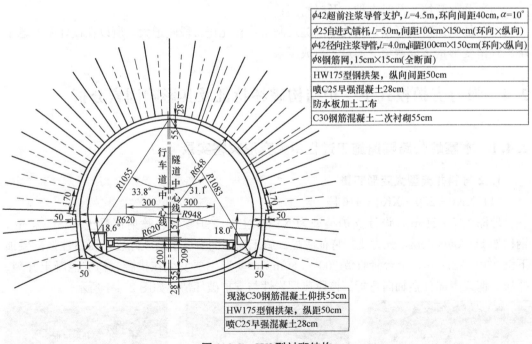

图 2.3-2　SVf 型衬砌结构

通过设计值与规范值推荐值对比分析可知：

（1）喷射混凝土：规范推荐喷射混凝土厚度为 18～28cm。木寨岭公路隧道各级衬砌中的喷射混凝土厚度均大于 24cm，主要衬砌 SVc、SVf 为 28cm，SVg 为双层 25cm＋25cm。

JTG 3370.1—2018 中支护参数推荐值　　　　表 2.3-2

围岩级别	喷混凝土(cm)		锚杆(m)			钢筋网间距(cm)	钢架(cm)		二次衬砌厚度(cm)	
	拱、墙	仰拱	位置	长度	间距		间距	截面高	拱、墙混凝土	仰拱混凝土
V	18～28	—	拱、墙	3.0～3.5	0.6～1.0	拱、墙 20×20	0.6～1.0	14～22	35～50 钢筋混凝土	0 或 35～50 钢筋混凝土

（2）钢拱架：规范推荐拱架间距为 0.6～1.0m。木寨岭公路隧道各级衬砌中的拱架间距为 0.5～0.8m；主要衬砌 SVc、SVf 均采用 HW175 型钢；采用的材料工艺大多为可缩式钢架。

（3）锚杆：规范推荐锚杆长度为 3.0～3.5m。木寨岭公路隧道各级衬砌中的锚杆长度均大于 4.0m，最长 8.0m；锚杆形式为砂浆锚杆。

（4）二衬厚度：规范推荐二衬厚度为 35～50cm。木寨岭公路隧道各级衬砌中的二衬厚度均大于 45cm，主要衬砌 SVc、SVf 采用 50cm、55cm。

由上述分析可看出，为应对木寨岭公路隧道变形问题，支护参数普遍临界于规范推荐值或超推荐值，尤以 SVf 参数为典型，"强力支护"的特点非常显著。而 SVg 虽为双层支护体系，但实践中未能够有效提出何时、何种条件下施作第二层支护，多数情况下在第一层支护后即不得不进行了拆换，使得木寨岭公路隧道的支护体系逐渐趋向于强化第一层初支。此外，针对大变形段落，设计中除采取上述"强力支护"结构外，同时辅以以下对策与措施：

（1）分部开挖、及时支护、及时封闭；

（2）加大预留变形量。大变形段隧道洞壁位移比正常段隧道大，所以在设计中考虑了增大预留变形量，以避免变形过大造成侵限。

2.4 强力支护模式下支护结构破坏特征及其影响因素分析

2.4.1 木寨岭公路隧道施工过程中大变形灾害实录

1. 2号斜井典型大变形实景

（1）XK0+250～XK0+410 段

埋深 137～215m，设计支护类型为 XVc，主要支护参数：喷射混凝土 C25@28cm，钢拱架 H175@80cm，强力支护特征明显。施工揭示围岩属断层破碎岩，压扭性强。拱顶下沉 230～327mm，上台阶收敛 300～580mm，变形主要发生在拱腰，初支混凝土开裂、掉块，钢架少部分强轴向弯折。该段典型岩性与支护破坏情况如图 2.4-1 所示。

图 2.4-1　XK0+250～XK0+410 典型岩性与支护破坏情况

(2) XK0+764～XK0+865 段

埋深 280～290m，设计支护类型为 XVc，主要支护参数同（1）。施工揭示围岩为板岩与炭质板岩互层。拱顶下沉 250～427mm，上台阶收敛 320～600mm，变形主要发生在拱顶，初支混凝土开裂、掉块，钢架部分强轴向弯折。该段典型岩性与支护破坏情况如图 2.4-2 所示。

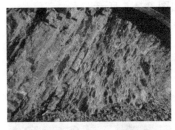  

图 2.4-2　XK0+764～XK0+865 典型岩性与支护破坏情况

(3) XK1+010～XK1+115 段

埋深 309～352m，设计支护类型为 XVc，主要支护参数同（1）。施工揭示围岩主要为砂质板岩夹炭质板岩。拱顶下沉 500～750mm，上台阶收敛 650～1550mm，最大收敛速率 560mm/d，断面整体变形，初支混凝土开裂、掉块，钢架强轴向弯折严重。该段典型岩性与支护破坏情况如图 2.4-3 所示。

 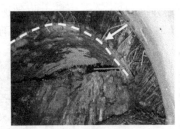 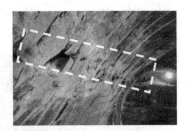

图 2.4-3　XK1+010～XK1+115 典型岩性与支护破坏情况

(4) XK1+330～XK1+380 段

埋深 447～474m，设计支护类型为 XVf，主要支护参数：喷射混凝土 C25@28cm，钢拱架为 H175@50cm（含仰拱），强力支护特征显著。施工揭示围岩为薄层状炭质板岩。拱顶下沉 240～513mm，收敛 637～1 224mm，最大收敛速率 174mm/d，变形主要发生在"左拱腰—拱顶"，初支混凝土开裂、掉块，钢架强轴向弯折。该段典型岩性与支护破坏情况如图 2.4-4 所示。

图 2.4-4　XK1+330～XK1+380 典型岩性与支护破坏情况

(5) XK1+525～XK1+564 段

埋深 568～597m，原设计支护类型为 XVf，变更加强支护：喷射混凝土 C25@30cm，钢拱架为 HW200b@60cm（含仰拱），φ8 双层钢筋网@25cm×25cm，调整预留变形量@40cm。施工揭示薄层状炭质板岩和中厚层状砂质板岩互层，（部分）掌子面有股状水流出。拱顶下沉 240～565mm，上台阶收敛 637～3145mm，最大收敛速率 831mm/d，初支破坏严重，钢架弯折、扭曲。该段典型岩性与支护破坏情况如图 2.4-5 所示。

图 2.4-5 XK1+525～XK1+564 典型岩性与支护破坏情况

(6) XK1+564～XK1+587 段

埋深 590～597m，设计支护类型为 XVf，主要支护参数同（4）。该段左侧拱腰上、下 5m 范围设置长 9m 的 φ89@50cm 超前大管棚，增设 φ89×6@6m 锁固注浆导管，每循环 2 根。施工揭示围岩为薄层状炭质板岩，左侧薄，地下水发育，（部分）呈股状。拱顶下沉 291～467mm，上台阶收敛 657～1205mm，最大收敛速率 57mm/d，初支破坏严重，钢架弯折、扭曲。该段典型岩性与支护破坏情况如图 2.4-6 所示。

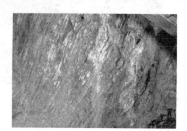

图 2.4-6 XK1+564～XK1+587 典型岩性与支护破坏情况

(7) XK1+622～XK1+666 段

埋深 548～569m，设计支护类型为 XVf，主要支护参数同（4）。该段施工揭示围岩主要为薄层状炭质板岩，地下水发育，（部分）呈股状。拱顶下沉 140～458mm，上台阶收敛 127～2936mm，最大收敛速率 814mm/d，初支破坏严重，钢架扭曲、弯折。该段典型岩性与支护破坏情况如图 2.4-7 所示。

图 2.4-7 XK1+622～XK1+666 典型岩性与支护破坏情况

2. 3号斜井典型大变形实景

(1) XK0+350～XK0+457

埋深140～150m,设计支护类型XVc,主要支护参数:喷射混凝土C25@28cm,钢拱架为H175@80cm,强力支护特征明显。施工揭示围岩主要为薄层—中薄层中风化炭质板岩,局部石英夹层,掌子面潮湿,岩层视倾角55°～85°。下沉120～170mm,水平位移130～501mm,最大变形速率45mm/d,变形主要发生在"左拱腰—拱顶"部位,初支混凝土开裂、局部掉块,钢架以弱轴向扭曲为主,少部分强轴向弯折。该段典型岩性与支护破坏情况如图2.4-8所示。

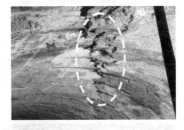

图2.4-8 XK0+350～XK0+457典型岩性与支护破坏情况

(2) XK0+469～XK0+510

埋深135～150m,设计支护类型XVc,变更加强支护:喷射混凝土C25@28cm,钢拱架为H175@60cm(含仰拱),调整预留变形量@40cm。施工揭示围岩主要为薄层—中薄层中风化炭质板岩,掌子面潮湿,左侧滴水,有轻微揉皱现象,岩层视倾角15°～55°。下沉120～250mm,水平位移220～635mm,最大变形速率42mm/d,变形主要发生在"左拱腰—拱顶"部位,初支混凝土开裂、局部掉块,钢架以弱轴向扭曲为主,部分强轴向弯折。该段典型岩性与支护破坏情况如图2.4-9所示。

图2.4-9 XK0+469～XK0+510典型岩性与支护破坏情况

(3) XK0+612～XK0+650

埋深140～170m,设计支护类型为XVc,变更加强支护:喷射混凝土@30cm,钢拱架为HW200b@60cm(含仰拱),$\phi 8$双层钢筋网@25cm×25cm,$\phi 25$锚杆L-600cm@100cm×60cm,调整预留变形量@40cm。施工揭示围岩主要为薄层—中薄层中风化炭质板岩,掌子面潮湿,左拱顶淋雨,有轻微揉皱,实测炭质板岩抗压强度平均值15.6～16.9MPa,岩层视倾角变化较大。下沉240～650mm,水平位移110～250mm,最大变形速率74mm/d,变形主要发生在拱顶,初支混凝土开裂、掉块,钢架强轴向弯折为主。该段典型岩性与支护破坏情况如图2.4-10所示。

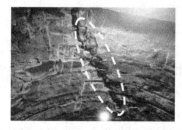

图 2.4-10　XK0+612～XK0+650 典型岩性与支护破坏情况

(4) XK0+850～XK0+880

埋深 333～354m，设计支护类型为 XVc，主要支护参数同 (1)，调整预留变形量@40cm。施工揭示围岩主要为薄层状炭质板岩为主，掌子面滴水、拱顶滴水、右拱腰淋水。下沉 230～500mm，水平位移 70～110mm，最大变形速率 56mm/d，变形主要发生在拱顶，初支混凝土开裂、局部掉块，钢架强轴向轻微弯折为主。该段典型岩性与支护破坏情况如图 2.4-11 所示。

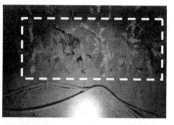

图 2.4-11　XK0+850～XK0+880 典型岩性与支护破坏情况

(5) XK0+946～XK1+013

埋深 390～399m，设计支护类型为 XVc，主要支护参数同 (1)。施工揭示围岩主要为薄层状炭质板岩，地下水发育，左侧有股状水，揉皱发育。下沉 300～1760mm，水平位移 400～1360mm，最大变形速率 190mm/d，断面整体下沉，左侧变形大于右侧，初支混凝土开裂、局部掉块，拱架弯折严重。该段典型岩性与支护破坏情况如图 2.4-12 所示。

图 2.4-12　XK0+946～XK1+013 典型岩性与支护破坏情况

(6) XK1+013～XK1+050

埋深 399～404m，设计支护类型为 XVc，变更加强支护：喷射混凝土@30cm，钢拱架为 HW200b@80cm（含仰拱），$\phi 8$ 双层钢筋网@25cm×25cm，$\phi 25$ 锚杆 L-600cm@100cm×60cm，调整预留变形量@40cm。施工揭示围岩主要为薄层炭质板岩，地下水较发育，揉皱较发育。下沉 500～1650mm，水平位移 630～1250mm，最大变形速率

150mm/d，断面整体下沉、收敛，左侧变形大于右侧，初支混凝土开裂、局部掉块，拱架弯折严重。该段典型岩性与支护破坏情况如图2.4-13所示。

  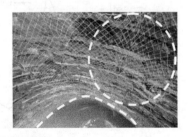

图2.4-13　XK1+013～XK1+050典型岩性与支护破坏情况

（7）XK1+125～XK1+157

埋深425～437m，设计支护类型为XVf，主要支护参数：喷射混凝土C25@28cm，钢拱架为H175@50cm（含仰拱），强力支护特征显著。施工揭示围岩主要为板岩夹薄层炭质板岩（1～2cm），左侧软弱，右侧较硬，有股状、线状渗水，揉皱发育，岩层视倾角30°～60°。下沉700～2000mm，水平位移710～1651mm，最大变形速率170mm/d，左侧拱腰至拱顶部位大变形，初支混凝土开裂、掉块严重，拱架弯折严重。该段典型岩性与支护破坏情况如图2.4-14所示。

图2.4-14　XK1+125～XK1+157典型岩性与支护破坏情况

2.4.2　木寨岭公路隧道大变形灾害特征分析

（1）变形大

隧道开挖后，大变形段落围岩变形严重。围岩监控量测结果表明，一般地段拱顶下沉和水平收敛达十几毫米，而破碎地段拱顶下沉和水平收敛单日变形量可达百毫米以上。尤其3号斜井XK1+125～157大变形段，其中XK1+145断面，第一次支护完成后，单日变形速率最大值达175mm，14d累计变形量达到700mm以上，引发整体拆换；第二次支护完成后，周边收敛累计变形量最大值仍达2051mm。具体围岩变形数据如图2.4-15所示。

（2）变形快

一般情况下，绝大部分变形发生在断面开挖后的前15d内。例如3号斜井XK1+131处，15d内左拱腰下沉和水平收敛分别达681mm和300mm，单日变形速率最大值达170mm，出现在左拱腰。具体围岩变形数据如图2.4-16所示。

（3）变形持续时间长

大变形段，隧道围岩变形时间长，多是持续发展，具有不收敛的趋势。例如2号斜

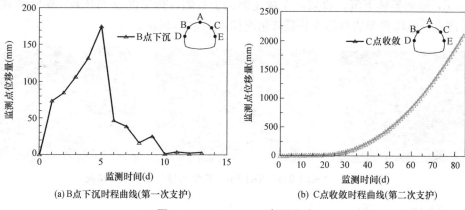

(a) B点下沉时程曲线(第一次支护)　　(b) C点收敛时程曲线(第二次支护)

图 2.4-15　XK1+145 断面位移

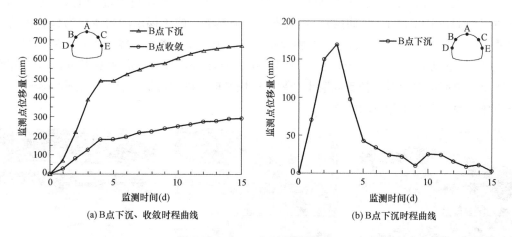

(a) B点下沉、收敛时程曲线　　(b) B点下沉时程曲线

图 2.4-16　XK1+131 断面位移

井 XK1+365 处，在第 30d 累计变形量达 600mm 后，仍持续变形，终因变形过大，导致初支破坏严重。具体围岩变形数据如图 2.4-17 所示。

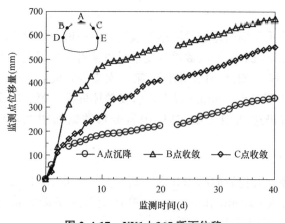

图 2.4-17　XK1+365 断面位移

(4) 变形部位集中

围岩监控量测数据表明，一般情况拱腰测点位移要明显大于其余测点，断面变形具有优势部位，大变形多以拱腰部位先发。

(5) 多具有挤压大变形变而不塌的特点

多数大变形地段虽变形量大，但围岩仍维持了挤压性变形而未出现（明显的）松弛垮塌现象，如里程 XK1+115.4 附近，典型部位测点位移达到 700~1000mm，隧道仍能基本稳定而不出现垮塌，作用在初期支护体系的仍是形变压力，而非松散压力。

(6) 支护结构破坏形式多样

现场支护结构的破坏主要发生在初期支护系统上，出现的破坏形式与围岩变形量具有较为明显的关联性，主要的破坏形式包括喷射混凝土的开裂、掉块和钢拱架弱轴向扭曲、强轴向弯折。

2.4.3 木寨岭公路隧道大变形影响因素分析

木寨岭公路隧道围岩大变形的影响因素可划分为外在因素和内在因素两类。其中，外在因素主要有支护理论/理念与技术和施工技术，内在因素则主要为围岩特性、初始地应力场和水文地质条件等。

1. 支护理论/理念与技术

实际围岩大变形主要以支护体系的损裂、破坏或围岩变形侵入建筑界限的形式出现。对于围岩变形侵入建筑界限，工程中可通过加大施工预留变形量的形式予以解决，由此大变形的关键所在可认为是支护体系的损裂或破坏，故与之对应的支护理论/理念与技术将是围岩大变形的首要影响因素。

(1) 支护理论/理念

目前主流的大变形支护理念仍是"及时强力"支护，涵盖两层含义：一是隧道开挖后及早地施作支护结构；二是加大支护结构刚度，如加大喷射混凝土厚度、加密钢架间距、替换为高型号钢拱架及更厚的二次衬砌等。木寨岭公路隧道支护实践正是以上述强力支护模式为基础，但发现适用性有限。

例如，斜井早期施工过程中，发现 I20a 钢架频繁出现扭曲，支护强度明显偏低，为此加大钢架型号，变更为 HW175 钢拱架，取得了较为明显的支护效果，钢架扭曲现象减少。但是，当施工至变形较为严重段落，采用以 HW 型钢为代表的"极强"支护参数后仍频繁出现大变形。又如，2 号斜井 XK1＋564～XK1＋587 段，根据前段隧道施工情况和监控量测数据，主动对 SVf 型强力支护体系进行了强化，并增大预留变形量（表 2.4-1），但实测的累计下沉为 291～467mm，累计收敛 657～1205mm，最大变形收敛速率 57mm/d，部分段落仍出现围岩大变形导致的初支混凝土开裂、掉块，钢架扭曲。

XK1＋564～XK1＋587 变更前后主要支护参数（差异） 表 2.4-1

支护措施	支护参数	
	变更前(SVf)	变更后
超前支护形式	小导管	小导管＋管棚
钢拱架	HW175@0.5m(含仰拱)	HW200b@0.6m(含仰拱)
喷射混凝土 C25	@28cm	@30cm
钢筋网	全断面@15cm×15cm	全断面双层@25cm×25cm
径向注浆小导管 (L-400cm、φ42)	@100cm×150cm(环×纵)	@100cm×60cm(环×纵)
预留变形量	35cm	40cm

(2) 支护技术

根据对 SVc 和 SVf 体系破坏现象的分析（表 2.4-2），强力支护体系作用下，断面围岩超过15cm后，结构即出现轻微损裂，后续随围岩位移增大，结构破坏程度逐渐加剧。同时，支护体系变形能力随参数增大而降低，即相同位移下，SVf体系更易破坏。因此，采用强力支护体系在围岩变形超过30cm后将有极大的可能引发围岩大变形。

强力支护体系下的变形量与破坏情况　　　　　　　表2.4-2

变形量(cm)	相对位移U/a(%)	支护系统描述
≤15	≤2.3	少见裂缝，几无掉块和拱架翘曲发生
15～30	2.3～4.6	喷射混凝土开裂、偶发掉块、少部分钢架弱轴向扭曲
30～50	4.6～7.7	喷射混凝土开裂、掉块，钢架弱轴向扭曲频发、强轴向弯折时有发生
50～65	7.7～10.0	喷射混凝土损裂，钢架严重扭曲、折叠，支护体系易整体失效
≥65	≥10.0	支护体系基本失效

2. 岩体特性

木寨岭公路隧道隧址区内，岩性主要为砾岩、断层压碎岩、炭质板岩、千枚化炭质板岩、砂岩等，隧道穿越地层以炭质板岩为主。经对已开挖围岩的段落分析，木寨岭公路隧道围岩归结起来主要有以下三种类型。

（1）砂质板岩段（图2.4-18）：灰黑色，薄—中层状，单斜构造；岩体较破碎，节理裂隙较发育；围岩强度相对较高，围岩完整性及自稳性一般，支护不及时易剥落、掉块。

该岩性段围岩变形量大多小于100mm，在强力支护结构体系下，未有明显的损裂现象，支护结构多数在一定时间内（7～15d）趋于稳定。

图2.4-18　砂质板岩段（常规变形）

（2）薄层状单斜构造炭质板岩段（图2.4-19）：灰黑色，薄层状，大多有石英夹层；单斜构造；岩体破碎，呈裂隙块状结构，节理裂隙发育；围岩强度较低，围岩遇水变软，自稳能力弱，易剥落、掉块。

该岩性段围岩变形量大多大于100mm，且变形量与层厚具有相关性，总体表现为层厚越小，变形越大；原设计支护结构体系下，部分可见损裂，支护结构多数在一定时间后趋于稳定，但受节理倾角和层厚等因素影响，可出现围岩大变形（侵限）及初期支护严重破坏的情况。

（3）揉皱发育的炭质板岩段（图2.4-20）：以炭质板岩为主，灰黑色，薄层状结构（层厚多数小于5cm），揉皱发育，有石英夹层；岩体破碎，呈裂隙块状结构，节理裂隙发育；围岩强度低，整体性差，遇水变软，自稳能力弱，易掉块坍塌。

图 2.4-19 薄层状单斜构造炭质板岩段（可能发生大变形）

揉皱发育显示该段炭质板岩具有较为显著的挤压性，变形潜势高，在强力支护时，围岩的变形量普遍在 200mm 以上，极易出现围岩大变形及支护结构的整体损裂。

图 2.4-20 揉皱发育的炭质板岩段（岩层产状不清，易发生大变形）

由上述分析可知，围岩变形与岩性紧密相关，大变形（围岩变形＞20cm，喷射混凝土出现较明显开裂）绝大部分出现在以炭质板岩为主的段落，而砂质板岩为主的段落变形基本不超过 10cm。对于薄层状结构炭质板岩，层厚与变形间存在较为明显的关系，即一般层厚越小变形越大，大变形段落层厚普遍在 5cm 以下，究其原因，薄层结构变形易受"板梁"弯曲作用影响，同时，层厚越小，围岩多数也越破碎。岩层结构的倾向对变形也有明显影响，其与应力场相结合，是大变形部位集中的主要因素之一。掌子面揉皱是挤压大变形发生的重要地质现象，揉皱现象的出现预示着该区段围岩具有较为显著的挤压变形特性。

3. 初始应力场

木寨岭公路隧道实测应力场随测点深度增加，R_c/S_H 量值趋小，表明随隧道埋深增加，初始应力场更加发育。结合现场出现大变形段落的埋深分析，即埋深较大区段发生大变形的概率明显大于小埋深区段，且总体上随埋深增加，围岩变形量逐渐增大。综上可知，初始地应力发育程度对挤压变形量具有明显影响，是大变形能否发生的关键因素之一。

4. 水文地质条件

木寨岭公路隧道中，地下水的影响程度与围岩类型密切相关，并对围岩变形产生一定程度的影响。

(1) 当围岩以砂质板岩（中风化）为主时，地下水发育程度对围岩变形存在影响，表现为随地下水发育程度增加，围岩变形量呈现（一定的）增大趋势，但基本不会引发大变形。

(2) 当围岩为薄层状单斜构造炭质板岩时，地下水对围岩变形具有明显影响，表现为随地下水发育程度增加，围岩变形量呈现较大的增长，且层厚越小，上述影响越大，施工中也易出现大变形。究其原因为炭质板岩以泥岩为基岩，力学特性上表现为微膨胀性，遇水软化（图2.4-21），导致岩石强度遇水后易出现下降，继而易引发挤压大变形。

 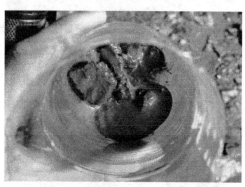

(a) 试验初始　　　　　　　　(b) 试验10～15min后

图2.4-21　现场软化试验

(3) 当围岩为揉皱发育的炭质板岩时，地下水对围岩变形具有显著的影响，极易引发挤压大变形，施工中大变形极为严重段落大多可见到"水的身影"。

例如，2号斜井XK1+525～XK1+564段出现的大变形：该区段埋深568～597m，掌子面围岩存在一定（轻微）的揉皱现象，预示易出现挤压大变形，根据前期施工经验，个别监测点的变形量有可能超设计预留变形量（35cm），但开挖过程中实测的最终拱顶下沉为240～565mm，收敛为637～3145mm，最大收敛速率831mm/d，远超预测变形值。结合具体施工与变形情况分析，隧道施工至XK1+545附近掌子面拱腰区域即有股状水流出，继续施工，拱腰区域的地下水发育程度未减弱（图2.4-22）。监控量测数据显示，自+545断面开始，左拱腰测点的日位移速率即明显大于之前断面的量值，表现为+545断面左拱腰测点6d位移量为355mm（侵限），作为对比，+540断面左拱腰测点6d位移量仅为143mm，上述量值的差异表明了地下水的发育程度对围岩变形量值具有显著的影响。进一步，断面+555和+560在地下水的持续（软化）作用下出现了突发型大变形，左拱腰测点在2018年3月24日、25日的日变形量分别达到了654mm和1865mm，支护结构也出现突然压溃。

5. 施工技术

施工技术对变形的影响主要包括施工工法与施工工艺。

木寨岭公路隧道受限于开挖掌子面稳定性要求，采用三台阶施工工法，如图2.4-23所示，将必然造成"台阶拱脚"变形内移，特别是高地应力下，每开挖一个台阶就会向内移动一定距离，最大变形值也大多出现在拱腰处测点。同时，频繁的开挖扰动易导致变形由"量变"转化到"质变"，易使得下台阶施工完成后断面出现变形侵限。另外，三台阶

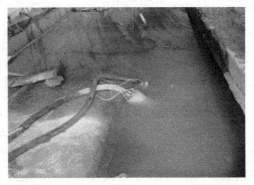

图 2.4-22　XK1+545 起地下水发育状况

施工工序间距时间过长,支护体系未能及时封闭成环,也会使初期支护在长时间无约束作用下产生沉降收敛变形。

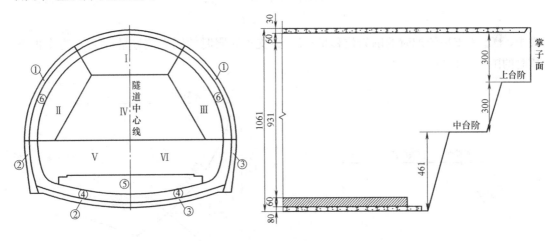

①—施作上断面初期支护;②、③—施作下断面初期支护;④—施作仰拱;
⑤—仰拱回填;⑥—整体模筑二次衬砌

图 2.4-23　木寨岭公路隧道三台阶开挖工法

初期支护施工工艺,即施工病害(图 2.4-24)也是变形控制的影响因素之一。拱架安设不平顺、连接不牢固,围岩超欠挖,锚杆(索)长度不足,喷混凝土厚度不够、质量差等都会对变形发展起到"促进"作用。

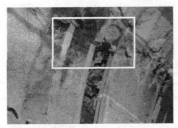
(a) 拱架连接不平顺

(b) 喷混凝土不平整

(c) 超挖及掉块

图 2.4-24　部分施工病害

2.5 强力支护模式下的高应力软岩隧道大变形成因机制

2.5.1 基于支护-围岩力学特性的大变形成因机制分析

1. 支护结构的力学特性

强力支护（初期）体系的组成主要包含喷射混凝土、钢拱架与全长粘结锚杆等支护构件，应力-应变关系一般可假定为弹塑性，即存在屈服点（ε_e，σ_{max}）及破坏应变（ε_{max}），如图 2.5-1 所示。支护对围岩的作用，实质上是支护力与围岩压力相互耦合、协调的过程，可采用特征曲线加以说明，如图 2.5-2 所示，其中，支护特征曲线可依据支护刚度 K 和支护变形量 U 表示如下：

$$\begin{cases} P=KU & U_{in}<U<U_e \\ P=KU_e & U_e<U<U_{max} \\ P=0 & U>U_{max} \end{cases} \tag{2.5-1}$$

式中，U_{in} 为支护施加时的围岩位移量；U_e 为支护屈服时的围岩位移量；U_{max} 为支护破坏时的围岩位移量。

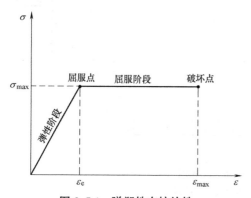

图 2.5-1 弹塑性支护特性

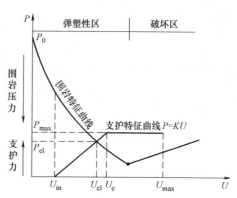

图 2.5-2 围岩-支护作用力学机理

（1）喷射混凝土的支护特性

喷射混凝土提供的支护刚度、最大支护力和容许位移值表示如下：

$$K_{shot}=\frac{E_{con}}{1+\nu_{con}} \cdot \frac{R^2-(R-t_{shot})^2}{(1-2\nu_{con})R^2+(R-t_{shot})^2} \cdot \frac{1}{R} \tag{2.5-2}$$

$$P_{max,shot}=\frac{1}{2} \cdot \sigma_c \cdot \left[1-\frac{(R-t_{shot})^2}{R^2}\right] \tag{2.5-3}$$

$$U_{max,shot} \cong U_{e,shot}+\varepsilon_{br,con} \cdot (R-t_{shot}) - \frac{2 \cdot (1-\nu_{con}) \cdot R \cdot (R-t_{shot})}{(R-t_{shot})^2+(1-2 \cdot \nu_{con}) \cdot R^2} \cdot \frac{P_{max,shot}}{K_{shot}} \tag{2.5-4}$$

式中，K_{shot} 为喷射混凝土的支护刚度；E_{con} 为喷射混凝土的弹性模量；ν_{con} 为喷射混凝土的泊松比；R 为圆形隧道开挖半径；$P_{max,shot}$ 为喷射混凝土最大支护力；σ_c 为喷射混凝土的抗压强度；t_{shot} 为喷射混凝土的厚度；$U_{max,shot}$ 为喷射混凝土支护下的容许围岩位移；$U_{e,shot}$ 为喷射混凝土最大弹性位移；$\varepsilon_{br,con}$ 为喷射混凝土的破坏应变。

分析式（2.5-2）~式（2.5-4），增加喷射混凝的厚度，支护刚度 K_{shot} 和最大支护力 $P_{max,shot}$ 上升，而容许围岩位移 $U_{max,shot}$ 下降。需要说明的是，喷射混凝土破坏应变一般仅为 0.033% 左右，直接参照式（2.5-4）求解极限位移值，量值极小，与实际存在较大差异。究其原因，计算中并未考虑钢筋网的作用，一般而言，喷射混凝土中增加钢筋网并不会显著增加支护刚度，但对控制喷射混凝土中的应力分布和裂缝扩展能起到明显作用，这也解释了木寨岭隧道初期支护普遍带裂缝，但需围岩位移达到一定量值方出现明显的掉块现象。同时，根据对木寨岭公路隧道不同支护体系（SVc、SVf）下喷射混凝土出现开裂和明显掉块时对应的围岩位移量进行的统计分析，显示出喷射混凝土的厚度越大，其容许的位移量将越小的支护特征。

(2) 钢拱架的支护特性

钢拱架提供的支护刚度、最大支护力和容许位移值表示如下，

$$K_{set} = \frac{E_{set} \cdot A_{set}}{d \cdot (R - h_{set}/2)^2} \quad (2.5\text{-}5)$$

$$P_{max,set} \simeq \frac{\sigma_{st,y} \cdot A_{set}}{(R - h_{set}/2) \cdot d} \quad (2.5\text{-}6)$$

$$U_{max,set} - U_{in,set} = \varepsilon_{br,st} \cdot \left(R - \frac{h_{set}}{2}\right) \quad (2.5\text{-}7)$$

式中，K_{set} 为钢拱架的支护刚度；E_{set} 为钢拱架的弹性模量；A_{set} 为钢拱架的截面积；h_{set} 为钢拱架的截面高度；$P_{max,set}$ 为钢拱架的最大支护力；$\sigma_{st,y}$ 为钢拱架的屈服强度；$U_{max,set}$ 为钢拱架支护下的容许围岩位移；$U_{in,set}$ 为钢拱架施作时的围岩位移；$\varepsilon_{br,st}$ 为钢拱架的破坏应变。

分析式（2.5-5）~式（2.5-7），增加钢拱架的截面积 A_{set} 和减小间距 d，可使支护刚度 K_{shot} 和最大支护力 $P_{max,shot}$ 上升；容许围岩位移 $U_{max,set}$ 主要与钢拱架的破坏应变 $\varepsilon_{br,st}$ 相关，鉴于目前的钢拱架一般采用 Q235 钢，对应的 $\varepsilon_{br,st}$ 超过 0.2，故理论计算中的钢拱架是难以破坏的。但是，工程实践表明，挤压变形较为明显的围岩段落，增加截面积 A_{set}（通过改变钢拱架类型与型号等）和减小间距 d 并不会减少拱架破坏情况的发生，反而可能加剧，尤其是减小间距 d 时。究其原因，（过度）减小 d 即意味着喷射混凝土和钢拱架的结合性更差，而基于目前的初期支护体系施工工艺，当 $d<0.6m$，拱架背后不可避免地会出现脱空，同时，加大钢架支护刚度 K_{shot} 也意味着其与喷射混凝土间的支护刚度差异变大，将使得拱架位置处的喷射混凝土更易破坏，继而引发钢拱架的弱轴向扭曲。结合木寨岭公路隧道 H175 钢拱架的变形特征，即观察到的 H175@0.8m 钢拱架容许围岩位移值明显大于 H175@0.6m，增加支护刚度/支护力后出现的容许位移值下降将使得围岩更易出现大变形。

(3) 全长粘结锚杆的支护特性

现阶段针对全长粘结型锚杆支护特征曲线的计算，一般仅采用拉拔试验对其支护特性进行定性讨论。有鉴于软岩隧道中锚杆拉拔试验的破坏形式基本为第二界面破坏，即锚固剂与孔壁脱离，其最大支护力可近似为：

$$P_{\max,\text{bol}} = \pi \cdot D \cdot l \cdot \tau \cdot m_y \qquad (2.5\text{-}8)$$

式中，$P_{\max,\text{bol}}$ 为锚杆最大支护力；D 为锚孔直径；l 为锚杆长度；τ 为锚固剂与孔壁的粘结强度，围岩为软岩时，标准值为 0.6~1.2MPa；m_y 为工作条件系数，取 0.75~0.90。结合工程实践经验，对于隧道岩石锚杆，支护力一般可取 0.05~0.2MPa。

(4) 联合支护的支护特性

联合支护由各个支护构件，如喷射混凝土、钢拱架、锚杆等组成，是一个维持围岩稳定的支护体系，可简化为一系列支护构件并联而成的模型[图 2.5-3（a）]，当在构件支护强度范围内，联合支护的刚度 K_{tot} 近似于各支护构件刚度 K_i 之和：

$$K_{\text{tot}} = \sum_{i=1}^{n} K_i = K_{\text{shot}} + K_{\text{set}} + K_{\text{bol}} \qquad (2.5\text{-}9)$$

对于常规"喷射混凝土＋钢拱架＋全长粘结锚杆"组成的联合支护结构，设定 3 种构件同时安装，其支护力与位移的变化关系如图 2.5-3（b）所示，即当围岩位移增大到一定量值后，因不同支护构件强度丧失的时间不同（U 不同），K_{tot} 将逐渐减小；$U_{\max,\text{tot}} = \min[U_{\max,i}]$；$P_{\max,\text{tot}} = \sum_{i=1}^{3} P_{\max,i}$。

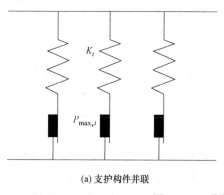
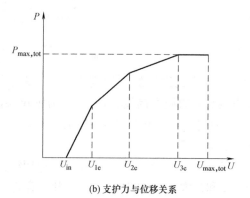

(a) 支护构件并联　　　　(b) 支护力与位移关系

图 2.5-3　联合支护刚度耦合模型

(5) 木寨岭公路隧道支护体系的支护力分析

围岩约束收敛分析中默认的隧道开挖断面为圆形，并依据圆形半径 R 代入相关公式进行求解计算。因此，在分析支护体系的支护力前，需对非圆形断面进行转换，即等代圆转换。本文采用当量半径法：

$$R = k\sqrt{(S/\pi)} \qquad (2.5\text{-}10)$$

式中，S 为开挖断面面积（考虑超挖量）；k 为断面形状修正系数，对于拱形断面，形状系数 $k=1.1$。

木寨岭公路隧道支护体系主要为 SVc 和 SVf，对应开挖面积分别为 119.1m^2 和 133.8m^2，求解计算得到当量半径 R 为 6.8m 和 7.2m。

根据《岩土锚杆与喷射混凝土支护工程技术规范》GB 50086—2015，取 C25 喷射混凝土的抗压强度 $\sigma_c=11.9$MPa；根据《钢结构设计标准》GB 50017—2017，取材质 Q235 型钢拱

架的屈服强度 $\sigma_{st,y}=235$MPa。依据式（2.5-3）和式（2.5-6）求解，得到 SVc 和 SVf 的支护力如表 2.5-1 所示，表中锚杆的计算支护力为经验取值，且设定了 SVf 为 2 倍的 SVc。

SVc 和 SVf 支护体系的支护力　　　　　　　表 2.5-1

支护体系	(X)SVc			(X)SVf		
支护构件	喷射混凝土	钢拱架	锚杆	喷射混凝土	钢拱架	锚杆
支护材料与参数	C25@25cm	H175@0.8m	$\phi 25$@4.0m	C25@28cm	H175@0.5m	$\phi 25$@5.0m+$\phi 42$@4.0m
计算支护力(MPa)	0.429	0.225	0.080	0.454	0.340	0.160
	总计算支护力 0.734			总计算支护力 0.954		

2. 强力支护下的围岩变形

Hoek（2001）针对地质条件较差的大直径隧道或地下空间（跨度 10~16m），提出有支护下的径向变形预测经验公式：

$$\varepsilon_t = 0.15(1-p_i/p_0)\left(\frac{\sigma_{cm}}{p_0}\right)^{-(3p_i/p_0+1)/(3.8p_i/p_0+0.54)} \quad (2.5\text{-}11)$$

式中，ε_t 为洞周收敛率（%），是隧道周边径向位移与隧道半径的比值；p_i 为支护压力；p_0 为初始应力；σ_{cm} 为岩体抗压强度，计算如下：

$$\sigma_{cm} = (0.0034 m_i^{0.8}) \cdot \sigma_{ci} \cdot (1.029+0.025 e^{(-0.1 m_i)})^{GSI} \quad (2.5\text{-}12)$$

式中，m_i 为经验参数，反映岩石的软硬程度，对于变质岩类可参照表 2.5-2 进行估算；σ_{ci} 为完整岩石单轴抗压强度；GSI 为地质强度指标，可参照图 2.5-4 进行估算。

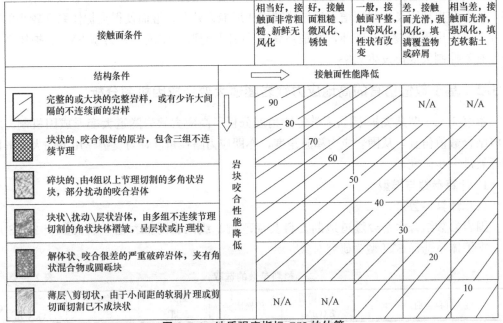

图 2.5-4　地质强度指标 GSI 的估算

注：基于岩性、结构以及接触面不连续状态估算 GSI 平均值，不必太准确，如给值 33~37 比给定 GSI=35 更切实际。当存在相对于开挖面不利方向的软弱层面时，会极大影响岩体性能，因此，本图不适用于结构性破坏情况。在有水环境，含水量变化将使岩块表面抗剪强度减小。因此，当岩块级别从好到坏时，潮湿时取值右移。

变质岩类的 m_i 估算 表2.5-2

岩石类型	类型	结晶体			
		粗粒	中粒	细粒	微粒
变质岩	非层状	大理岩 9±3	角页岩 19±3 变质砂岩 19±3	石英岩 20±3	—
	层状	混合岩 29±3	角闪岩 26±6	片麻岩 28±5	—
	薄片状	—	片岩 12±3	千枚岩 7±3	板岩 7±4

木寨岭公路隧道以中风化薄层炭质板岩（P1）为主，根据地勘资料，其岩石饱和抗压强度 σ_{ci} 范围为 11.23～45.66MPa，平均值 28.56MPa。查表 2.5-6，$m_i=7\pm4$，考虑岩石饱和抗压强度分布范围，本次计算取 m_i 值为 9；地质强度指标值 GSI 反映围岩的完整程度，一般采取现场观测测试的方式，可按图 2.5-4 进行取值，结合中风化薄层炭质板岩（P1）的岩体基本质量指标修正值 [BQ] 平均值 150 左右，取 27.4。则根据式（2.5-12），求解得到 $\sigma_{cm}=1.61$MPa。

取地应力 $p_0=15$MPa（中间值），依据式（2.5-11）求解得到 SVc 和 SVf 体系的（均值）ε_t 为 4.83% 和 4.29%，对应围岩位移量为 26.3cm 和 24.2cm。因求解采用的围岩体参数为炭质板岩（P1）的平均值，故上述计算位移值可表征为木寨岭公路隧道围岩位移的"频遇值"。

上述计算得到围岩变形 26.3cm、24.2cm，表明采用强力支护体系（SVc、SVf 型衬砌），木寨岭公路隧道将不可避免地频繁出现围岩大变形，这与初期支护 30% 的拆换率相吻合。同时，结合两值的比对分析，反映出（大幅）增强支护参数并不能有效减小围岩位移，反而会出现因支护强度增大后导致结构变形能力减弱，继而使得支护体系在较小的围岩变形时即出现损裂乃至破坏，并最终诱发围岩大变形，体现在强力型 SVf 支护体系并未能有效控制大变形发生频率。

2.5.2 基于数值仿真的高地应力软岩隧道大变形成因机制分析

本书 2.5.1 节从支护-围岩力学特性角度分析了高应力软岩隧道大变形成因机制。本节将结合数值仿真，从围岩应力释放角度，亦即应力路径角度，对支护作用下的大变形机理开展进一步研究。

1. 计算参数与模型

（1）计算参数

围岩参数结合木寨岭隧道地勘资料及规范对 V 级围岩的推荐值，取值如表 2.5-3 所示。支护体系选择 SVf 型为研究对象。

材料参数的选取 表2.5-3

材料类别	弹性模量 E(GPa)	泊松比 μ	黏聚力 c(kPa)	内摩擦角 φ(°)	重度 γ(kN/m³)
围岩	0.8	0.37	200	25	2500
锚杆支护区围岩	0.88	0.37	220	27.5	2500
初期支护(喷混凝土+钢架)	27.6	0.25	2000	35	2500
二次衬砌	30	0.3	—	—	2500

1）初期支护中将砂浆锚杆支护等效为对围岩参数的提高，即将锚杆支护范围内围岩的弹性模量 E、黏聚力 c 和内摩擦角 φ 均提升 10%，如表 2.5-3 所示。

2）初期支护中喷射混凝土和钢拱架的模拟采用等效刚度（图 2.5-5）实体单元，可得：

$$E_e = \frac{E_c I_c + E_s I_s}{I} \tag{2.5-13}$$

式中，E_e 为等效弹性模量；E_c、E_s 分别为喷射混凝土和钢拱架的弹性模量，I_c、I_s、I 分别为喷射混凝土惯性矩、钢拱架惯性矩、总惯性矩。根据式（2.5-13）求解得到"喷射混凝土+钢拱架"的等效弹性模量 $E_e=27.6$GPa。同时，因高应力软岩隧道围岩变形大，使得初期支护承受较大的变形与应力，必然会进入塑性状态，故将"喷射混凝土+钢拱架"视为弹塑性加固圈，即采用弹塑性模型，如表 2.5-3 所示。

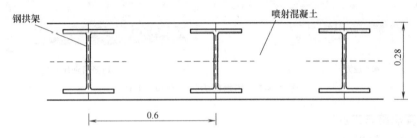

图 2.5-5 等效 E 换算示意

3）隧道支护系统中二次衬砌支护刚度大、变形能力小，模拟中将其视为弹性，材料取值如表 2.5-3 所示。

（2）计算模型

为使数值仿真结果更加清晰、简洁，建立如下计算模型。

1）计算采用二维平面应变模型，且仅包含一种计算单元（实体单元）。为消除边界效应，模型尺寸取 129m×129m，开挖隧道位于正中间，相应计算模型如图 2.5-6 所示。

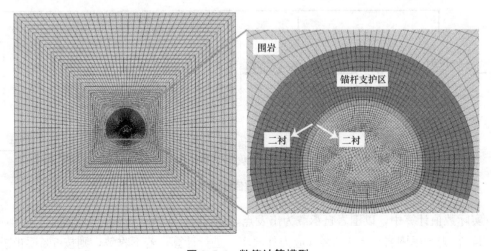

图 2.5-6 数值计算模型

2）模型下边界设置竖向零位移约束；上边界考虑木寨岭公路隧道平均埋深，施加 8.0MPa 面荷载，即换算隧道处埋深约 400m；左、右边界考虑木寨岭公路隧道构造应力分布特征，采用强制节点位移法，位移值设置为 1.7m，生成的初始应力场如图 2.5-7 所示。

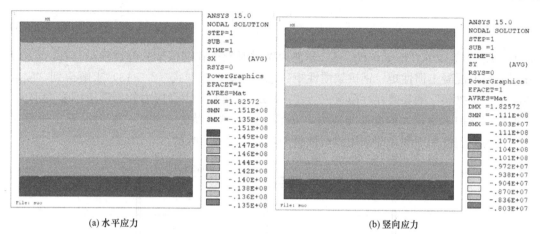

(a) 水平应力　　　　　　　　　　　(b) 竖向应力

图 2.5-7　初始应力场（单位：Pa）

2. 计算思路与工况

（1）计算分析思路

数值仿真中的支护-围岩相互作用实质是地层压力的释放与支护力的控制问题，由此本次计算采用应力释放法，即用开挖面上分布面力求等效节点释放荷载的"反转应力释放法"。鉴于有限差分软件（Flac3D）的计算依据为"不平衡力"，难以有效说明应力释放，本节选择有限元计算软件 ANSYS 进行计算分析，相应采用的实体单元为 Plane42。

计算总体思路（图 2.5-8）：通过计算围岩-初支-二衬体系在不同荷载分配（不同应力释放路径）下围岩位移、塑性区分布、初支及二衬受力等差异，探究围岩、初支与二衬的承载能力以及最优"荷载分配"（充分发挥围岩与初支承载性能，并确保二衬结构安全可靠）。

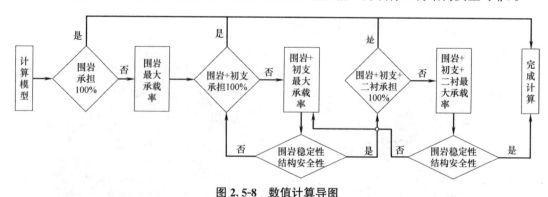

图 2.5-8　数值计算导图

实际数值计算中，以围岩自承载为出发点，即：

1）首先考虑围岩自承 100%（应力释放率）进行计算；若不收敛，则按 5% 逐步减小自承率，直至计算实现收敛，并满足围岩稳定性的要求，以此获取围岩的最大自承率。

2）若第1）款中围岩无法自承100%，则考虑围岩＋初支承担100%进行计算，以1)中围岩最大自承率为基础，基于围岩稳定性和初支结构安全分析，确定围岩＋初支的最大承载率。该计算过程中，可能需调整1)中的最大围岩自承载率（按5%比例进行调整）。

3）若第2）款中围岩＋初支无法实现承载100%的目标，以2)中围岩＋初支的最大承载率为基础，基于围岩稳定性、初支安全性和二衬安全性的分析，确定围岩＋初支＋二衬的最大承载率。该计算过程中，可能需调整围岩和初支的承载率。

综上，在寻得最优应力释放路径的基础上，分析高应力软岩隧道强力支护模式作用下的支护-围岩承载特性，剖析木寨岭公路隧道大变形灾害频发的成因机制。

（2）计算分析工况

根据上述计算思路，开展数值仿真试算，并确定典型计算分析工况如表2.5-4所示。需要说明的是，表中的初支荷载承担率实际是包含围岩一起的承担率，而二衬荷载承担率实际是包含围岩及初支一起的承担率。

典型计算分析工况　　　　表2.5-4

工况编号	荷载承担率(%)			应力释放(完成)率(%)	计算备注
	围岩	初支	二衬		
gk-1	100	—	—	100	不收敛
gk-2	80	—	—	80	收敛,不稳定
gk-3	75	—	—	75	收敛,稳定
gk-4	75	25	—	100	收敛,不稳定,不安全
gk-5	75	13	—	88	收敛,不稳定,初支临界安全
gk-6	70	13	—	83	收敛,稳定,初支临界安全
gk-7	70	13	17	100	收敛,不稳定,初支不安全,二衬不安全
gk-8	70	10	6	86	收敛,稳定,初支临界安全,二衬安全

注：围岩不稳定判定准则为，塑性区贯通或当围岩塑性区深度达到洞跨的0.75倍以上。

3. 计算结果与分析

（1）工况gk-1～gk-3

工况gk-1～gk-3为通过逐步减小围岩承担的荷载，即降低应力释放率，实现围岩自承载的稳定，图2.5-9～图2.5-11所示为工况gk-1～gk-3的部分计算云图。

由图2.5-9～图2.5-11可以看出：

1）高应力软岩隧道围岩的自承能力是有限的，本次计算得到围岩极限自承率仅为75%。需要说明的是，计算中未考虑开挖引起的岩体软化效应，故实际围岩极限自承率应显著小于75%。

2）随着围岩自承率下降，数值计算逐步收敛、围岩趋于稳定，表现为围岩位移下降、塑性区分布范围减小。具体而言，围岩100%自承载时，计算未能收敛，塑性区分布范围大，且贯通开挖轮廓；降至80%自承载时，计算收敛，塑性区范围显著减小，但塑性区仍贯通，围岩难以自稳；继续降至75%自承载时，计算收敛，塑性区范围继续减小，未贯通，且塑性区最大深度小于0.75倍开挖跨度，围岩得以稳定。

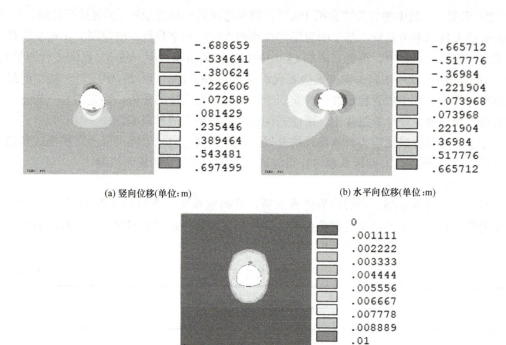

图 2.5-9 工况 gk-1 计算云图

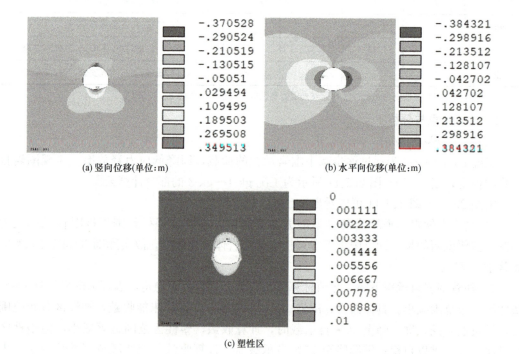

图 2.5-10 工况 gk-2 计算云图

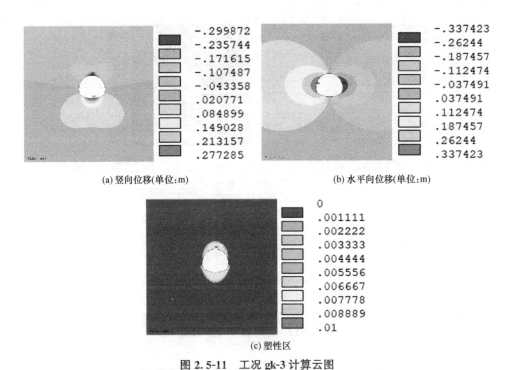

图 2.5-11　工况 gk-3 计算云图

(2) 工况 gk-4~gk-6

工况 gk-4 围岩自承 75%，初支承担 25%，计算不收敛、围岩不稳定、初支不安全；工况 gk-5 减小初支荷载承担率至 13%，实现了计算收敛、初支临界安全，但围岩不稳定；工况 gk-6 减小围岩自承率至 70%，实现了计算收敛、围岩稳定、初支临界安全。图 2.5-12~图 2.5-14 所示为工况 gk-4~gk-6 的部分计算云图。

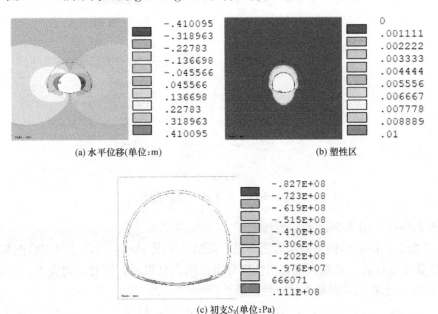

图 2.5-12　工况 gk-4 计算云图

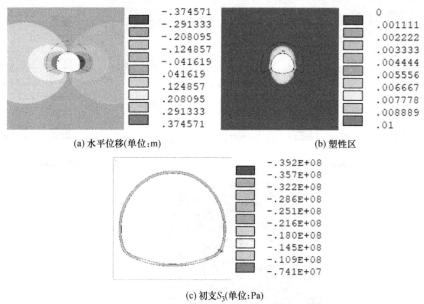

(a) 水平位移(单位:m)　　(b) 塑性区

(c) 初支S_3(单位:Pa)

图 2.5-13　工况 gk-5 计算云图

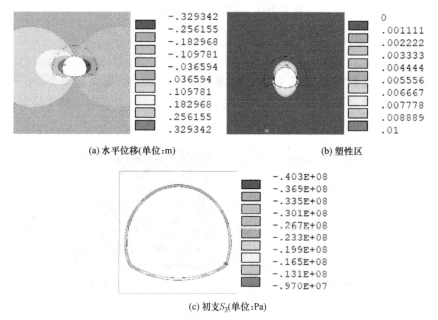

(a) 水平位移(单位:m)　　(b) 塑性区

(c) 初支S_3(单位:Pa)

图 2.5-14　工况 gk-6 计算云图

由图 2.5-12～图 2.5-14 可以看出：

1) 强力支护体系中初支的承载能力是有限的。工况 gk-4，当设定初支承担 25% 围岩荷载，计算未能收敛，表现为围岩塑性区分布范围大且贯通，同时，初支 S_3 应力极值达到 82.7MPa，远超 C25 混凝土材料性能值。

2) 工况 gk-5，减小初支承担的围岩荷载至 13%，计算收敛；初支 S_3 应力极值为 39.2MPa，约 1.5 倍 C25 混凝土材料性能值，主要分布在拱脚内侧，范围极小，其整体

S_3 应力主要分布于 16.5～25.1MPa，接近 C25 混凝土材料性能值。考虑钢架与钢筋网的承载作用，初支基本是临界安全的，需要注意的是此时的初期支护已全部进入塑性区，即在实际工程中将不可避免地出现损裂现象。与此同时，围岩塑性区范围虽出现了显著减小，但仍是贯通状态，即围岩不稳定，故后续计算中需进一步降低围岩的自承载率。

3) 工况 gk-6，减小围岩自承率至 70%，计算收敛；相比工况 gk-5，初支 S_3 应力出现极小幅增长，以 S_3 最大应力计，增长率为 2.8%，故初支仍认为是临界安全状态；观察围岩塑性区，此时未呈现贯通，故围岩基本稳定。

(3) 工况 gk-7、gk-8

工况 gk-7 为围岩自承 70%，初支承担 13%，二衬承担 17%，计算收敛，但围岩不稳定、初支不安全、二衬不安全；工况 gk-8 减小初支承担率至 10%，减小二衬荷载承担率至 6%，实现了计算收敛、围岩稳定、初支临界安全、二衬安全的目标。图 2.5-15 和图 2.5-16 为工况 gk-7、gk-8 的部分计算云图。

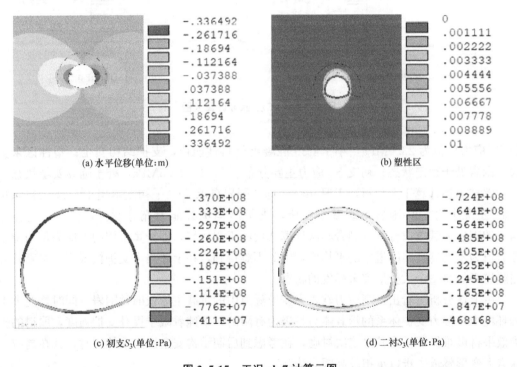

图 2.5-15 工况 gk-7 计算云图

由图 2.5-15 和图 2.5-16 可以看出：

1) 强力支护体系中二衬的承载能力也是极为有限的。工况 gk-7，当设定二衬承担 17% 的围岩荷载，围岩塑性区贯通，不稳定；初支 S_3 应力主要分布于 26.0～37.0MPa，超过了 C25 混凝土材料性能值，初支不安全；二衬 S_3 应力极值达到 72.4MPa，远超 C30 混凝土材料性能值。值得注意的是，二衬作为维持隧道内轮廓安全的最后一道屏障，其受力状态应是不允许超过材料性能值的，因此上述二衬的承载能力将大幅小于 15% 围岩荷载。

2) 工况 gk-8，减小初支承担率至 10%，减小二衬承担的围岩荷载至 6%，此时，二

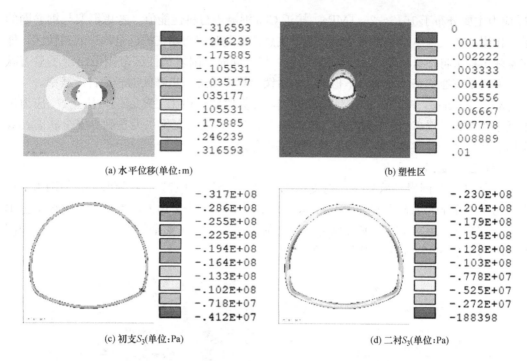

图 2.5-16 工况 gk-8 计算云图

衬 S_3 应力极值为 23.0MPa，小于 C30 混凝土材料性能值，支护结构安全；塑性区未贯通，围岩处于稳定状态；初支 S_3 应力主要分布于 19.4~25.5MPa，处于临界安全状态。

综合上述计算工况分析，工况 gk-8，即"围岩自承 70%＋初支承担 10%＋二衬承担 6%"工况中的支护-围岩系统基本稳定，支护结构承载能力充分发挥，但是，仍存在 14% 的围岩荷载难以分配。结合本次计算选用的工程环境，即计算采用的地应力值与围岩参数值为木寨岭公路隧道中的平均值，因此不难得到，在上述强力支护模式下，木寨岭公路隧道必然是一个大变形灾害频发的状态。

由上述分析可看出，高应力软岩大变形隧道中的承载主体依旧是围岩。同时，此类工程环境中，强力支护体系的承载能力是极为有限的，单纯着眼于提升支护强度，取得的支护效果将极难保证，尤其是二次衬砌，在考虑到后期结构安全性需求的同时，其在高应力软岩大变形隧道中难以承担较高围岩荷载。

2.6 本章小结

本章对木寨岭公路隧道（原）支护方案及设计理念、大变形特征、影响因素与成因机制等进行了分析，得到主要研究结论如下：

（1）木寨岭公路隧道支护设计是以"及时强支护"理论为核心的强力支护结构体系。在此体系下，围岩大变形频发，呈现出围岩变形大、变形快、变形持续时间长、变形部位集中、大变形多且变而不塌的特点以及支护结构破坏形式多样等特征。

（2）支护理论/理念与技术是围岩大变形的首要因素；岩体特性是变形的控制性因素

之一；初始地应力场是挤压大变形出现与否及严重程度的关键因素之一；地下水的发育程度对炭质板岩段的围岩变形有较大影响。

（3）强力支护体系以牺牲支护构件容许围岩位移量来实现支护力增加，难以有效适用于围岩大变形。

（4）高应力软岩大变形隧道中的承载主体依旧是围岩。强力支护体系的承载能力是极为有限的，单纯着眼于提升支护强度，取得的支护效果极难保证。

第3章 高地应力软岩大变形隧道中让压支护的必要性与适用性研究

隧道初期支护的实质是支护结构提供了一个阻止围岩变形的压力，即支护强度，其大小用 P_i 表示，指单位面积洞室围岩表面上作用的支护强度。为了研究让压支护的适用范围及其效用性，本章将首先研究支护结构从柔性到刚性变化过程中，即支护强度由小到大过程中围岩位移、应力状况和塑性区等的演变特征，进而分析让压支护在高地应力软岩隧道中的必要性和适用性；再在此基础上，选择代表性的大变形隧道工程，采用数值仿真的手段，对挤压型地下洞室开挖后在强支护、分层支护及让压支护三种不同类型支护作用下的围岩与支护体系的受力及变形特征进行研究，分析各类支护体系的优缺点。

3.1 软岩大变形隧道中基于支护强度的让压必要性研究

3.1.1 挤压因子及围岩挤压性程度的判识

围岩挤压性程度，即变形量级、速率以及滑移区范围，与地应力水平和岩体强度有关，可采用挤压因子 N_c（Jethwa et al.，1984）作为判识围岩挤压性程度的指标：

$$N_c = \sigma_{cm}/P_0 \tag{3.1-1}$$

式中，σ_{cm} 为岩体单轴抗压强度；P_0 为初始地应力。

由于岩体结构的复杂性，σ_{cm} 实际上是一个综合、概化地反映岩体强度的参数，其量值可采用 Hoek 提出的式（2.5-12）计算，或按熟知的 Mohr-Coulomb 准则估算：

$$\sigma_{cm} = \frac{2c_p \cos\varphi_p}{1-\sin\varphi_p} \tag{3.1-2}$$

式中，c_p 为岩体峰值黏聚力；φ_p 为岩体峰值内摩擦角。

从上述挤压因子 N_c 出发，Hoek 根据大量隧道工点资料统计，提出围岩挤压性分级如图 3.1-1 和表 3.1-1 所示。

围岩挤压性分级表　　　　表 3.1-1

N_c	<0.11	0.11~0.16	0.16~0.22	0.22~0.36	>0.36
挤压等级	极度	严重	中等	轻度	不明显
相对变形值 ε(%)	>10	5~10	2.5~5	1~2.5	<1

由图 3.1-1 和表 3.1-1 可见，N_c 越小，ε 越大，即变形越大。结合公路两车道隧道断

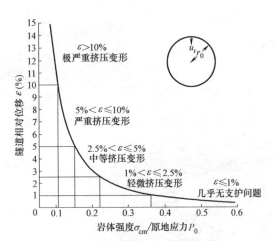

图 3.1-1 围岩挤压性分级图

面开挖半径一般在 6~7m，并考虑常规初期支护体系的容许位移量一般为 30~35cm，此时对应的 $\varepsilon\approx5\%$，可知 $N_c\approx0.16$ 是一个阈值，小于该量值，现有隧道支护结构极易损裂乃至整体失效。

3.1.2 分析方案的确定

为便于深入研究问题，模型采用圆形断面开挖隧道（$R=6.75$m），根据挤压程度（见表 3.1-1）的不同，选取 5 种工况，各工况围岩参数和挤压程度如表 3.1-2 所示。

围岩参数和挤压程度　　　　　　　　表 3.1-2

工况	参数									挤压程度
	γ (kN/m³)	H (m)	E (GPa)	λ	c (MPa)	φ (°)	P_0 (MPa)	σ_{cm} (MPa)	N_c	
工况 1	2000	400	0.15	0.4	0.16	25	8	0.50	0.063	极严重
工况 2	2000	250	0.15	0.4	0.16	25	5	0.50	0.10	极严重
工况 3	2000	165	0.15	0.4	0.16	25	3.3	0.50	0.15	严重
工况 4	2000	125	0.15	0.4	0.16	25	2.5	0.50	0.20	中等
工况 5	2000	100	0.15	0.4	0.16	25	2	0.50	0.25	轻微

注：设定围岩参数不变，通过调整埋深改变围岩应力场。

为直观反映计算结果，同时为了研究问题的方便，对模型作如下说明：

（1）为更加清晰地呈现计算结果，计算采用平面应变模型。

（2）根据圣维南原理，考虑模型的边界效应，模型的尺寸应足够大，本次计算中洞室开挖断面为圆形（$R=6.75$m），模型尺寸为 $8R\times8R$ 的正方形。

（3）模型左、右边界设水平约束；下边界设竖向约束；上边界施加均匀竖向荷载，模拟埋深。

（4）在开挖洞室表面施加力 P_i，以模拟支护强度的效果，P_i 取值依次为 0MPa，0.2MPa，0.4MPa，0.6MPa，0.8MPa，1.0MPa，1.5MPa，2.0MPa。计算模型简图如图 3.1-2 所示。

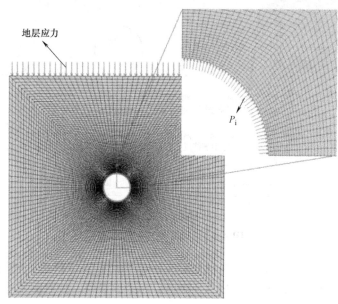

图 3.1-2 计算模型简图

3.1.3 基于围岩变形的让压支护必要性分析

隧道成功支护的关键在于对围岩位移的有效控制，以及自身稳定性的合理管控。本节将基于不同支护强度下隧道开挖后的围岩变形规律，分析不同支护强度 P_i 对围岩位移的影响，即对工况 1～工况 5（$N_c=0.063$～0.25）中的竖向位移 U_y 和水平位移 U_x 变化规律进行分析，以此探究不同支护模式的适用性和让压支护的必要性。

（1）以 $N_c=0.10$、0.25 的（部分）竖向位移 U_y 云图（图 3.1-3、图 3.1-4）为例，对围岩竖向变形规律进行分析。

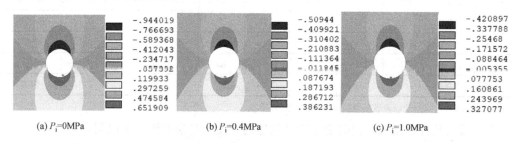

图 3.1-3 $N_c=0.10$，不同支护强度 P_i 下围岩竖向位移 U_y 云图（单位：m）

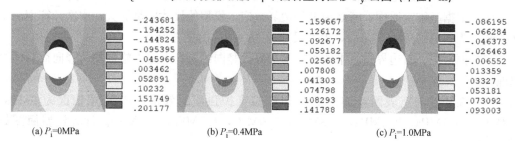

图 3.1-4 $N_c=0.25$，不同支护强度 P_i 下围岩竖向位移 U_y 云图（单位：m）

由图 3.1-3 和图 3.1-4 可以看出：

1) 挤压因子 N_c 和支护强度 P_i 的大小对隧道开挖后围岩竖向位移 U_y 变化规律几无影响，均表现为拱顶沉降、拱底隆起。

2) 随支护强度 P_i 增大，围岩竖向位移整体趋于减小，减小量随支护强度 P_i 增大而减小。

3) 同一支护强度 P_i 下，挤压因子 N_c 越大，围岩竖向位移越小。

（2）以 $N_c=0.10$、0.25 的（部分）水平位移 U_x 云图（图 3.1-5、图 3.1-6）为例，对围岩水平向变形规律进行分析。

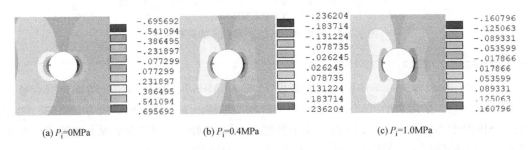

(a) $P_i=0$MPa   (b) $P_i=0.4$MPa   (c) $P_i=1.0$MPa

图 3.1-5 $N_c=0.10$，不同支护强度 P_i 下围岩水平位移 U_x 云图（单位：m）

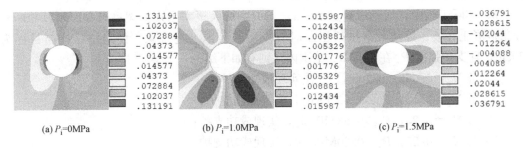

(a) $P_i=0$MPa   (b) $P_i=1.0$MPa   (c) $P_i=1.5$MPa

图 3.1-6 $N_c=0.25$，不同支护强度 P_i 下围岩水平位移 U_x 云图（单位：m）

由图 3.1-5 和图 3.1-6 可以看出：

1) 一般情况下，围岩水平变形表现为向洞内收敛。但是，当挤压因子 N_c 较大，且支护强度 P_i 超过一定值时，水平变形可呈现出向洞外扩张，如图 3.1-6（c）所示，说明当 N_c 较大时，增加 P_i 将可取得理想的水平位移 U_x 控制效果。

2) 当围岩水平变形规律均为向洞内收敛时，随支护强度 P_i 增大，围岩水平位移 U_x 整体趋于减小，减小量随支护强度 P_i 增大而减小。同一支护强度 P_i 下，N_c 越大、围岩 U_x 越小。

3) 同一挤压因子 N_c、同一支护强度 P_i 下，竖向位移 U_y 极值明显大于水平位移 U_x 极值。以 $N_c=0.10$、$P_i=1.0$MPa 为例，U_y、U_x 的极值分别为 42.1cm、16.1cm，相差 26cm。

（3）以不同挤压因子 N_c、不同支护强度 P_i 下的竖向位移 U_y 极值（记为 $U_{y\max}$），为研究对象，绘制关系曲线如图 3.1-7 所示。

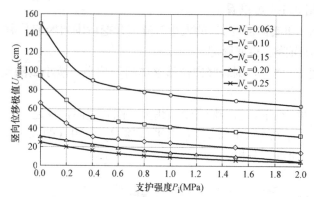

图 3.1-7　不同 N_c 下 $U_{y\max}$ 与 P_i 的关系曲线

由图 3.1-7 可以看出：

1) 挤压因子 $N_c=0.063$ 时，支护强度 $P_i \leqslant 0.6$MPa 范围内，随 P_i 增加，围岩竖向位移极值 $U_{y\max}$ 呈指数形式减小，表明严重挤压变形隧道中，强支护是极为必要的。同样地，挤压因子 $N_c=0.10$、0.15 时，支护强度 $P_i \leqslant 0.4$MPa 范围内亦呈现上述规律。而当超出上述支护强度 P_i 范围后，随 P_i 增加，$U_{y\max}$ 呈线性缓慢减小。

2) 挤压因子 $N_c=0.20$、0.25 时，围岩竖向位移极值 $U_{y\max}$ 随支护强度 P_i 增加呈线性减小，表明增加 P_i 对 U_y 的控制功效基本一致。

3) 实际工程中，当变形超过 20cm，支护结构大概率出现损裂；当变形超过 30cm，喷射混凝土开裂、掉块，钢拱架扭曲时有发生。考虑上述现象，设定位移控制目标为 20cm，且支护强度 P_i 在 2.0MPa 范围内，则有如下结论：

① 当 $N_c=0.063$、0.10 时，无法实现成功支护；
② 当 $N_c=0.15$，$P_i \geqslant 1.5$MPa 时，实现成功支护；
③ 当 $N_c=0.20$，$P_i \geqslant 0.53$MPa 时，实现成功支护；
④ 当 $N_c=0.25$，$P_i \geqslant 0.20$MPa 时，实现成功支护。

以上述结论②为例，考虑一层初期支护，钢架采用 HW175 型钢，喷射混凝土采用 C25，设定砂浆锚杆提供的支护强度为 0.1MPa，则在 50cm 钢架间距、30cm 厚喷射混凝土下，得到的支护强度 $P_i = P_{\max,\text{shot}} + P_{\max,\text{set}} + 0.1\text{MPa} = 0.53\text{MPa} + 0.36\text{MPa} + 0.1\text{MPa} = 0.99\text{MPa}$（$<1.5$MPa）。进一步考虑增强支护参数，增大喷射混凝土厚度至 35cm，增密钢拱架间距至 23cm，此时 $P_i = P_{\max,\text{shot}} + P_{\max,\text{set}} + 0.1\text{MPa} = 0.62\text{MPa} + 0.78\text{MPa} + 0.1\text{MPa} = 1.5\text{MPa}$，支护成功。但上述支护参数仅出现在理论计算中，于工程实际已无可实施性。因此，$N_c \leqslant 0.15$ 时，强力支护是行不通的，让压支护将是必然的选择。

以上述结论③为例，仍考虑一层初期支护，钢架采用 HW175 型钢，喷射混凝土采用 C25，设定砂浆锚杆提供的支护强度为 0.1MPa，此时提供的支护强度 $P_i=0.99$MPa，最大围岩变形为 14cm，实现了将围岩变形极值控制在 20cm 内的预设目标，且变形小于 15cm，支护结构的整体安全性得到有力的保证。因此，$N_c \geqslant 0.20$ 时，现行的强力支护模式是能够对围岩进行有效支护的；$N_c=0.15\sim0.20$ 时，支护模式的选择可根据现场围岩变形情况进行综合考虑。

3.1.4 基于围岩自稳性的让压支护适用性分析

让压支护的核心之一在于"让"。一般而言，随变形增大，围岩的稳定性将出现下降，因此，分析不同支护强度 P_i 时的围岩体稳定性变化规律，将可阐明挤压大变形隧道中让压支护的适用性。提取挤压因子 $N_c=0.063$、0.10 时，不同 P_i 作用下的围岩塑性区分布云图如图 3.1-8 和图 3.1-9 所示。

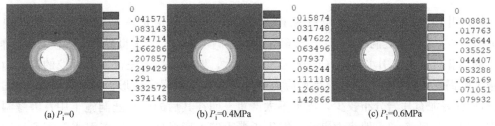

图 3.1-8　$N_c=0.063$，不同支护强度 P_i 作用下围岩塑性区分布云图

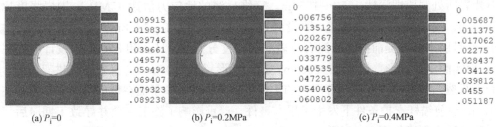

图 3.1-9　$N_c=0.10$，不同支护强度 P_i 作用下围岩塑性区分布云图

由图 3.1-8 和图 3.1-9 可以看出：

（1）围岩塑性区边墙区域为优势部位，增加支护强度 P_i 可减小围岩塑性区范围和等效塑性应变极值，其中拱顶和拱底处塑性区最先消失；P_i 相同时，挤压因子 N_c 越小，围岩塑性区范围越大，等效塑性应变极值也越大。

（2）当挤压因子 $N_c=0.063$，隧道开挖无支护时（支护强度 $P_i=0$），塑性区沿开挖洞壁连通，围岩将出现失稳破坏；当 $P_i=0.4\text{MPa}$ 时，塑性区范围出现显著减小，但仍连通，围岩自稳能力不足；进一步，当 $P_i=0.6\text{MPa}$ 时，拱顶与拱底区域塑性区消失，围岩将达到自稳定。可见，当 $N_c=0.063$、$P_i=0.6\text{MPa}$ 时，围岩已具有足够的自稳能力，即具备了"让压"的能力，可通过增加围岩位移来减小支护结构的受力，同时保证围岩的自稳。

（3）同样地，当挤压因子 $N_c=0.10$，支护强度 $P_i\leqslant 0.2\text{MPa}$ 时，围岩无自稳能力；但当 $P_i=0.4\text{MPa}$ 时，围岩已具备"让压"的能力。对比第（2）条可知，随着 N_c 的增加，"让压"可在 P_i 更小时应用。

3.2　不同支护模式在高地应力软岩大变形隧道中的效用性研究

高地应力软岩大变形隧道中，及时强支护是必要的，但支护强度达到一定程度后，继续增加已难取得较好的效果,尤其是在严重挤压大变形隧道中。本节选择以锦屏Ⅱ级水电站引水隧洞为典型算例,开展强支护、分层支护和让压支护的对比研究,从围岩变形特征、应力特征、塑性区分布特征以及支护结构受力特征等方面进行分析,探究不同支护模式在挤压型大变形隧道中的差异性及优劣,以期为挤压型大变形隧道支护模式的合理选择奠定基础。

3.2.1 依托工程概况

锦屏Ⅱ级水电站位于四川省凉山州盐源、冕宁、九龙三县交界处,装机规模4800MW,4条引水隧洞平均长约16.6km,开挖洞径约13m,为世界最大规模水工隧洞。

锦屏Ⅱ级水电站引水隧洞(1~4号)埋深大,地应力高,先行完成开挖的锦屏山隧道施工中揭露了绿泥石片岩,在高地应力条件下发生了软岩大变形,因洞径较小(5.5~6.0m)且绿泥石片岩分布较少,危害不太严重。而在其后的引水隧洞施工中,因隧洞洞径大(13.4~14.6m),地应力更高,发生了严重的大变形现象。锦屏引水隧洞西端绿泥石片岩为典型的工程软岩,具有软、弱、松、散、强度低、刚度低、遇水软化等特点。绿泥石片岩所处洞段埋深达1550~1850m,三维反演的地应力值达45MPa,围岩强度比为0.5~0.9,属于极高地应力区,原设计隧洞洞径为13.4~13.8m,采用钻爆法开挖。1号、2号引水隧洞提前揭露绿泥石片岩洞段长度分别为224m和30m,原设计应变率为4%,而实测围岩变形普遍为20~60cm,最大变形超过100cm,并且发生了拱架扭曲、喷混凝土开裂、围岩收敛不稳定等严重的工程危害。另外,掌子面在爆破后尚未出碴并在有长4.5m超前锚杆支护条件下发生了塌方事件,严重影响了施工安全并导致工期滞后。引水隧洞地质纵剖面如图3.2-1所示。

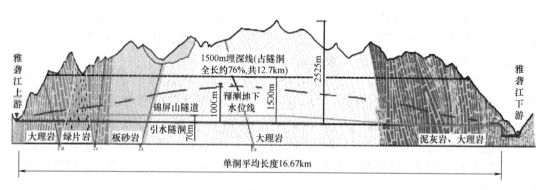

图 3.2-1 引水隧洞地质纵剖面

根据该洞段的围岩特征,支护遵循"重视监控量测、分期支护、先柔后刚"的原则,采用了分层施作初衬的支护方式(图3.2-2),具体如下:

(1)掌子面拱顶150°范围内布置1~2排超前锚杆或超前注浆小导管。

(2)掌子面喷射5~10cm厚CF30硅粉钢纤维混凝土封闭,视围岩情况布置随机玻璃纤维锚杆$\phi 25$,$L=4.5$m。

(3)第一层施作:隧洞洞周初喷CF30混凝土,厚5~8cm,系统布置格栅拱架(或型钢拱架），间距 0.5～1.0m。

（4）隧洞洞周系统布置砂浆锚杆 $\phi 32$、$L=6(9)$ m，间排距 1m×1m。

（5）第二层施作：隧洞洞周复喷 CF30 钢纤维混凝土，厚 25～30cm。

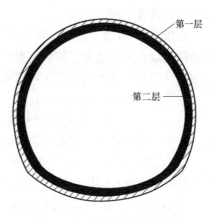

图 3.2-2 分层初期支护示意

3.2.2 各类支护方案设计

设定数值仿真在初期支护总厚度相同的条件下，拟定强支护、分层支护和让压支护的支护方案如表 3.2-1 所示，分析围岩和隧洞洞径相同条件下，不同支护方案时，围岩和支护结构在变形、受力和塑性区方面的差异。

不同支护形式的支护参数　　　　　表 3.2-1

编号	支护形式	支护参数
工况一	强支护	全周喷 C30 混凝土，厚 36cm
工况二	双层初期支护（8+28）	C30 混凝土，初喷 8cm，复喷 28cm
工况三	双层初期支护（20+16）	C30 混凝土，初喷 20cm，复喷 16cm
工况四	让压支护	36cm 厚 C30 混凝土，让压起始位移 15cm，让压量 10cm

3.2.3 数值分析中各类支护模式的实现

（1）计算模型

模型以锦屏引水隧洞西端绿泥岩大变形洞段为原型，宽度取值为由隧道中心到两侧各取 50m（半宽接近 4 倍洞径的范围，可大大减弱波传递时边界效应的影响）；高度取值为由隧道中心到上边界 50m（剩余埋深以施加竖向应力方式来实现，模拟埋深选取 1500m，水头高度选取 200m），沿隧道纵向取 1m。开挖后的支护只考虑初支的作用，为研究开挖边界特征的位移、应力等变化，考虑对称性，在洞室围岩共选取了 5 个测点，如图 3.2-3 所示。

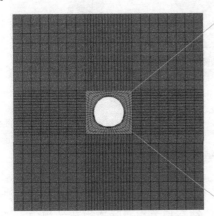 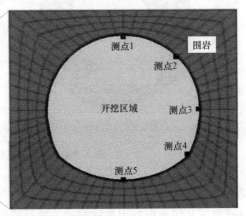

图 3.2-3 计算模型及测点布置示意图

(2) 计算工况

运用 Flac3D 建立模型，围岩采用实体单元模拟，选用 Mohr-Coulomb 屈服准则，边界条件选取自由场边界。模拟过程中尽量简化其他因素的影响，初支用实体单元来模拟，选用弹性模型，刚度的改变从弹模方面加以调整。

在计算中的实现方法如下：

1) 工况一：①计算初始应力场；②开挖，计算毛洞状态下的应力场分布；③毛洞状态，运算一定荷载步，释放围岩压力，释放率为35%；④施加强支护，直至计算收敛。

2) 工况二：①、②、③同工况一；④施加第一层支护，运算一定荷载步，使围岩产生一定的变形量；⑤施加第二层支护，直至计算收敛。

3) 工况三：①、②、③同工况一；④施加第一层支护，运算一定荷载步，容许围岩发生变形，释放少量的围岩压力；⑤施加第二层支护，直至计算收敛。

4) 工况四：①、②、③同工况一；④施加强支护，运算一定荷载步；⑤激活让压构件，运算至变形值达到预定的让压量；⑥让压构件停止工作，施加强支护，直至计算收敛。

各工况支护结构计算模型如图3.2-4所示。

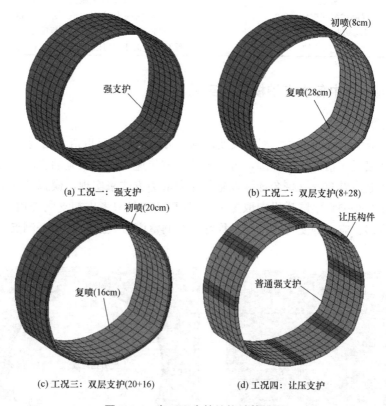

图 3.2-4 各工况支护结构计算模型

(3) 计算参数

根据锦屏Ⅱ级水电站引水隧洞相关地勘资料，结合相关交通隧道规范的规定，选取计算参数如表 3.2-2 所示。

力学参数　　　　　　　　　　　　　　　　表 3.2-2

材料	弹性模量 E(GPa)	泊松比 ν	重度 γ(kN/m^3)	黏聚力 c(MPa)	内摩擦角 φ(°)
围岩	1.14	0.36	19.9	0.8	30
初喷	30.0	0.25	24	—	—
复喷	30.0	0.25	24	—	—
普通支护	30.0	0.25	24	—	—
让压构件	0.0003	0.4	24	—	—

3.2.4 不同支护模式下围岩-结构变形与应力状态分析

1. 洞壁围岩变形特征

提取洞壁各测点位移数据，绘制变化曲线如图 3.2-5 所示。

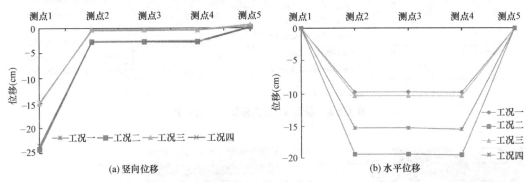

图 3.2-5　测点位移

由图 3.2-5 可以看出，竖向位移方面，工况二（双层支护 8+28）、工况四（让压支护）的竖向位移最大，均为 24cm，位于拱顶；工况一（强支护）、工况三（双层支护 20+16）的竖向位移相同，均为 15cm。水平位移方面，工况二的水平位移最大，为 19cm，位于拱腰；其次是工况四，为 16cm；工况一、工况三最小，为 10cm。上述位移量值表明，工况二、工况四对围岩变形的释放要大于工况一、工况三，即双层支护（8+28）与让压支护具备较好地释放围岩变形的功能，但是，当分层支护中的第一层支护厚度较大时，如工况三，将很难达到释放围岩变形的目的。

2. 围岩应力特征

计算显示围岩主要承压，得到不同工况下围岩最小主应力 S_3 的应力云图如图 3.2-6 所示。

由图 3.2-6 可以看出，压应力最大值由小至大为：工况二（双层支护 8+28）13.6MPa、工况四（让压支护）20.5MPa、工况三（双层支护 20+16）38.9MPa、工况一（强支护）40.2MPa。表明工况二、工况四对围岩的变形释放较大，从而围岩应力较小；工况一、工况三因抑制了围岩变形，致使围岩承受了较高的应力状态。进一步，观察各测点的受力变化，可见让压支护作用下，隧道周边岩体的受力更均匀。

3. 围岩塑性区分布特征

各工况围岩塑性区分布如图 3.2-7 所示。

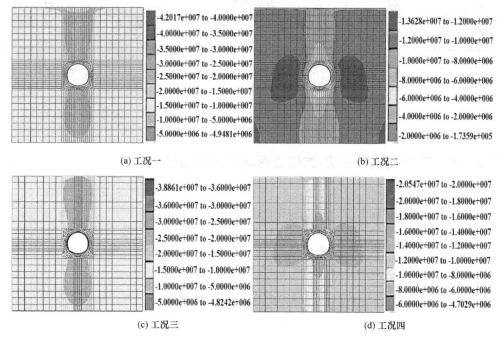

图 3.2-6　围岩 S_3 应力云图（单位：Pa）

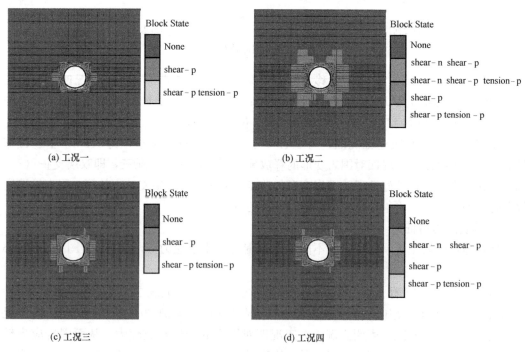

图 3.2-7　围岩塑性区分布

由图 3.2-7 可以看出，围岩塑性区分布范围由小至大依次为：工况一（强支护）、工况三（双层支护 20+16）、工况四（让压支护）、工况二（双层支护 8+28）。其中工况三、工况四相近，小于工况二，但大于工况一。究其原因，主要是围岩形变能释放的差异，即强支护过度约束了围岩变形，双层支护和让压支护均可释放围岩变形，但双层支护对围岩变形的释放与第一层支护厚度的相关性极大，当第一层厚度较小，塑性区往往难以有效控制。

4. 初期支护受力特征及其安全性

（1）最大主应力 S_1

初期支护的最大主应力 S_1 云图如图 3.2-8 所示。

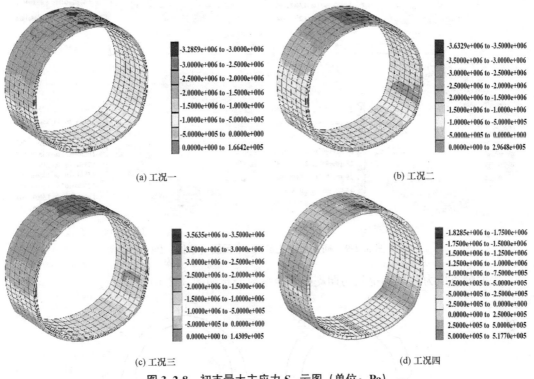

图 3.2-8　初支最大主应力 S_1 云图（单位：Pa）

由图 3.2-8 可以看出，不同支护形式下，支护结构以承压为主，拉应力很小；从量值来看，S_1 应力负值，最大仅为 3.6MPa，远小于支护结构的材料性能值；S_1 应力正值，工况一至工况四依次为 0.17MPa、0.30MPa、0.14MPa、0.52MPa，均远小于支护结构的材料性能值。

（2）最小主应力 S_3

初期支护的最小主应力 S_3 云图如图 3.2-9 所示。

由图 3.2-9 可以看出，S_3 应力均为负值，量值由小至大依次为：工况二（双层支护 8+28）29.1MPa、工况四（让压支护）30.4MPa、工况三（双层支护 20+16）40.7MPa、工况一（强支护）47.7MPa。其中工况二结构受力最小，但在实际计算过程中，因第一层支护厚度过小，结构已发生破坏。上述分析表明，工况四充分释放了围岩积聚的形变能，使得支护结构受力较小；而工况三相较于工况一，虽受力有所改善，但因其第一层支护施作较厚，释放的围岩形变能小，与工况一仍有较大差距。

（3）支护安全性分析

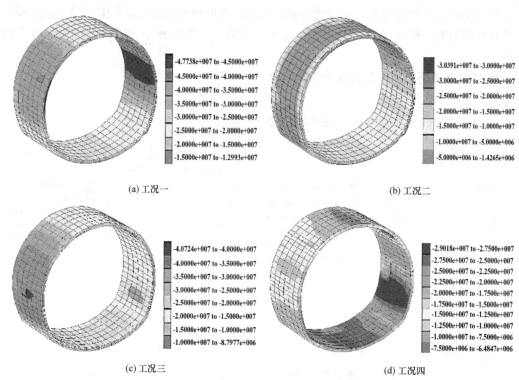

图 3.2-9 初支最小主应力 S_3 云图（单位：Pa）

提取测点应力数据，得到初期支护安全系数分布如图 3.2-10 所示。

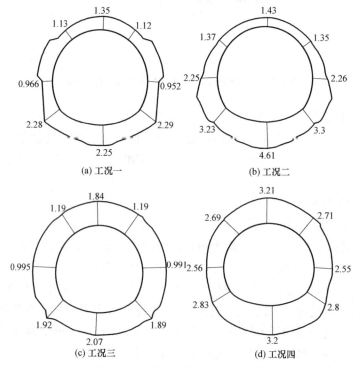

图 3.2-10 初期支护安全系数分布

由图 3.2-10 可以看出：

(1) 工况一（强支护）、工况三（双层支护 20+16）的安全系数最小，其中拱腰位置安全系数均小于 1，支护结构已不安全。

(2) 工况二（双层支护 8+28）的安全系数均大于 1，但从分布上看，较之工况四（让压支护），拱肩以上范围的支护结构安全储备较低。需要进一步说明的是，工况二由于第一层支护刚度过小，实际已经发生了破坏。

(3) 工况四的安全系数在四种工况中最大，均大于 2.5，支护结构安全性高。

3.2.5 各类型支护效果对比分析

(1) 工况一（强支护）、工况二（双层支护 8+28）、工况三（双层支护 20+16）

1) 随着第一层支护强度的增加，支护体对围岩变形的约束力不断提高，围岩变形和塑性区逐渐减小，对于保持岩体自身稳定性有利。

2) 随着第一层支护强度的增加，对围岩约束增大，支护结构受荷增加，安全性减弱。故从支护效果分析，分层支护优于强支护，但第一层支护强度不宜过大。

3) 采用双层支护，如第一层厚度较小，围岩塑性区将出现快速发展，因此，双层支护结构的第一层支护强度需谨慎。

(2) 工况三（双层支护 8+28）、工况四（让压支护）

1) 适宜的双层支护和让压支护均能有效释放围岩积聚的形变能。

2) 让压支护的结构安全性要优于双层支护。

3.3 本章小结

本章从支护力角度分析了不同挤压因子下的支护强度与围岩稳定性的联系，并以锦屏 Ⅱ 级水电站引水隧洞工程为案例，对比分析了强支护、分层支护和让压支护的支护特性，得到主要结论如下：

(1) 严重挤压变形隧道（$N_c<0.15$），当支护强度增至一定程度后，支护对围岩变形的控制效果下降。故采用强力支护是行不通的，让压支护将成为必然选择。施加支护可有效提升围岩的自稳性，是让压支护能够成功实施的前提之一。

(2) 非严重挤压变形隧道（$N_c \geqslant 0.20$），现行的强力支护模式能够对围岩进行有效支护；$N_c=0.15\sim0.20$ 时，支护模式的选择可根据现场围岩变形情况进行综合考虑。

(3) 严重挤压变形隧道支护模式的选择：

1) 强支护和第一层支护较厚的分层支护因（初始）支护刚度大，过度地约束了围岩变形，导致支护结构的受力较大，结构安全性低。

2) 第一层支护较薄的分层支护可实现对围岩形变能的有效释放，减小支护结构受力，并提升结构安全性，但因第一层支护强度低，使得围岩塑性区发展快，可能引发围岩失稳，应慎重选择。

3) 让压支护具备充分释放围岩形变能的能力，可使支护结构受力趋向合理，结构安全性提升。相比强支护和分层支护，让压支护在严重挤压变形隧道中的适用性更优。

第4章 高地应力软岩大变形隧道中及时-强-让压支护的基本原理及其技术实现

对处于高应力环境中强度低、岩性差的软弱围岩而言，随洞室开挖，围岩体径向应力释放/消散，力学性能将出现快速下降，并呈现出持续恶化的态势。以往的让压支护仅强调"让压"，即能量的释放，认为通过一定手段释放积蓄在围岩体内部的能量即能够实现对高应力软岩大变形的成功整治，忽视了对支护时效性与强度的要求，如此，导致让压支护技术应用到挤压大变形隧道中效果不甚理想。

实际上，对处于高地应力状态下的软岩隧道，受限于岩体的物理力学特性与加载特性，在洞室开挖后，急需快速地给予一个足够强度的支护力，以消除因洞壁周边约束解除而造成的高应力差及其带来的岩体力学性状恶化问题，抑制裂隙的扩展贯通及宏观破裂面的形成，而后进行"让压"是非常必要的，如此才能对严重挤压变形进行有效支护。

4.1 高地应力软岩隧道及时强支护的必要性

4.1.1 基于开挖后围岩应力变化的及时支护必要性分析

对高地应力软岩隧道，不同支护及时性下的围岩应力变化如图 4.1-1 所示。图中，①为围岩初始应力状态曲线，②为开挖后的围岩应力状态曲线，③为无支护下的围岩应力状态曲线，④为支护不及时的围岩应力状态曲线，⑤为及时支护的围岩应力状态曲线。

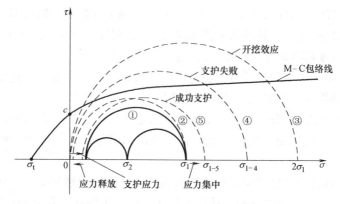

图 4.1-1 基于摩尔-库仑理论的围岩应力变化

由图 4.1-1 可知：

（1）未开挖时，围岩初始应力状态为曲线①，位于强度包络线下，处于稳定状态；开挖后，洞壁围岩失去径向支护作用，应力状态变为曲线②，即由三维应力状态转变为二/一维；若不进行支护，开挖效应持续作用下，围岩应力状态最终变为曲线③，与强度包络线相交，发生破坏。

（2）曲线④为支护不及时的围岩应力变化，鉴于长时间的开挖效应作用，切向应力将大幅"应力集中"，增至 σ_{1-4}，使得摩尔圆与强度包络线相交，发生破坏；而曲线⑤为及时支护下的围岩应力变化，快速施载使得切向应力的"应力集中"效应大幅度减小，仅增至 σ_{1-5}，最终支护成功。因此，在软岩隧道中及时施加支护将极大地利于围岩应力的控制，特别是考虑到高应力软岩隧道具有快速变形的显著特征，及时支护尤为必要且重要。

4.1.2 基于不同围压下岩体力学特性的强力支护重要性分析

高应力软岩隧道开挖后，洞壁一定范围内岩石（体）的受力必将超过其强度峰值，进入峰后强度阶段。因此，岩石的强度和变形特征对软岩隧道的研究具有重要意义，尤其是峰后阶段的强度和变形特征。图 4.1-2 为取自重庆市彭水地区志留系罗惹坪组的泥质页岩在不同围压下的应力-应变曲线；图 4.1-3 为取自潞安矿区漳村煤矿 3 号煤层煤岩在不同围压下的应力-应变曲线。

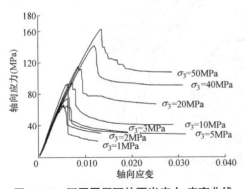

图 4.1-2 不同围压下的页岩应力-应变曲线

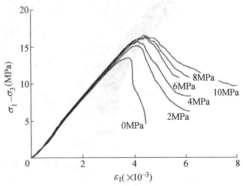

图 4.1-3 不同围压下的煤岩应力-应变曲线

由图 4.1-2 和图 4.1-3 可知，软弱岩体的软化阶段和残余阶段的强度与围压间存在强关联性，表现为围压越大，软化与残余阶段的强度越高；当围压小时，增加围压值可显著增大软化与残余阶段的强度。上述分析表明，对软弱围岩在及时支护的基础上施加强支护将是极为重要的。在及时支护基础上，不同支护强度下的围岩-支护作用特征曲线如图 4.1-4 所示。图中，1 为无支护下的围岩力学特性曲线，S_1 为围岩坍塌破坏点；2 为一般支护下的围岩力学特性曲线，对应支护力学特性曲线为②，S_2 为围岩坍塌破坏点；3

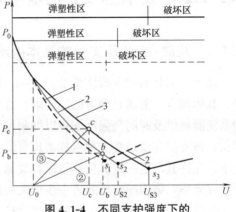

图 4.1-4 不同支护强度下的围岩-支护作用特征曲线

为强支护下的围岩力学特性曲线,对应支护力学特性曲线为③,S_3 为围岩坍塌破坏点。受支护对围岩强度与变形参数的提升作用影响,S_3 在 S_2 的右下方,S_2 在 S_1 的右下方。

由图 4.1-4 可知,两种支护起点相同,均在围岩位移量 U_0 时施加支护;支护曲线②与围岩曲线 2 相交于 b 点,支护曲线③与围岩曲线 3 相交于 c 点;c 点位于 b 点的左上方,即 $P_c>P_b$、$U_c<U_b$,此时支护③的受力超过了支护②,但围岩变形有所减小。更为重要的是,当围岩为高应力软岩时,c 点的围岩稳定性较 b 点得到显著增加,即 $(U_{S3}-U_c)\gg(U_{S2}-U_b)$,这对后期围岩的长期变形控制以及支护结构的安全可靠性等具有重大意义。因此,软岩隧道,尤其是高应力软岩隧道,采用强力支护是极为重要的,亦即在"放(位移)"之前,必须进行足够的强力支护。

为进一步说明软岩隧道强支护的重要性,以强支护、分层支护(第一层薄)、分层支护(第一层厚)三种支护方案下的典型塑性区为例进行说明。如图 4.1-5 所示,强支护以及第一层支护作用较强的条件下,围岩的塑性区明显较小。考虑到高应力软岩隧道的变形主要源自围岩体的流变特性,尤其是塑性状态引发的非线性、非稳定流变,故减小塑性区对于软岩隧道支护而言是至关重要的。

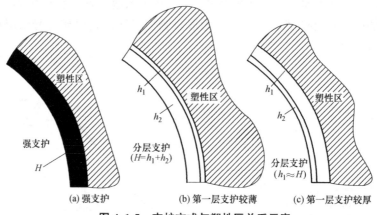

图 4.1-5　支护方式与塑性区关系示意

4.2　及时-强-让压支护的基本原理及作用机制

4.2.1　及时-强-让压支护的基本内涵

高地应力软岩大变形隧道及时-强-让压支护理论是以及时强支护为前提的让压支护理论,具体而言,需满足两方面的要求:首先,隧道开挖后应及时施作强支护体系,以期支护系统能提供及时的高强度支护以抑制围岩变形,防止岩体性状恶化,控制松动圈范围;其次,该支护在及时强支护后能实现自动让压功能,要求在保持支护结构恒定承载力的条件下,允许其产生一定的位移量以释放部分围岩压力及动荷载作用时积聚的能量,待让压量释放完毕,结构随变形的进一步加大而持续承载,直至破坏,以此达到充分发挥围岩的自承载能力,优化支护受力,保障隧道稳定、安全的目的。其内涵如下:

(1) 要求支护体系能及时提供较高强度的初期支护;

(2) 要求支护体系具有一定的延伸性以适应变形的需要；

(3) 此处要求的延伸性不是以削弱支护体系的设计标准，降低支护体系的承载能力为代价，而是要求支护结构自身在保持恒定阻力的条件下，通过设置特殊的让压装置来实现。

4.2.2 及时-强-让压支护的作用机制

及时-强-让压支护与普通让压支护的支护机理差异如图 4.2-1 所示，其中，图 4.2-1 (a) 为常规支护和普通让压支护下的支护-围岩作用曲线，图 4.2-1 (b) 为常规支护、普通让压支护和及时-强-让压支护下的支护-围岩作用曲线。

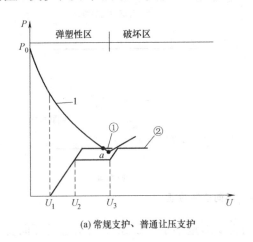
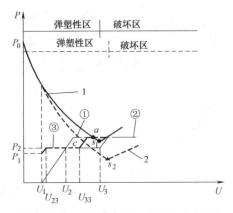

(a) 常规支护、普通让压支护　　(b) 常规支护、普通让压支护、及时-强-让压支护

图 4.2-1 支护机理

由图 4.2-1 (a) 可知，当开挖后围岩出现大尺度变形时，即隧道开挖后围岩将快速进入松动破坏区时，"让压"的存在，可能使支护曲线②未能与围岩曲线 1 相交，出现支护失败的现象。而在先一步引入及时强支护后，将出现图 4.2-1 (b) 中的现象，此时，曲线 1 为常规支护和普通让压支护下的围岩力学特性曲线，s_1 为围岩坍塌破坏点，对应支护力学特性曲线为①、②；曲线 2 为及时-强-让压支护下的围岩力学特性曲线，s_2 为围岩坍塌破坏点，对应支护力学特性曲线为③。及时强支护下，曲线 2 相对于曲线 1，围岩性质得到明显改善（s_2 点位于 s_1 点右下方）；支护曲线②相对曲线①多一个"让压"，即 U_3-U_2；支护曲线③相对曲线②多一个"主动力"P_1（表征为及时强支护），让压量同曲线②，即 $U_{33}-U_{23}=U_3-U_2$；三者的（初始）支护刚度一致。

设定 3 种支护施加的起点相同，均在围岩位移量 U_1 时施加支护。支护曲线①与围岩曲线 1 相交于 a 点，位于支护塑性屈服阶段，安全性和可靠性较低；支护曲线②与围岩曲线 1 未能相交，支护失败；支护曲线③与围岩曲线 2 相交于 c 点，位于支护弹性阶段，支护的安全性和可靠性高。进一步地，对比 a、c 点在围岩曲线 1、2 中所处位置可知，相比于 c 点，a 点更加接近围岩坍塌破坏点（s_1），即 1-①支护体系的围岩稳定性要明显弱于 2-③。上述及时-强-让压支护既提升了围岩稳定性，又使得支护体系的受力更趋合理。

4.3 让压支护技术的实现形式及其体系组成

4.3.1 径、环向让压支护技术在软岩大变形隧道中的适用性分析

隧道变形时，无论是周边收敛还是拱顶下沉，产生的都是径向位移，环向让压技术则是将隧道开挖过程中的径向位移转变为环向位移进行释放，由此，径向位移向环向位移转变的过程中产生了 2π 的倍数差，如图 4.3-1 所示。

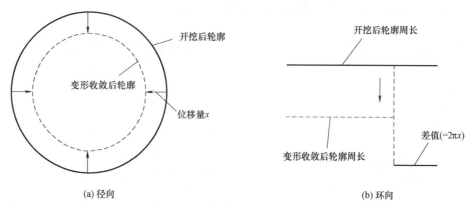

图 4.3-1 隧道径、环向位移特征

由图 4.3-1 可知，对一般围岩大变形，如围岩变形量小于 10cm，此时对应的环向变形量为 62.8cm，假设在初期支护中采用 4 个环向让压器，则每个环向让压器的让压量需为 16cm，这在目前的技术下是能够实现的，如在蒙华铁路中采用的"限制支护强度阻尼器"。

但是，当围岩产生大尺度变形（一般认为变形量超 30cm），环向让压支护技术的应用将受限。以径向实现 30cm 的让压量为例，换算的环向让压量近 1.9m（＝$2\pi\times30$cm），假设仍设置 4 个环向让压器，则每个环向让压器的让压量需达到 50cm，在考虑喷射混凝土与拱架间的粘结条件、材料自身性能等因素的前提下，上述环向让压量是难以实现的。这也是目前大尺度大变形隧道中很难有环向让压支护技术成功应用的根本所在。

不同于环向让压支护技术，以让压锚杆（索）为代表的径向让压支护技术的让压量与围岩位移量存在着天然的匹配性，支护位移量就是让压量。故对于让压锚杆（索），在技术上并不需区分围岩的大、小尺度变形。综合目前的让压锚杆（索）的关键支护（力学）参数（表 4.3-1）进行分析，实现"可控"让压是完全可行的。由表 4.3-1 可见，让压锚杆（索）最大让压支护力超过了 1000kN，最大滑移让压量也超过了 1000mm，可覆盖实现大尺度让压。

让压支护力与让压量 表 4.3-1

类型	杆体可延伸				结构滑移型			
					结构剪切式		结构挤压式	
名称	Durabar 锚杆	蒂森锚杆	H型锚杆	D型锚杆	Conebolt 锚杆	Yield-Lok 锚杆	让压锚杆	弹簧活塞锚杆
让压支护力最大值(kN)	110	200	82	250	187	175	232	—
滑移让压量最大值(mm)	580	222	420	505	122	150	114	—

续表

类型	杆体可延伸				结构滑移型			
					结构剪切式		结构挤压式	
名称	Durabar 锚杆	蒂森锚杆	H 型锚杆	D 型锚杆	Conebolt 锚杆	Yield-Lok 锚杆	让压锚杆	弹簧活塞锚杆
国家	南非	德国	中国	挪威	加拿大	加拿大	美国	中国
时间	2001	—	1988	2010	2002	2008	—	2018
备注	多用于巷道				通用		多用于巷道	

类型	结构滑移型			
	结构摩擦、挤压滑移式			
名称	Garford 锚杆	Roofex 锚杆	NPR 恒阻锚杆（索）	让压锚杆（索）
让压支护力最大值(kN)	133	244	>1000	>500
滑移让压量最大值(mm)	338	304	>1000	>1000
国家	澳大利亚	奥地利	中国	中国
时间	2008	2007	2008—2020	2012—2020
备注	多用于巷道		多用于巷道与边坡	多用于边坡

4.3.2 让压支护技术的适宜实现形式

实现及时-强-让压支护理论，必然要求支护技术首先具备及时强支护功能。结合我国隧道工程领域目前采用的初支＋二衬支护模式，及由此衍生出的以喷射混凝土、钢拱架、系统锚杆与模筑混凝土组成的支护体系可以看出，喷射混凝土、拱架及二次衬砌等支护构件若要发挥作用，均首先需要围岩产生相对的位移。当前我国隧道工程中应用最为广泛的以砂浆锚杆为主体的全长粘结型锚固体系，虽从岩体内部对围岩进行了"深层支护"，但要发挥作用，首先砂浆需经历一定的凝结时间以达到特定的凝结强度，其次围岩与锚杆间需产生相对位移，砂浆锚杆支护效用性取决于围岩何时向洞内变形以及变形的程度，因此，该类锚固体系本质上仍属于延时支护的范畴。由此可以看出，现有隧道支护技术均依赖于围岩变形而产生支护作用，本质上未能有效实现及时强支护理论。

为实现及时强支护，必定要求采用的支护技术（体系）具备快速自加载的能力。环向支护技术，如喷射混凝土、钢筋网及钢架等，因其是面支护形式，实践中难以做到快速自加载，同时，前文也提到环向让压支护技术并不适用于大尺度变形。而对于径向支护技术，因其是单一的点支护形式，能够实现快速自加载，如采用预应力技术。因此，实现及时-强-让压支护理论必将依托于具备预应力加载功能的让压锚杆（索）支护技术。

进一步综合本书第 4.3.1 节中的分析可知，既有让压锚杆（索）的让压力与让压量已基本能够实现及时-强-让压支护理论，但研发的让压锚杆（索）大多用于巷道围岩大变形、边坡大变形等工程，真正用于隧道工程的很少。与巷道工程相比，隧道工程要求的锚杆（索）支护技术需具备更强的耐久性；考虑建筑限界的要求，对锚杆（索）系统的支护能力提出了更高的要求；隧道断面开挖面积更大，要求的锚杆（索）支护长度也更长。与边坡工程相比，隧道工程对锚杆（索）施工工效的要求更高，尤其是针对软岩大变形隧道的锚杆（索）系统施工。

综上，目前的让压支护技术均难以满足软岩大变形隧道的及时-强-让压支护要求，适宜技术实现形式应为一种可自由设定让压力与让压量且兼具快速与永久支护于一体的让压锚杆（索）。

4.3.3 让压支护体系的合理组成

隧道工程中，理想的让压支护体系（理论上可行）应当由环向让压支护技术与径向让压支护技术联合组成，如图 4.3-2 所示。但是，环向让压支护并不适用于大尺度围岩变形。同时，联合环向与径向让压技术的支护体系，还需解决相互间变形协调和体系稳定性等问题，难度极大。因此，让压支护应仅采用径向让压支护技术。

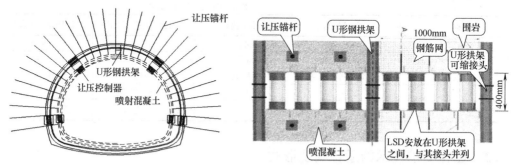

图 4.3-2 理想的让压支护系统

现阶段，交通隧道工程中初支+二衬的支护体系仍是高地应力软岩大变形隧道的主流支护模式，受此支护模式影响，二次衬砌将不可或缺，长久以来形成的基于常规支护构件（喷混凝土+钢架）的工艺技术与施工流程，短时间内亦难以彻底改变或摒弃。尤其在高地应力软岩大变形隧道中，拱架等强力支护构件将仍是主要的承载构件之一。因此，常规支护构件（系统）作为衬砌结构的组成部分，将与及时-强-让压支护构件（系统）长期并存，最终形成适用于交通隧道工程的及时-强-让压支护体系。

有鉴于此，提出适宜的及时-强-让压支护体系应以实现及时强支护作用，且具备大尺度变形能力的让压锚杆（索）为核心，联合常规初期支护（钢架+喷混凝土+钢筋网）和二次衬砌组成。

4.4 本章小结

本章从高地应力软岩隧道开挖后的岩体卸荷特性出发，分析了及时强支护的重要性，提出了及时-强-让压支护理论；基于对新型让压支护理论的分析，从当前隧道支护体系组成支护构件的特性分析入手，提出了适宜让压支护技术的实现形式与让压支护体系的合理组成。得到结论如下：

（1）及时-强-让压支护理论是以及时强支护为前提的让压支护理论，需满足两方面的要求：首先，隧道开挖后应及时施作强支护体系，以期支护系统能提供及时的高强度支护以抑制围岩变形，防止岩体性状恶化，控制松动圈范围；其次，该支护在及时强支护后能实现自动让压功能。

（2）及时-强-让压支护理论的内涵包括：1）要求支护体系及时提供较高强度的初期

支护；2) 支护体系应具有一定的延伸性以适应变形的需要；3) 此处要求的延伸性不是以削弱支护体系的设计标准，降低支护体系的承载能力为代价，而是要求支护结构自身在保持恒定阻力的条件下，通过设置特殊的让压装置来实现。

（3）综合既有让压技术、及时-强-让压支护理论和隧道工程自身特点，提出高地应力软岩大变形隧道让压支护的适宜技术实现形式应为一种可自由设定让压力与让压量且兼具快速与永久支护于一体的让压锚杆（索）。

（4）适宜的及时-强-让压支护体系应以实现及时强支护作用，且具备大尺度变形能力的让压锚杆（索）为核心，联合常规初期支护（钢架＋喷混凝土＋钢筋网）和二次衬砌组成。

第5章 新型高强预应力大让压量锚索系统的研发及其力学特性研究

已有的让压锚杆（索）按其大变形（让压）原理可划分为三大类：杆体可延伸型锚杆（索）、结构滑移型锚杆（索）和复合型锚杆（索）。其中，复合型锚杆（索）因多种让压形式（原理）相互叠加，使得设计、施工复杂，可靠性低，目前应用极少；而基于材料延伸特性的让压锚杆因其可控性较差，支护能力较弱（常用于锚杆，一般不超过 200 kN），故在高强支护系统中也应用较少；结构滑移型锚杆（索）因支护力可控、工艺简单、设计灵活，目前被业界广泛接受，但因其出现时间较短，在软岩隧道中的适用性和力学可靠性均有待进一步深入研究。有鉴于此，本章以理论分析和室内及现场试验为主要研究手段，对所研发的新型高强预应力大让压量锚索系统在软岩隧道中的适用性及其力学特性进行系统性研究，以期为大让压量锚索系统在挤压型大变形隧道中的成功应用奠定基础。

5.1 大让压量锚索系统组成

现有结构滑移型大变形锚索主要应用于巷道工程，如 NPR 恒阻锚索系列，难以实现全长注浆，且施工工艺主要采用矿业领域的"小孔径预应力树脂锚索"工艺，即钻孔一般采用 28~32mm 直径钻头，锚孔孔径也不满足注浆段保护层厚度的要求（大于 16mm）。基于此，研发了一种适用于隧道工程的大让压量锚索系统，实现了在具备高强预应力"大"变形支护能力的同时，能满足交通隧道工程永久支护的需求，如图 5.1-1 所示。图中的新型大让压量锚索系统，主要由大让压量锚索、预应力锁定系统和后注浆系统组成。其中，预应力锁定系统由垫板（带螺纹孔）和锚具组成；后注浆系统由注浆球垫、防腐套管、注浆接头和外置注浆排气管组成。

5.1.1 大让压量锚索的结构

大让压量锚索是由几个单独结构组成并相互耦合形成的具有"恒阻"支护效应的大变形锚索。如图 5.1-2 所示，大让压量锚索由索体、给让压体提供挤压滑移空间的让压器（类钢质螺纹套管）、类锥形让压体（位于让压器内，在 2、3 层钢丝间插入锥形套筒形成的滑移挤压头）和完成让压后的止让器组成。其中，让压体和让压器共同组成让压装置。

（1）索体

1×19S 钢绞线 [图 5.1-3（a）] 可视为常规 1×7 钢绞线 [图 5.1-3（b）] 的改良版，

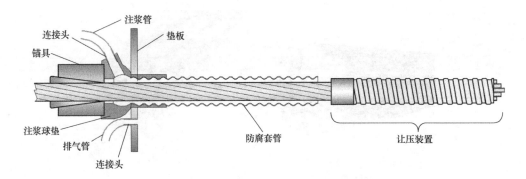

(a) 结构设计

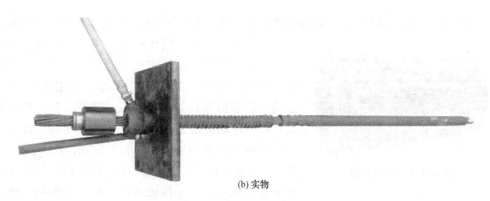

(b) 实物

图 5.1-1 大让压量锚索系统

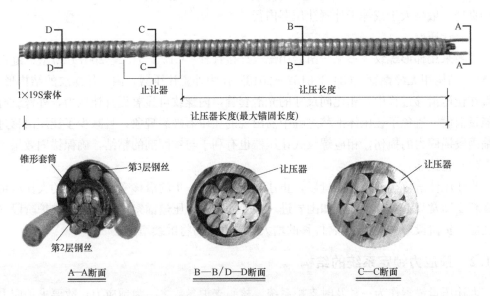

图 5.1-2 大让压量锚索（让压装置）

具有更好的承载能力与延伸率。该结构共分为3层，由内向外为1+9+9股钢丝。为满足隧道工程支护要求，索体一般选用1×19S-21.8mm-1860MPa。

（2）让压体

(a) 1×19S　　　　　　　　　(b) 1×7

图 5.1-3　钢绞线形式

考虑挤压大变形隧道中，深锚孔的成孔效率与成功率是制约锚固系统成功应用的关键之一，将极大地影响循环作业效率和锚固技术的最终推广应用，因此，让压体尺寸应尽可能小，以降低后续整个让压装置对钻孔孔径的要求。根据 1×19S 钢绞线的 3 层结构形式和常用挤压、摩擦式让压体结构组成，创新性地提出了一种小尺寸的让压体，即采用在 2、3 层间插入锥形套筒（图 5.1-4）的方式构建"让压体"（挤压头），该方法实现了"让压体"与锚索体间的平滑过渡，消除了传统连接方式，如焊接、连接套和销钉等导致的结构整体可靠性下降的弊端。设计的"让压体"小端直径等于索体直径，大端直径一般略大于或等于外置让压器内径。

图 5.1-4　锥形套筒

（3）让压器

一般采用梯形螺纹（参见《凿岩用螺纹连接钎杆》GB/T 6482—2007）薄壁无缝钢管（参见《结构用无缝钢管》GB/T 8162—2018）作为外置让压器。内、外螺纹的结构形式，使得在让压滑移过程中，相比同尺寸的光滑套管，内螺纹可显著提升让压力，外螺纹有利于能量消散，避免了让压体滑移过程中易出现的让压器破裂现象，且减少了让压滑移过程对锚固段锚固力的损伤，相应螺纹式让压器也有利于与锚固剂的粘结，确保锚固效果。

（4）止让器

当让压体滑移至预定让压量后，止让器阻止其进一步的滑移变形，此时的大让压量锚索重新变回常规锚索。后续，如围岩进一步变形，大让压量锚索将进入强化支护阶段（材料性能支护阶段），即随着围岩位移的增大，锚索受力将继续增加。

5.1.2　预应力锁定系统的结构

大让压量锚索作为一种及时支护系统，核心支护参数之一为预应力，故要求预应力锁定系统，即锚具和垫板，应尽可能地安全、可靠与高效，同时能较好地扩散预应力。在预应力锁定中（后），锚具和垫板主要起到两方面作用：一是通过锚具压紧垫板给索体施加（锁定）预紧力，二是围岩变形通过垫板和锚具传递至索体。

锚具一般采用 OVM 系列自锁单孔锚具，优选三夹片形式（图 5.1-5），锚具尺寸须与索体直径相匹配，锚固锁紧性能应符合《预应力筋用锚具、夹具和连接器》GB/T 14370—2015 中一类锚具要求。垫板要求采用大尺寸厚垫板（图 5.1-6），优选平板垫板或组合拱形垫板，尺寸应大于 200mm×200mm×15mm（长×宽×厚），材料强度须高于 Q235。

图 5.1-5　三夹片锚具

图 5.1-6　大尺寸垫板

5.1.3　后注浆系统的结构

大让压量锚索支护包含让压（滑移）支护理念，即要求支护过程中应可控地释放一定变形量，以使围岩-支护结构体系趋于最终稳定，如此，采用"延迟"注浆技术，即注浆选择在初期支护变形趋于稳定后，二次衬砌施作前进行。图 5.1-7 所示为大让压量锚索的注浆施工现场。

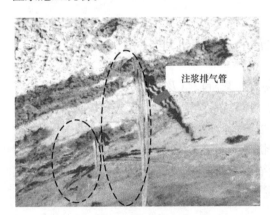

(a) 外置注浆排气管

(b) 后注浆

图 5.1-7　大让压量锚索后注浆施工

后注浆系统主要由注浆球垫、垫板（注浆孔）、注浆排气管、防腐套管、索体组成。利用防腐套管和索体间的直径差形成一个注浆通道，再结合外置的注浆排气管，实现浆液自底而上的"中空注浆"能力，以保证注浆的可靠性和浆液密实度要求。

图 5.1-8 所示为设计的注浆球垫，由三部分组成：中空型球形垫圈、沿中轴线方向延伸的连接管（与防腐套管螺纹相连）和斜向伸出的注浆孔。其中，球形垫圈的中心孔与注浆孔交汇连通。

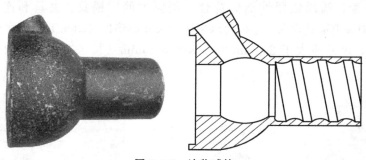

图 5.1-8　注浆球垫

图 5.1-9 所示为防腐套管，采用高密度聚乙烯 HDPE 波纹管。对比一般圆管，凹凸起伏的波纹结构不仅提高了自身刚度，便于套管的插入，且能提升与注浆材料的粘结强度。同时，索体上包裹防腐套管，浆液固结后形成双层保护层体系，内保护层为索体与防腐套管中的灌浆体，外保护层为防腐套管与锚孔壁中的灌浆体，且内、外保护层不连通。如此，意味着侵蚀性物质必须要"绕过"防腐套管，方能到达锚索，从而提升了锚索系统的防腐能力，尤其是当锚固系统处于高应力状态下，该结构的作用将大为凸显。

图 5.1-9　防腐套管

5.2　大让压量锚索的"及时-强-让压"支护机理分析

大让压量锚索支护可分为五个阶段：预应力加载阶段（及时-强支护）、弹性支护阶段、让压吸能支护阶段（让压支护）、强化支护阶段（特殊情况）和永久支护阶段。

（1）预应力加载阶段，即大让压量锚索拉拔施荷阶段［图 5.2-1（a）］。大让压量锚索的让压装置通过锚固剂（一般为树脂锚固剂）快速锚固于岩体内，锚索端部通过垫板和锚具固定于隧道岩壁上。使用千斤顶对大让压量锚索施加荷载，实现大让压量锚索的及时支护，要求该阶段能快速地施加高预应力。值得注意的是，施加的预应力值应小于让压力及最大弹性锚固力。

（2）弹性支护阶段［图 5.2-1（b）］。当围岩应力释放，岩壁向洞内变形时，荷载经由垫板、锚具传递至索体，继而让压体与让压器间出现滑移趋势。当围岩释放的应变能较小，作用于索体上的轴力小于让压力时，让压装置结构处于相对静止状态，锚固系统可通过自由段索体的材料变形承载。

（3）让压吸能支护阶段［图 5.2-1（c）、（d）］。随着围岩释放的应变能增加，传递到索体上的荷载达到设定让压力，让压体与让压器间将由静摩擦转变为动摩擦，开始相对滑移。此时，让压体受到让压器的径向挤压力、切向摩擦力和反向扭矩，当让压体通过让压器的内螺纹时，约束增强，让压力达到最大值；当通过让压器的外螺纹时，约束减弱，让压力达到最小值。滑移过程，即让压过程中，让压力保持规律性地波动，吸收围岩形变能。

（4）强化支护阶段（特殊情况）。一般情况下，待岩体内部应力重分布，多余的应变能释放后，大让压量锚索的支护强度将达到稳定状态，此时让压装置的滑移量应在设计的让压量范围内。但如果设计的让压量不足，让压体滑移至止让器后，自由段索体将重新开始伸长，支护强度上升，以阻止岩体进一步向洞内变形。

（5）永久支护阶段［图 5.2-1（e）］。待围岩收敛变形量趋于稳定，在二次衬砌浇筑前，对大让压量锚索进行注浆，锚固系统由端锚式的临时支护形式转变为全长粘结的永久支护形式。

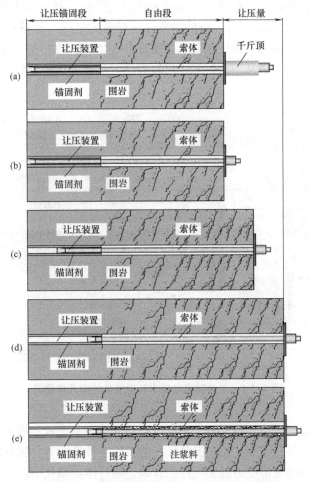

图 5.2-1 大让压量锚索及时-强-让压支护机理

5.3 大让压量锚索系统后注浆结构的抗腐特性及寿命预测

埋设在岩土层中的锚杆（索）（除少数场合下使用的玻璃钢增强纤维锚杆外）的使用寿命取决于杆（索）体的耐久性，对锚杆寿命的最大威胁来自腐蚀，锚杆可能因腐蚀导致失去支护作用。锚固系统作为隧道支护体系的关键组成部分，其使用寿命将直接影响到整个支护系统的安全性,故有必要对大让压量锚索系统后注浆结构的抗腐特性进行研究,并预测可正常使用的年限。

在综合加载便捷性及试验成本等客观因素基础上,试验选定载体为锚杆,通过对比普通注浆锚杆与含防腐套管注浆锚杆在不同腐蚀环境下的承载特性与差异,明确大让压量锚索系统后注浆结构的抗腐特性及优势,并开展相应寿命预测研究。

5.3.1 锚杆(索)体防腐技术概述

1. 普通锚杆(索)防腐技术及其不足

以锚杆为例,普通砂浆锚杆或中空注浆锚杆采用的防腐技术都为单一的注浆层包裹。注浆层本身是较好的防腐保护层,如果注浆层具有密实组织、足够厚度,并在服役过程中,防止微裂缝扩展,则可以保证锚杆长期完好,不会被腐蚀,在一般环境甚至恶劣的海洋环境中,也可以很耐久。从旧楼拆除中可以看到,历经多年的混凝土梁或柱内的钢筋锈蚀并不是很严重。

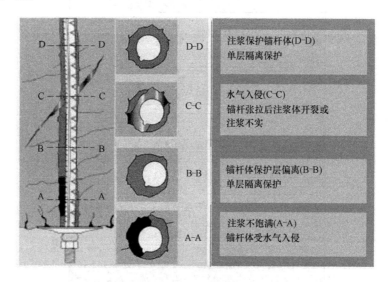

图 5.3-1 普通锚杆易受水和空气侵蚀的几种情况

但从另一角度看,无论注浆层多么密实,都不能认为是绝对不透水、不透气的,注浆体的水泥浆层中总是存在毛细孔道,况且锚杆的工作条件较恶劣,锚杆安装时的注浆不饱满、注浆体受岩层错动变形应力的影响产生开裂、锚杆体在锚孔中的偏置等,都容易导致水和空气对锚杆体产生侵蚀而使杆体腐蚀。具体包括:

(1)注浆不饱满常常发生,主要原因是注浆时锚孔中的空气不易排出,加之混凝土浇筑时可用振动泵,锚杆注浆则不能采用。注浆不饱满的地方存在气穴,极易受腐蚀,如图 5.3-1 中的 A-A 剖面所示。

(2)锚杆在锚孔中偏斜,不居中,注浆层薄的地方易受腐蚀,如图 5.3-1 中的 B-B 剖面所示。

(3)锚杆安装在岩层中受岩层错动剪切力的影响,注浆层开裂的概率较大,注浆体本身在干固过程中也因收缩产生裂纹,岩层中的水等腐蚀介质很容易蓄积在这些裂隙中,引起锚杆体的锈蚀直至失效,如图 5.3-1 中的 C-C 剖面所示。

(4) 图 5.3-1 中的 D-D 剖面是一种比较理想的安装状态,锚杆位于锚孔中央,没有裂纹,注浆饱满。但与建筑钢筋混凝土相比,锚杆体外包裹的注浆层较薄,设计值为 8.5~17mm,远小于钢筋混凝土,所以其防腐性能也远低于混凝土中的钢筋。

2. 注浆与套管协同的隔离法防腐及其优势

目前锚杆的防腐方法,国内外采取的措施主要有隔离法和绝缘法,其中以隔离法为主,使存在于地层或岩体裂隙中的水和空气尽量不与锚杆体接触。常用隔离法有注浆包裹保护、锚杆涂(树脂)镀(锌)法、套管隔离法等。

从前述的分析中可以看出,以注浆层为代表的普通防腐技术耐久性是存疑的,易出现问题。而当在水泥浆中设置一圈既耐久又能隔离腐蚀介质的套管,并在套管内壁与锚筋间的环状空间、套管外壁与锚孔孔壁间的环状空间灌注水泥注浆体后,两层注浆体和套管将可有效地将腐蚀介质与锚杆体隔离开,达到提升防腐性能的目的。

上述叠加防腐套管的防腐技术将使得水、气等介质难以穿透套管接触到锚杆体。因此,由注浆不饱满、岩体和注浆体产生裂纹、锚杆体在锚孔中偏斜等原因造成的锚杆腐蚀得到了改善(图 5.3-2),包括:

(1) 由于注浆采用套管内部反浆技术,注浆不饱满只发生在套管外层,如图 5.3-2 中的 A-A 剖面所示,水、气不能侵入到套管内。

(2) 锚杆在锚孔中偏斜时,锚杆体相对套管、套管相对锚孔不同轴,如图 5.3-2 中的 B-B 剖面所示,水、气不能侵入到套管内。

(3) 浆液固结后形成"双层"保护层体系,内保护层为锚杆与套管的灌浆体,外保护层为套管与锚孔壁中的灌浆体,且内、外保护层不相互连通,如此,意味着侵蚀性物质必须要"绕过"套管,才能到达杆体,故即使外侧注浆层开裂,岩层中的水等腐蚀介质也不能接触到锚杆体,如图 5.3-2 中的 C-C 剖面所示。

(4) 图 5.3-2 中的 D-D 截面是锚杆居中在锚孔中央,与普通锚杆相比,加入了套管的防腐能力。

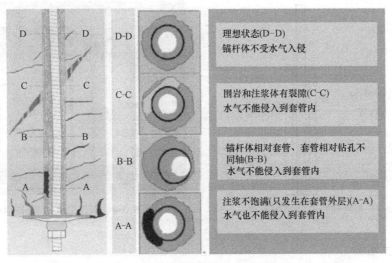

图 5.3-2 注浆与套管协同的锚杆受水和空气侵蚀的几种情况

5.3.2 试验材料、试件与腐蚀环境

(1) 试验材料

试验用锚杆为 RD20 中空锚杆,参数如表 5.3-1 所示,选取长度 300~400mm。

RD20 中空锚杆　　表 5.3-1

产品型号	直径(mm)	壁厚(mm)	极限拉断力(kN)	延伸率(%)
RD20	20	5	180	16

试验用防腐套管为高密度聚乙烯 HDPE 波纹管,环刚度>6kN/m^2。

试验用锚固材料为 0.4 水灰比纯水泥浆,其中的水泥为 32.5R 级复合硅酸盐水泥,密度为 3.0g/cm^3,检测结果如表 5.3-2 所示。

32.5R 复合硅酸盐水泥检测结果　　表 5.3-2

项目	细度(%)	初凝时间(min)	终凝时间(min)	安定性	抗压强度(MPa)		抗折强度(MPa)	
					3d	28d	3d	28d
试验结果	1.8	90	250	合格	34.1	49.7	5.3	8.4
国家标准	10	>45	<600	合格	14.7	31.9	3.2	5.4

试验用化学试剂为分析纯无水硫酸钠及分析纯无水氯化钠,主要用来配置腐蚀溶液。

试验用拌合用水(及配制溶液用水)为自来水,符合《混凝土用水标准》JGJ 63—2006 的要求。

(2) 试验试件

采用圆柱体内部锚固方式制作试件,成型模具为内直径 50mm 的 PVC 管,PVC 管长度 300~400mm,两种锚杆试件结构如图 5.3-3 所示,制作完成的部分锚杆试件如图 5.3-4 所示。

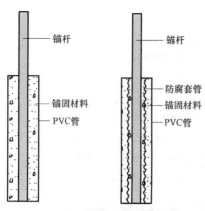

图 5.3-3　两种锚杆试件结构示意

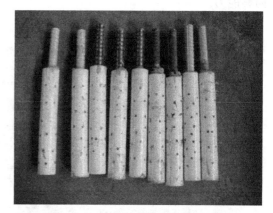

图 5.3-4　制作完成的部分锚杆试件

(3) 腐蚀环境

试验选定的腐蚀环境和锚杆试件编号见表 5.3-3。

表 5.3-3　试验腐蚀环境与锚杆试件编号

腐蚀环境	试验编号	
	普通锚杆	含防腐套管锚杆
氯化钠溶液 1.5%	1-Cl-1.5	2-Cl-1.5
硫酸钠溶液 2.5%	1-S-2.5	2-S-2.5
混合溶液(2.5%硫酸钠+1.5%氯化钠)	1-H-4.0	2-H-4.0

5.3.3　试验方案拟定

采用 100 t 液压式万能试验机［图 5.3-5（a）］对不同腐蚀时间下的锚杆进行拉拔试验，试验中设计了拉拔工装［图 5.3-5（b）］以避免夹具直接夹于锚固体上，加载如图 5.3-5（c）所示。

(a) 万能试验机

(b) 拉拔工装

(c) 加载

图 5.3-5　室内拉拔试验

试验及分析过程如下：

（1）对制作完成的试件进行预加载，使 PVC 模具开裂（去除），锚固体产生裂缝，而波纹管保持完好状态。根据试验结果反馈，上述预加载值为 10 kN 左右。

（2）将预加载完成后产生裂缝的试件放置在腐蚀溶液中，每隔 1 个月，取部分试件，观察试件锚固体的表观变化，并测试两种锚杆拉拔力与记录杆体的锈蚀程度。

（3）根据两种锚杆极限拉拔力与腐蚀时间的关系曲线，分析腐蚀时间对锚固系统承载性能的影响，结合规范对承载力的要求，预测正常使用寿命。

5.3.4　试验结果与分析

1. 表观变化分析

（1）普通锚杆

经 1 个月腐蚀，锚固体表面出现多处明显细微裂缝，如图 5.3-6（a）所示；杆体有明显锈迹，产生部分锈层，局部锈坑较深，如图 5.3-6（b）所示。

（2）含防腐套管锚杆

经 6 个月的腐蚀，虽锚固体表面的裂缝明显加大［图 5.3-7（a）］，但钢筋未见明显锈迹［图 5.3-7（b）］。

图 5.3-6　普通锚杆系统外观变化

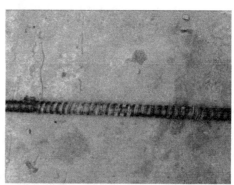

图 5.3-7　含防腐套管锚杆系统外观变化

2. 极限拉拔力分析

获取极限拉拔力如表 5.3-4 所示，绘制极限拉拔力与腐蚀时间关系曲线如图 5.3-8 所示。

防腐锚杆拉拔试验极限荷载　　　　　　　　　　表 5.3-4

试件编号	极限拉拔力(kN)						荷载降低
	1 个月	2 个月	3 个月	4 个月	5 个月	6 个月	
1-Cl-1.5	159.4	140.0	112.8	110.0	71.0	70.8	55.6%
2-Cl-1.5	224.8	205.0	195.8	189.6	180.5	157.9	29.8%
1-S-2.5	95.6	70.4	52.2	54.0	52.5	55.5	41.9%
2-S-2.5	168.5	174.8	173.2	165.8	160.8	153.8	5.8%
1-H-4.0	160.2	153.8	126.4	110.9	71.0	82.8	48.3%
2-H-4.0	211.2	199.0	196.8	172.5	156.5	145.9	30.9%

注：拉拔试验极限荷载降低百分比为第 6 个月与第 1 个月作比较。

由表 5.3-4 和图 5.3-8 可知，随腐蚀时间增长，锚杆极限拉拔力均下降，其中普通锚杆的下降幅度要明显大于含防腐套管锚杆。最终的降低百分比数据为：1.5%氯化钠溶液中，腐蚀 6 个月后，普通锚杆的极限拉拔力较第 1 个月降低 55.6%，含防腐套管锚杆的数据为 29.8%；相应 2.5%硫酸钠溶液和"2.5%硫酸钠+1.5%氯化钠"混合溶液中的数

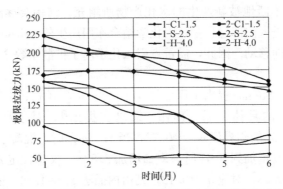

图 5.3-8　不同腐蚀环境下，极限拉拔力随时间变化曲线

据为（41.9%、5.8%）和（48.3%、30.9%）。

3. 力学性能劣化模型及寿命预测分析

根据《岩土锚杆与喷射混凝土支护工程技术规范》GB 50086—2015，锚杆（索）适宜锚固长度计算如下：

$$L_a \geq \frac{KN_t}{n \cdot \pi \cdot d \cdot \xi \cdot f_{ms} \cdot \varphi} \qquad (5.3\text{-}1)$$

式中，L_a 为锚固段长度（m）；K 为锚杆锚固体抗拔安全系数；N_t 为锚杆或单元锚杆轴向拉力设计值（kN）；n 为钢筋根数；d 为钢筋直径（mm）；ξ 为采用 2 根或 2 根以上钢筋时，界面粘结强度降低系数；f_{ms} 为锚固段灌浆体与筋体间粘结强度标准值（kPa）；φ 为锚固长度对粘结强度的影响系数。

鉴于水泥结石体与螺纹钢筋间的粘结强度标准值为 2.0～3.0MPa，由式（5.3-1），在不考虑锚固系统抗拔安全系数前提下，可计算得到锚杆失效的最小拉拔力为 56.5kN。

根据每月测得的锚杆试件的最大拉拔力数据，进行幂函数拟合，得到各工况下两种锚杆承载力劣化模型，并计算承载力降至 56.5 kN 所需时间，该时间即为锚杆的使用寿命，计算结果如表 5.3-5 所示。

氯化钠溶液中锚杆承载力劣化模型与预测寿命　　　表 5.3-5

试验工况	试件编号	承载力劣化模型	拉拔力降至56.5kN所需时间（月）
氯化钠溶液	1-Cl-1.5	$y = 177.1 x^{-0.47}$	11.4
	2-Cl-1.5	$y = 230.0 x^{-0.21}$	798.9
硫酸钠溶液	1-S-2.5	$y = 88.81 x^{-0.33}$	3.9
	2-S-2.5	$y = 175.0 x^{-0.17}$	771.4
混合溶液	1-H-4.0	$y = 182.3 x^{-0.44}$	14.3
	2-H-4.0	$y = 223.2 x^{-0.21}$	692.5

注：表中 x 为时间（月）；y 为拉拔力（kN）。

如表 5.3-5 所示，腐蚀环境中，普通锚杆的使用寿命显著短于含防腐套管锚杆，最短时间仅 3.9 个月，最长不足 15 个月，而含防腐套管锚杆的使用寿命均超过了 50 年（600 月）。

上述腐蚀环境下锚杆承载力劣化模型的拟合中，未考虑化学离子的时间依赖性。实际上，腐蚀环境下的化学离子在向注浆层内部扩散的过程中，一方面由于注浆层本身的胶凝材料会导致内部空隙不断地被新产生的水化产物所填充,结构会逐渐变得密实;另一方面,化学离子在扩散进入内部过程中,因化学结合作用产生的 Friedels 盐也使混凝土的孔径分布逐渐向小孔方向移动。因此,需重点引入化学离子扩散系数 ϕ_m 对上述劣化模型进行修正。

对于 ϕ_m 的取值,Steinar 提出了用变量 $m=0.8-w/c$(w/c 为混凝土水灰比)进行描述。针对 m 与 ϕ_m 的具体关系,孙伟、缪昌文提出❶,对于高水灰比普通混凝土(OPC)一维扩散时,m 的临界值 $m_{cr}=0.72$,当 $m<m_{cr}$ 时,混凝土的服役寿命随 m 的增加而延长,m 值从 0 增加到 0.64 时,寿命增加 2.8 倍。文中设定 m 与寿命的关系呈线性,试验中的 $w/c=0.38$,对应 $m=0.42$,则由内插法 $\varphi_m=1.84$。由此,计算试件 2-Cl-1.5、2-S-2.5 和 2-H-4.0 的使用寿命分别超过了 123 年($=799\times1.84/12$)、118 年($=771\times1.84/12$)、106 年($=693\times1.84/12$),均超过了 100 年。

5.4 大让压量锚索让压力影响参数分析

大让压量锚索的让压量与让压力,主要受让压装置的结构参数、几何参数和力学参数影响。施作于岩体中的大让压量锚索还将受工程环境的影响,主要为锚固剂和围岩的几何参数和力学参数影响。

5.4.1 大让压量锚索弹塑性力学模型

设计中一般要求让压体刚度要(显著)大于让压器刚度,即不考虑让压体的变形,故让压力的主要影响因素可归纳为让压体的几何参数和让压器的弹塑性力学参数。

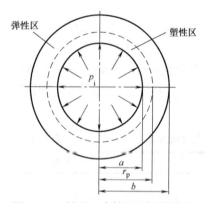

图 5.4-1 挤压、摩擦作用计算模型

分析让压体在让压器内滑移的过程,一方面受相互间的摩擦作用,同时受到让压体钢绞线外散(趋势)引起的反向扭矩作用。

(1)挤压、摩擦作用计算模型

挤压、摩擦作用计算模型如图 5.4-1 所示,可采用厚壁圆管理论,假设在圆管的任一个截面内应力分布是均匀的,可知 p_i 存在三种应力状态,即当管壁分别处于弹性、弹塑性和塑性状态。

由拉梅公式可得到让压器内径向应力 σ_r、环向应力 σ_θ 和径向位移 u_r(弹性阶段)为:

$$\sigma_r=\frac{a^2}{b^2-a^2}\left(1-\frac{b^2}{r^2}\right)p_i \quad (5.4\text{-}1)$$

$$\sigma_\theta=\frac{a^2}{b^2-a^2}\left(1+\frac{b^2}{r^2}\right)p_i \quad (5.4\text{-}2)$$

---

❶ 孙伟,缪昌文. 现代混凝土理论与技术 [M]. 北京:科学技术出版社,2012.

$$u_{\mathrm{r}}^{\mathrm{e}} = \frac{p_{\mathrm{i}} a}{E} \left[\frac{(1-\mu)ar}{b^2-a^2} + \frac{(1-\mu)ab^2}{b^2-a^2} \frac{1}{r} \right] \tag{5.4-3}$$

式中，a、b 分别为让压器的内径与外径。

1) 管壁为弹性应力状态。根据 Tresca 屈服准则，即 $\sigma_{\mathrm{s}} = \sigma_{\mathrm{r}} - \sigma_{\theta}$，计算圆管弹性应力状态下 p_{i} 的最大值，记为 p_{a}：

$$p_{\mathrm{a}} = \frac{\sigma_{\mathrm{s}}(b^2-a^2)}{2b^2} \tag{5.4-4}$$

2) 管壁为弹塑性应力状态。当 $p_{\mathrm{i}} > p_{\mathrm{a}}$，圆管出现塑性应力区，且当 $a < r_{\mathrm{p}}$（塑性区半径）$< b$ 时，内压 p_{i} 和 r_{p} 关系为：

$$p_{\mathrm{i}} = \sigma_{\mathrm{s}} \ln \frac{r_{\mathrm{p}}}{a} + \frac{\sigma_{\mathrm{s}}}{2}\left(1 - \frac{r_{\mathrm{p}}^2}{b^2}\right) \tag{5.4-5}$$

3) 管壁为塑性应力状态。当塑性区半径 $r_{\mathrm{p}} = b$ 时，圆管处于塑性应力状态，此时 p_{i} 达到最大值，记为 p_{b}：

$$p_{\mathrm{b}} = \sigma_{\mathrm{s}} \ln \frac{b}{a} \tag{5.4-6}$$

需要说明的是，对于小直径圆管，进入塑性应力状态所需的 u_{r} 是极小的。以 Q345 材质、ϕ30mm 厚 3mm 圆管为例，当 $p_{\mathrm{i}} = p_{\mathrm{a}} = 75.6$MPa 时，$u_{\mathrm{r}}^{\mathrm{e}} = 0.014$mm。

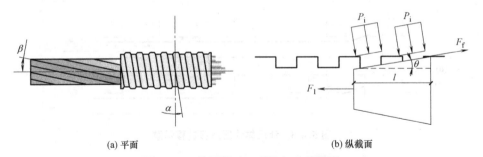

(a) 平面　　　　　　　　　(b) 纵截面

图 5.4-2 让压器（dx 长度）力学模型

图 5.4-2（a）所示为大让压量锚索的平面，其中让压器的螺升角为 α，外层钢丝的扭转角为 β。图 5.4-2（b）所示为让压装置的纵截面，其中 θ 为让压体外扩角。鉴于小直径圆管进入塑性应力状态所需 u_{r} 极小，设定 l 长度内的让压器均进入塑性应力状态，则可近似采用内部受均布荷载的圆管模型（图 5.4-1）计算 F_1 如下：

$$F_1 = p_{\mathrm{b}}(\sin\theta\cos\theta + \cos^2\theta \cdot f)\cos\beta \cdot A \tag{5.4-7}$$

式中，f 为让压体与让压器间摩擦系数；A 为 l 长度上对应的让压器内表面面积。

(2) 反向扭矩作用计算模型

根据锚杆螺栓预紧力计算公式，反向扭矩 M 产生的阻力 F_2 计算如下：

$$F_2 = 2M/\tan(\varphi + \lambda) \cdot a \tag{5.4-8}$$

$$M = F_1 \cdot \tan\beta \cdot \frac{a}{2} \tag{5.4-9}$$

式中，λ 为让压器与让压体的摩擦角，$\lambda = \arctan f$；φ 为相对升角：

$$\varphi = |\alpha - \beta| \tag{5.4-10}$$

联合式（5.4-8）～式（5.4-10），得：

$$F_2 = F_1 \frac{\tan\beta}{\tan(|\alpha-\beta|+\lambda)} \tag{5.4-11}$$

（3）让压体滑移过程力学分析

让压体让压滑移过程如图 5.4-3 所示。当让压体从让压器螺纹凸起处 A-1 开始滑移 [图 5.4-3（b）]，让压体与让压器的接触面积和让压器的径向位移均逐渐增大，表现为让压力逐渐上升，至让压体大端滑移至螺纹凹处 C-1 [图 5.4-3（c）]，让压力达到最大值；当让压体完全通过螺纹凹处 [图 5.4-3（d）]，让压体与让压器的接触恢复至初始阶段，此时让压器内壁对让压体的压力逐渐减小，表现为让压力下降。继续让压滑移，让压力变化规律将重复上述现象。因此，大让压量锚索的让压力在让压体滑移过程中将表现出一定的上下往复波动规律，这与让压器螺纹结构相关。

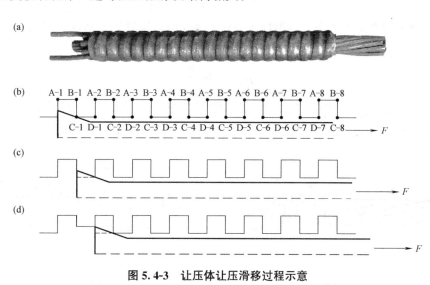

图 5.4-3　让压体让压滑移过程示意

5.4.2　让压力的主要影响参数分析

（1）让压器材质与壁厚（内外径差）

由式（5.4-6）可知，最大内压力 p_b 随材料强度及壁厚的增加而增大，尤其是壁厚，影响极为明显。综合考虑材料的承载和变形能力，让压器材质一般优选 Q345，屈服强度 345MPa，延伸率 26%。

（2）让压器螺纹结构

让压器螺纹结构与让压体、让压器间的接触（面积）相关，因此会对让压力产生一定影响，但设计制造过程中影响因素复杂，一般首先固定其参数值。同样地，螺纹的螺升角对"旋转"引起的 F_2 亦有明显影响，但其与钢丝扭转角（水平投影）相关，有鉴于锚索中钢丝扭转角（水平投影）相对固定，一般先固定螺升角的量值。

（3）让压体（锥形套筒）参数

让压体作为大让压量锚索中最关键的核心部件，让压体后端直径 d 等于让压器最小内径。因此，让压体的变化主要在于前端直径 D 与长度 L，如图 5.4-4 所示。一般而言，

增大 D 与 L，均能使让压力上升。但过多地增大 D 容易出现让压器破裂，因此设计中大多在适宜的 D 下通过增减 L 的方式实现让压力的改变。

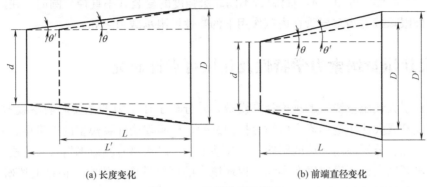

(a) 长度变化　　　　　　　　(b) 前端直径变化

图 5.4-4　让压体变化形式

(4) 让压器与让压体界面参数——静、动摩擦系数

不同材料之间的摩擦系数相对固定。静摩擦性质由 Amonton 静摩擦定律给出，即 $F_f = fN$，其中，f 为静摩擦系数；动摩擦性质由 Coulomb 定律给出，即 $F_{fd} = f_d N$，其中，f_d 为动摩擦系数（$f_d < f$）。式 $F_f = fN$ 为滑动的必要条件。查询文献[1]，让压体与让压器在干燥状态下，静、动摩擦系数分别取值为 $f = 0.15$、$f_d = 0.12$。而当接触界面涂抹润滑剂后，静、动摩擦系数均出现下降。

(5) 大让压量锚索使用环境的影响研究

应用于工程中的大让压量锚索让压力还将受到锚固剂和围岩的影响，如图 5.4-5 所示。

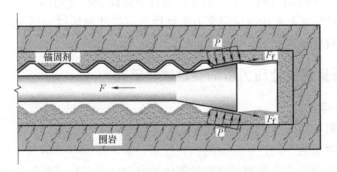

图 5.4-5　大让压量锚索支护受力示意图

设定在大让压量锚索滑移过程中，第一界面（让压器与锚固剂）和第二界面（锚固剂与围岩）均处于弹性范畴，则可认为让压体的滑移是在 3 种不同材料组成的厚壁圆筒中进行滑移。若内筒（让压器）的屈服强度为 σ_{s1}，中筒（锚固剂）的屈服强度为 σ_{s2}，外筒（围岩）的屈服强度为 σ_{s3}，当内、中、外筒（内筒内径 a、外径 b，中筒内径 b、外径 c，外筒内径 c、外径 d）均达到塑性极限状态时，可得此时塑性极限压力为：

---

[1] 吕谦，陶志刚，李兆华，等. 恒阻大变形锚索弹塑性力学分析 [J]. 岩石力学与工程学报，2018，34 (11)：2179-2187.

$$p_i = \sigma_{s1}\ln\frac{b}{a} + \sigma_{s2}\ln\frac{c}{b} + \sigma_{s3}\ln\frac{d}{c} \qquad (5.4\text{-}12)$$

由式（5.4-12）可知，不同材料、不同屈服强度的套装（小直径）圆筒，在内压作用下其塑性极限承载力为多层管在内压作用下的塑性极限承载力之和。

5.5 大让压量锚索力学特性及让压可靠性研究

在建立了大让压量锚索的理论计算模型，并分析了让压力的主要影响参数的基础上，本节将首先开展大让压量锚索室内静力拉伸试验，检验理论计算模型的准确性、验证让压滑移的可靠性、分析使用环境的影响。在此基础上，以木寨岭隧道围岩大变形段为工程依托，进一步开展大让压量锚索在实际工程环境中的可靠性应用研究。根据上述研究目的，共开展了4种试验研究：

试验1：大让压量锚索让压力影响参数试验研究，即开展了不同让压（体）参数下的大让压量锚索让压力测试试验。试验采用锚索张拉仪对不同让压（体）参数的大让压量锚索进行拉拔，获取让压力波峰值和波谷值，检验理论分析的准确性。

试验2：无约束下大让压量锚索力学特性及可靠性室内试验研究，即开展了无约束下的大让压量锚索静力拉拔（伸）试验。选定适宜的让压体参数，采用卧式拉拔仪获取大让压量锚索完整让压滑移过程中的让压力变化规律，并检验大让压量锚索让压滑移的可靠性。

试验3：不同约束刚度下大让压量锚索力学特性及可靠性室内试验研究，即开展了不同约束刚度下的大让压量锚索静力拉拔（伸）试验。模拟大让压量锚索实际工作环境，试验材料包括大让压量锚索、锚固剂和套管。其中，套管用于模拟围岩对大让压量锚索的约束环境，锚固剂作为粘结材料用于将大让压量锚索锚固于套管内部。

试验4：围岩约束下大让压量锚索力学特性及可靠性现场试验研究，即开展了大让压量锚索现场静力拉伸试验研究。

5.5.1 大让压量锚索让压力影响参数试验研究

1. 试验材料与方式

（1）试验材料

工况1试验对象为不同让压参数的大让压量锚索，根据本书第5.4节中大让压量锚索让压力影响参数的分析，本节通过改变让压体的前端（大端）直径和长度，设计了不同让压体参数的大让压量锚索，以期对大让压量锚索让压力的计算理论进行校核。

使用的锥形套筒如图5.5-1所示。表5.5-1为大让压量锚索中让压体参数；表5.5-2为大让压量锚索中让压器参数；表5.5-3为大让压量锚索中索体（钢绞线）参数。

图5.5-1 不同让压体采用的锥形体

大让压量锚索中让压体参数　　　　　　　表 5.5-1

让压体编号 (大让压量锚索编号)	后端(小端)直径 d (mm)	前端(大端)直径 D (mm)	长度 (mm)
RY-1	24	29	30
RY-2		30	30
RY-3		31	30
RY-4		30	24
RY-5		30	36

大让压量锚索中让压器参数　　　　　　　表 5.5-2

材质	长度 (mm)	直径 (mm)	壁厚 (mm)	螺距 (mm)	螺升角 α (°)
Q345 钢	100~200	33	3	12	19.5

大让压量锚索中索体参数　　　　　　　表 5.5-3

直径(mm)	抗拉强度(MPa)	屈服力 (kN)	最大力 (kN)	伸长率 (%)	最外层钢丝扭转角 β (°)
21.8	1860	>513	583~645	>3.5	23.5

（2）试验方法

试验方法如图 5.5-2 所示，在大让压量锚索端部套入加载用圆形垫片，然后穿入千斤顶；采用手动液压泵进行张拉，通过观察油压表，记录开始滑移后加载过程中出现的最大荷载和最小荷载。

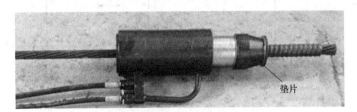

图 5.5-2　工况 1 大让压量锚索拉拔

2. 大让压量锚索受力（理论）分析

（1）RY-1、RY-2、RY-3 大让压量锚索受力分析

RY-1、RY-2、RY-3 让压体（长度均为 30mm）在滑移过程中与让压器的环向接触面积存在图 5.5-3 所示的两种代表性工况，图（a）和图（b）对应的等效面积分别为

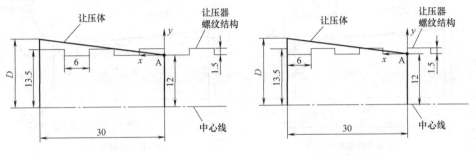

(a) 最小接触面积　　　　　　　(b) 最大接触面积

图 5.5-3　RY-1、RY-2、RY-3 让压体滑移过程

$2050\text{mm}^2 [=2\pi(12^2+13.5^2)]$ 和 $2502\text{mm}^2 [=2\pi(12^2+13.5^2)+\pi 12^2]$。

根据式（5.4-11），计算让压力 F 范围：

$$F=F_1+F_2=\left[1+\frac{\tan\beta}{\tan(|\alpha-\beta|+\lambda)}\right]F_1=(2.81\sim 3.07)F_1 \tag{5.5-1}$$

其中，$F_1=p_b(\sin\theta\cos\theta+\cos^2\theta\cdot f)\cos\beta\cdot A$，进一步计算得到 RY-1、RY-2、RY-3 大让压量锚索的让压力 F 如表 5.5-4 所示。

RY-1、RY-2、RY-3 大让压量锚索让压力　　　表 5.5-4

锚索编号	前端(大端)直径(mm)	$\sin\theta$	$\cos\theta$	$\cos\beta$	F_1(kN) 下限	F_1(kN) 上限	F(kN) 下限	F(kN) 上限
RY-1	29	0.083	1	0.92	29.38	41.16	82.46	126.51
RY-2	30	0.100	1	0.92	31.84	44.16	89.37	135.74
RY-3	31	0.116	1	0.92	34.15	46.99	95.87	144.43

（2）RY-4、RY-5 大让压量锚索受力分析

RY-4 让压体（长度 30mm）在滑移过程中与让压器的环向接触面积存在图 5.5-4 所示的两种代表性工况，图（a）和图（b）对应的等效面积分别为 $1477\text{mm}^2[=2\pi 12^2+\pi 13.5^2]$ 和 $2050\text{mm}^2[=2\pi(12^2+13.5^2)]$。

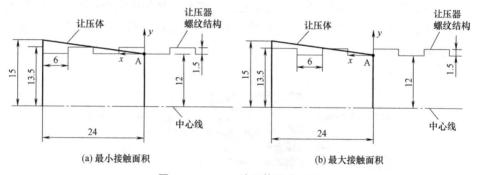

图 5.5-4　RY-4 让压体滑移过程

RY-5 让压体（长度 30mm）在滑移过程中与让压器的环向接触面积存在图 5.5-5 所示的两种代表性工况，图（a）和图（b）对应的等效面积分别为 $2502\text{mm}^2[=3\pi 12^2+2\pi 13.5^2]$、$3075\text{mm}^2[=3\pi(12^2+13.5^2)]$。

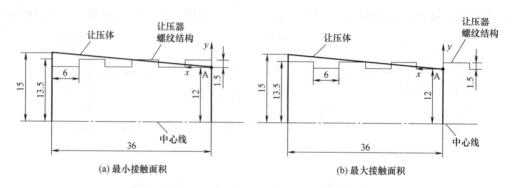

图 5.5-5　RY-5 让压体滑移过程

得到 RY-4、RY-5 大让压量锚索让压力 F 如表 5.5-5 所示。

RY-4、RY-5 大让压量锚索让压力 表 5.5-5

锚索编号	长度 (mm)	$\sin\theta$	$\cos\theta$	$\cos\beta$	F_1(kN) 下限	F_1(kN) 上限	F(kN) 下限	F(kN) 上限
RY-2	30	0.100			31.84	44.16	89.37	135.74
RY-4	24	0.124	1	0.92	25.53	35.43	71.74	108.91
RY-5	36	0.083			35.98	44.22	100.99	135.91

3. 试验结果与分析

每组试验记录 16 个荷载数据，得到不同让压体大端直径 D 和长度 L 时的让压力 F （加载值）变化规律如图 5.5-6 所示。

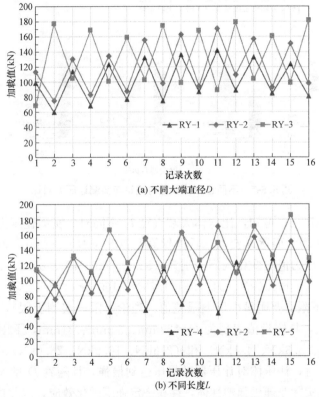

(a) 不同大端直径 D

(b) 不同长度 L

图 5.5-6 不同让压体参数时让压力 F 变化曲线

(1) 由图 5.5-6（a）可知，让压体大端直径 D 不同时，大让压量锚索滑移过程中的让压力变化规律较一致，均呈现出在一定荷载范围内"往复升降"。而从"往复"量值上分析，随 D 值增大，让压力的波峰和波谷值均不同程度上升。

(2) 由图 5.5-6（b）可知，让压体长度 L 不同时，所呈现的让压力变化规律与图 5.5-6（a）基本一致，即随 L 增大，让压力的波峰和波谷值均不同程度上升。

综合上述试验所呈现的让压力变化规律分析，可知其与前述理论分析基本吻合。为进一步检验理论计算公式（过程）的有效性，明确二者的具体差异，将试验让压力波峰及波谷平均值（考虑端部效应，剔除 1～2 次的让压力值）与理论计算值进行对比，如图 5.5-7 所示。

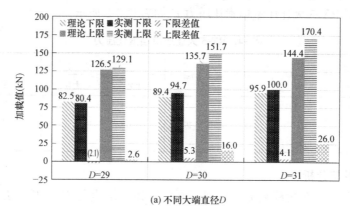

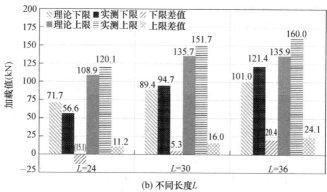

图 5.5-7 不同让压体参数时理论与实测让压力对比

（1）由图 5.5-7（a）可知，让压体大端直径 D 不同时，实测让压力量值变化区间大于理论值，且随 D 增大而逐渐变大，具体量值上表现为 $D=29$mm、30mm、31mm，理论让压力和实测让压力值的变化区间分别为（82.5~126.5kN、89.4~135.7kN、95.9~144.4kN）和（80.4~129.1kN、94.7~151.7kN、100.0~170.4kN）。同时，下限差值（理论下限－实测下限）要明显小于上限差值（理论上限－实测上限），且总体表现为随 D 增大而逐渐变大，具体量值表现为 $D=29$mm、30mm、31mm，下限差值和上限差值分别为（－2.1kN、5.3kN、4.1kN）和（2.6kN、16.0kN、26.0kN）。究其原因，主要是让压力达到峰值时，让压体对让压器的挤压达到最强，且随着 D 增大，挤压强度进一步上升，而让压器实际非理想弹塑性体，存在一定强度硬化效应，因此挤压变形越大，实测与理论让压力值的差异也会越大，尤其对于让压力的上限值，差异更为明显。

（2）由图 5.5-7（b）可知，让压体长度 L 不同时，实测让压力量值变化区间总体上大于理论值，具体量值上表现为 $L=24$mm、30mm、36mm，理论让压力和实测让压力值的变化区间分别为（71.7~108.9kN、89.4~135.7kN、101.0~135.9kN）和（56.6~120.1kN、94.7~151.7kN、121.4~160.0kN）。同时，下、上限差值均表现为随 L 增大而逐渐变大，具体量值表现为 $L=24$mm、30mm、36mm，下限差值和上限差值分别为（－15.1kN、5.3kN、20.4kN）和（11.2kN、16.0kN、24.1kN）。究其原因，当长度 L 较小时，让压体与让压器的接触面积小，让压力从波峰值到波谷值时易"跳跃"，进而出现了 $L=24$mm，下限差值＝－15.1kN 的现象；当长度 L 较大时，实测下、上限值均明显大于理论值，应是大尺寸的让压体具有更明显的"三维"效应，即让压体长度范围外的让压器对其有更强的约束作用。

设定误差率 $\zeta=2$ 倍差值绝对值/(理论值+实测值)×100%，计算得到让压体大端直径 $D=29mm、30mm、31mm$ 和 $L=24mm、30mm、36mm$ 的理论与实测误差范围（下限值误差率～上限值误差率）分别为（2.1%～2.5%、5.8%～11.1%、4.2%～16.5%）和（9.8%～23.6%、5.8%～11.1%、16.3%～18.4%），其中最大误差率为23.6%。考虑到参数测量、取值误差和三维效应影响等，理论分析过程可认为是基本准确的，且计算得到的理论数据亦能起到支撑让压力设计的作用，但仍需开展试验进行校核。

基于上述试验数据，后续室内试验选用的大让压量锚索参数确定为 RY-2 锚索参数，即 $D=L=30mm$。

5.5.2 无约束下大让压量锚索力学特性及可靠性室内试验研究

1. 试验设备、材料与方式

（1）试验设备

1）WAL-600 卧式拉力试验机

WAL-600 卧式拉力试验机如图 5.5-8 所示，主要用于大试样、全尺寸试样的拉伸（拔）试验。试验最大力 600kN，最大拉伸行程 800mm，拉伸速度 0.01～300mm/s。试验机由主机、驱动电机及控制系统、传动系统、电子万能机测控系统、计算机、数据处理软件和各种附件等组成。

图 5.5-8 WAL-600 卧式拉力试验机

2）拉拔工装

直接对让压装置进行夹持，大让压量锚索的让压效果必将受加持荷载的影响，因此，试验设计了拉拔工装，如图 5.5-9 所示，设计屈服荷载大于 1800kN。

（2）试验材料

为匹配卧式拉拔仪的加载操作，大让压量锚索长度 2.0m，让压器长度设定为（理论最大让压量）350mm，其余大让压量锚索设计参数同工况 1 中 RY-2 大让压量锚索。表 5.5-6 为采用的大让压量锚索详细参数。

工况 2 试验中大让压量锚索参数　　　　表 5.5-6

锚索编号	锚索长度(m)	让压器长度(mm)	其余参数
W-1 W-2	2	350	同 RY-2 大让压量锚索

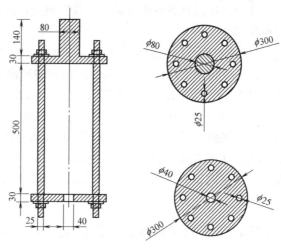

图 5.5-9　夹持拉拔工装设计图

（3）试验加载方式

如图 5.5-10 所示，试验方式为：夹持拉拔工装（置于千斤顶上）→工装（水平尺）调平→放置让压装置（至拉拔工装内）→夹持锚索端部→大让压量锚索试件预拉伸（水平尺）调平→重新设定拉拔控制参数（拉拔速度设置为 10mm/min）→系统自动记录拉拔荷载与位移→试验完成。

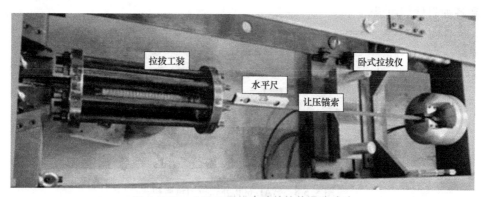

图 5.5-10　大让压量锚索试件拉伸滑移试验

2. 试验结果与分析

采用卧式拉拔仪对大让压量锚索（设计参数同工况 1 中的 RY-2 大让压量锚索）进行拉拔试验，并连续、完整地记录大让压量锚索让压滑移过程中的荷载（让压力）与位移的关系曲线，如图 5.5-11 所示，其中记录的位移由让压量与止让段的压缩量共同组成。

（1）由图 5.5-11（a）可知，W-1 大让压量锚索加载位移 360mm，量测让压滑移量约为 260mm；加载初期，荷载-位移曲线快速上升，该阶段为弹性加载阶段，位移主要源于大让压量锚索的材料变形及卧式拉拔仪夹具握裹滑移；加载至 145kN 左右，荷载出现第 1 次跳跃，急剧降至不足 50kN，显示出现让压；继续加载，荷载出现上下波动现象，下、上限值均逐渐上升，并趋于稳定；加载至位移 200mm 时，卧式拉拔仪有 1 次较为明显的振动，伴随着荷载出现下降，在后续基本维持稳定，究其原因可能是 200mm 附近让压器

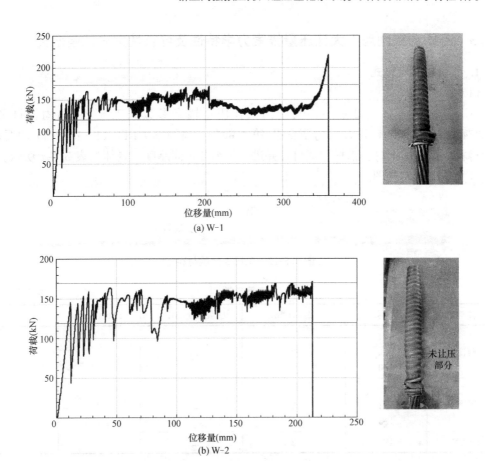

图 5.5-11 大让压量锚索荷载-位移曲线与变形（破坏）形式

内部螺纹结构存在缺陷，导致让压体在滑移过程中出现"卡壳"；继续加载至位移 340mm 左右，让压吸能阶段完成，后续加载过程中大让压量锚索进入到强化支护阶段（材料性能支护阶段），表现为荷载随位移快速上升；至位移 360mm 左右，大让压量锚索结构破坏，荷载降至 0。分析大让压量锚索的前段加载过程，让压力呈现出较为明显的规律性波动，让压力范围约为 120~170kN，对比工况 1 中的 95~152kN，二者差值在 20kN 左右，主要原因应是加载速率的影响，即手动千斤顶的加载速率要明显小于卧式拉拔仪的加载速率。需要指出的是，上述加载至失效时，荷载由 220kN 急剧降至 0 的过程对卧式拉拔仪夹头存在较大的损伤（加剧螺纹结构出现拉丝），故后续试验将不再加载至失效。

（2）由图 5.5-11（b）可知，W-2 大让压量锚索加载位移 220mm，量测让压滑移量约为 150mm。W-2 大让压量锚索呈现的加载规律与 W-1 大让压量锚索基本一致，但未包含强化支护阶段，由图中右侧大让压量锚索变形中可观察到，已让压部分的让压器出现了明显的径向膨胀现象，而未让压部分的让压器则维持了初始状态，体现了让压装置的吸能效应，锚索轴向拉伸、不变形，让压器径向膨胀，由此让压器承担了主要的耗能工作。上述让压力范围依旧为 120~170kN，且波动规律与 W-1 锚索基本一致，从而验证了大让压量锚索产品的设计是可靠的。

5.5.3 不同约束刚度下大让压量锚索力学特性及可靠性室内试验研究

1. 试验材料与方式

（1）试验材料

试验材料如图 5.5-12 所示。其中的大让压量锚索参数同工况 2；锚固材料采用 CKb3540 树脂锚固剂，符合《树脂锚杆 第 1 部分：锚固剂》MT 146.1—2011 的要求。套管材料分别选用钢材、铝材和塑材，并进一步细分不同厚度，具体如表 5.5-7 所示。图 5.5-13 为铝套管实物图。

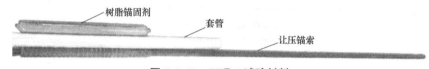

图 5.5-12 工况 3 试验材料

套管参数　　　　　　　　　　　表 5.5-7

材料	编号	壁厚(mm)	屈服强度(MPa)	内径(mm)	长度(cm)
钢管	G-1	1	345	45	60
	G-2	2			
	G-3	3			
铝管	L-1	1	200		
	L-2	2			
	L-3	3			
PE 管	P-2	2	22		

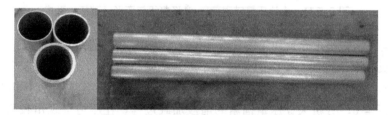

图 5.5-13 不同厚度套筒（以铝管为例）

（2）试件制作

如图 5.5-14 所示，试验试件的制作过程为：套管清洁→套管编号→套管固定（于搅拌固定装置内）→塞入锚固剂（至套管前端）→放入大让压量锚索（前端接触锚固剂）→大让压量锚索后端连接钻机→开启钻机，调整钻速→匀速推入大让压量锚索至套管前端→继续搅拌 20s→完成搅拌，拆卸钻机，切割多余部分套管。制作完成的试件如图 5.5-15 所示。

（3）试验加载方式

试验加载方式同工况 2，加载如图 5.5-16 所示。

2. 不同约束下大让压量锚索受力（理论）分析

根据式（5.4-6）分别计算让压器、树脂锚固剂和套筒的最大约束强度，如表 5.5-8 所示。

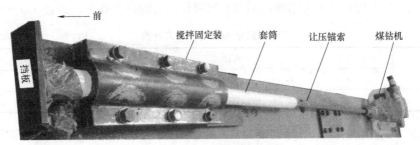

图 5.5-14 试验试件制作

图 5.5-15 制作完成的试验试件

图 5.5-16 工况 3 试验加载

计算最大约束强度　　　　　　表 5.5-8

结构单元	编号	材料强度（MPa）	计算内径（mm）	计算外径（mm）	最大约束强度（MPa）
让压器	RYQ	345	12.75	15.75	73
树脂锚固层	SZ	70	15.75	20	16.7
钢管	G-1	345	20	21	16.8
	G-2			22	32.9
	G-3			23	48.2
铝管	L-1	200	20	21	9.8
	L-2			22	19.0
	L-3			23	28.0
PE 管	P-2	22	20	22	2.1

根据式（5.4-12）计算树脂锚固剂和套筒对让压力的提升效果，如表5.5-9所示。

不同约束强度的让压力升幅　　　　　　　　　　　　　　表5.5-9

结构单元	树脂锚固层	钢管			铝管			PE管
	SZ	G-1	G-2	G-3	L-1	L-2	L-3	P-2
让压力升幅（%）	22.88	23.01	45.07	66.03	13.42	26.03	38.36	2.88

以工况2试验获得的让压力120～170kN为基准，分析工况3不同约束下的大让压量锚索让压力如表5.5-10所示。

不同约束下的让压力　　　　　　　　　　　　　　　　　表5.5-10

约束条件	钢管(＋树脂锚固剂)			铝管(＋树脂锚固剂)			PE管(＋树脂锚固剂)
	G-1	G-2	G-3	L-1	L-2	L-3	P-2
让压力下限(kN)	175.07	201.53	226.68	163.56	178.68	193.48	150.90
让压力上限(kN)	248.01	285.51	321.14	231.71	253.14	274.10	213.78

3. 试验结果与分析

（1）荷载-位移曲线分析（即让压滑移过程分析）

1）PE管

获取PE管（＋树脂锚固剂）约束下，大让压量锚索的荷载-位移曲线如图5.5-17所示。

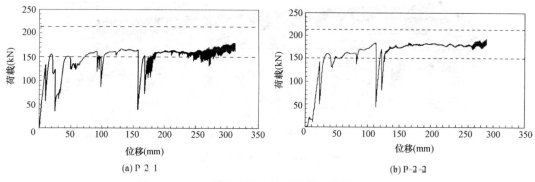

图5.5-17　PE管约束下大让压量锚索荷载-位移曲线

由图5.5-17可知，相比工况2中的荷载-位移曲线，当大让压量锚索受到的约束增强，其让压力更趋稳定，即波动幅度下降。原因在于，卧式拉拔仪为"快速"加载设备（相比实际工作环境），受让压器三维空间效应影响，约束增强必然使得螺纹结构让压器对让压体的约束更趋均一化。图5.5-17（a）、(b)中均出现了当拉伸至某一位移时，让压力急剧下降的现象，如：P-2-1大让压量锚索在位移25mm、100mm、160mm时；P-2-2大让压量锚索在位移25mm、120mm时。究其原因，主要有两方面，其一，沿轴向让压器本身的同轴度并不一致，机械加工过程中，不可避免会出现细微差异；其二，加载为端部集中承载模式，加载过程会对让压器同轴度产生一定影响。P-2-1和P-2-2大让压量锚索的让压力分布区间均（主体）位于理论计算范围内，即150.9kN<F_p<213.78kN，表明计算理论与实际是较为相符的，其中P-2-1大让压量锚索的让压力小于P-2-2大让压量

锚索，主要原因应是树脂锚固优劣的差异，即大让压量锚索的施作过程对让压力存在一定影响。

2）铝管

获取不同厚度铝管（＋树脂锚固剂）约束下，大让压量锚索的荷载-位移曲线如图5.5-18所示。

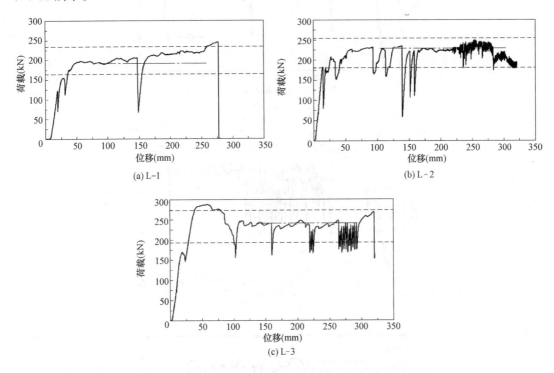

图 5.5-18 不同厚度铝管约束下大让压量锚索荷载-位移曲线

由图 5.5-18 可知，不同厚度铝管约束下的大让压量锚索让压力变化规律相近，均与 PE 管约束下的变化规律相似。图 5.5-18（a）、（b）、（c）中，L-1、L-2 和 L-3 大让压量锚索的让压力分布区间均（主体）位于理论计算范围内，即 164kN＜F_{L-1}＜232kN、179kN＜F_{L-2}＜253kN、193kN＜F_{L-3}＜274kN。同时，随铝管厚度增加，约束逐渐增强，大让压量锚索的让压力均值（稳定值）也逐渐上升，相应 L-1、L-2 和 L-3 大让压量锚索的让压力均值依次为 205kN、220kN 和 240kN（图中点划线）。

3）钢管

获取不同厚度钢管（＋树脂锚固剂）约束下，大让压量锚索的荷载-位移曲线如图 5.5-19 所示。

由图 5.5-19 可知，不同厚度钢管约束下的大让压量锚索让压力变化规律相近，均与铝管约束下的变化规律相似。其中，图 5.5-19（a）中 G-1-1 大让压量锚索在拉拔位移至约 75mm 时，套管出现破裂，导致荷载出现了明显下降，由 222kN 降至 170kN，且稳定在 170kN 左右。分析原因，主要是钢套管破裂后，大让压量锚索受到的约束强度出现下降，此时大让压量锚索受到的约束强度接近于纯树脂锚固剂约束，故让压力亦接近于 PE 管约束情况，图 5.5-20 所示为 G-1-1 和 G-1-2 大让压量锚索拉伸完成现场。

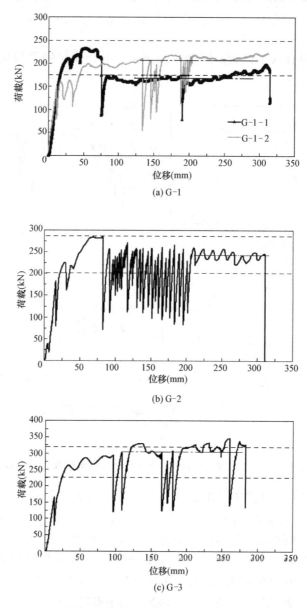

图 5.5-19　不同厚度钢管约束下大让压量锚索荷载-位移曲线

图 5.5-19（a）、(b)、(c) 中，G-1-2、G-2 和 G-3 大让压量锚索的让压力分布区间均（主体）位于理论计算范围内，即 175kN＜F_{G-1-2}＜232kN、201kN＜F_{G-2}＜287kN、227kN＜F_{G-3}＜321kN。同时，随铝管厚度增加，约束逐渐增强，大让压量锚索的让压力均值（稳定值）也逐渐上升，相应 G-1-2、G-2 和 G-3 大让压量锚索的让压力均值依次为 205kN、240kN 和 300kN（图中点划线）。

（2）约束强度对让压力均值的影响分析

提取不同约束下，大让压量锚索的让压力均值如表 5.5-11 所示，让压力均值与约束

(a) G-1-1大让压量锚索 (b) G-1-2大让压量锚索

图 5.5-20　G-1 大让压量锚索拉伸现场

强度关系曲线如图 5.5-21 所示。

不同约束下大让压量锚索让压力均值　　　　表 5.5-11

约束材料	PE 管＋树脂锚固剂	铝管＋树脂锚固剂			铝管＋树脂锚固剂		
套管厚度(mm)	2	1	2	3	1	2	3
等效约束强度(MPa)	25.76	36.3	48.91	61.24	45.89	67.95	88.91
让压力均值(kN)	160	205	220	240	205	240	300

由图 5.5-21 可知，大让压量锚索让压力均值与约束强度间存在较为明显的正相关特性，线性相关系数 $R^2 = 0.9511$。上述相关性可为大让压量锚索在工程实践中的选型应用奠定基础。

（3）大让压量锚索吸能特性分析

隧道开挖引起的岩体变形实为一定能量 U 的释放结果。因岩体具备自承载能力，能量 U 释放过程中，可自行吸收消化部分（或全部）能量 U_w，其中一部分能量形成可储存的弹性应变能 U_w^e，随变

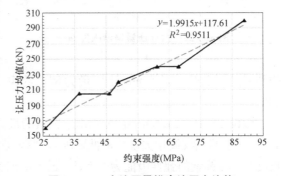

图 5.5-21　大让压量锚索让压力均值与约束强度关系曲线

形积聚于岩体内部，另一部分则形成耗散能 U_w^p，使得岩体内部出现损伤与塑性变形；U_w 之外的能量即为多余能量 W，需要支护系统加以吸收。对于围岩大变形而言，W 的量值一般较大，传统意义上的支护系统往往存在着吸能不足的缺陷，继而导致锚固支护体系失效。

基于上述分析，隧道开挖与支护岩体的能量变化可表示为：

$$U = U_w + W \tag{5.5-2}$$

式中，U 为隧道开挖引起的岩体释放能量；U_w 为岩体自身吸收与耗散的能量；W 为支护结构吸收的能量。其中，一般支护结构吸收的能量 W 可细分为由支护结构抵抗变形弹性能 E_e 和塑性形变能 E_p 两部分，而大让压量锚索在此基础上增加了让压滑移的变形能 E_h，可计算单根大让压量锚索 W_r 为：

$$\left.\begin{array}{l}W_{\mathrm{r}}=E_{\mathrm{e}}+E_{\mathrm{p}}+E_{\mathrm{h}}\\ E_{\mathrm{e}}=\int_{0}^{x_{1}}f_{\mathrm{e}}(x)\mathrm{d}x+\int_{x_{2}}^{x_{3}}f_{\mathrm{e}}(x)\mathrm{d}x\\ E_{\mathrm{h}}=\int_{x_{1}}^{x_{2}}f_{\mathrm{h}}(x)\mathrm{d}x\\ E_{\mathrm{p}}=\int_{x_{3}}^{x_{4}}f_{\mathrm{p}}(x)\mathrm{d}x\end{array}\right\}$$

(5.5-3)

式中，x_1 为大让压量锚索发生让压前的初始弹性位移量，x_2 为让压完成后的位移量，x_3 为让压量和最大弹性位移量之和，x_4 为大让压量锚索的最大位移量；$f_{\mathrm{e}}(x)$ 为大让压量锚索弹性阶段的荷载-位移关系式，$f_{\mathrm{h}}(x)$ 为大让压量锚索让压滑移阶段的荷载-位移关系式，$f_{\mathrm{p}}(x)$ 为大让压量锚索塑性阶段的荷载-位移关系式。

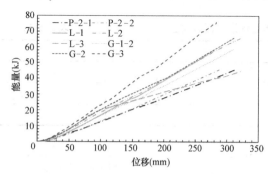

图 5.5-22 大让压量锚索吸能曲线

根据前述卧式拉拔仪获取的荷载位移曲线（每 0.01mm 位移记录 1 次荷载），得到 P-2-1、P-2-2，L-1、L-2、L-3，G-1-2、G-2、G-3 大让压量锚索的能量-位移曲线，即吸能曲线如图 5.5-22 所示。

由图 5.5-22 可知，不同约束强度下，大让压量锚索的吸能特性基本一致，随位移的增大，（吸收）能量呈线性增长，同时，大让压量锚索的吸能速率与约束强度亦成正相关，随约束强度增大，图中曲线的斜率逐渐上升。以 25cm 让压量为例，约束工况下的大让压量锚索吸能区间为 36～66kJ。

假设 1×19S-21.80mm-1860MPa 锚索的最大屈服力与最大力均为 600kN，伸长率为 3.5%（参照钢绞线相关规范最低要求），取弹性模量 210GPa，则按理想弹塑性模型计算长度 2.5m 锚索的弹性吸能为 5.7kJ，最大吸能为 46.8kJ。当让压长度为锚索长度的 10%（25cm）时，基于本文中的约束环境，弹性吸能（对应大让压量锚索中包含让压吸能阶段）将提升至 30.3～60.3kJ，升幅 531.6%～1057.9%，最大吸能提升至 36～66kJ，升幅 76.9%～141.0%。上述数据，尤其是锚索弹性阶段吸能的极大增加，将显著改善锚索的大变形支护能力，并极大提升锚固系统的稳定性与可靠性。

5.5.4 围岩约束下大让压量锚索力学特性及可靠性现场试验研究

1. 试验依托环境选择

试验段选择在木寨岭隧道主洞右线 YK218+600～605 右侧中台阶往上 1.6m 处，埋深约 607m。地勘资料显示该段岩体主要为炭质板岩，$K_{\mathrm{v}}=0.62\sim0.98$，$BQ=323.0\sim413.0$，$K_1=0.4$，$K_2=0.4$，$K_3=1.0$，$[BQ]=143.0\sim233.0$，属 V 级围岩段落。现场点荷载试验测得 $R_{\mathrm{c}}=16$MPa。

依据上述围岩抗压强度、地应力数据以及树脂锚固剂的约束作用，简化（近似）实际环境对大让压量锚索的约束强度为 73.1（=22.9+16+2×17.2）MPa。则以工况 1 中实测 RY-2 的让压力区间 95～152kN 为基准，计算可得该实际环境下的让压力区间为 180～304kN，平均值 242kN。

施工过程揭示该段围岩主要为炭质板岩夹砂质板岩，如图 5.5-23 所示，岩层为黑色，薄层状结构，厚度约 1～25cm，倾角 0°～30°；围岩强度低，岩体破碎，呈裂隙块状结构；开挖后整体稳定性差。位移监测数据显示该区段为典型的大变形工点，拱顶沉降约 183～256mm，上台阶收敛 720～967mm。

(a) YK218+601.5　　　(b) YK218+605.5

图 5.5-23　掌子面围岩

2. 试验材料与过程

(1) 试验材料

鉴于现场静力拉伸试验需采用手动油泵加载千斤顶的方式，加载测试过程费时费力，故为试验大让压量锚索完整的让压滑移过程，让压量不宜过长，设计为 10cm，让压器长度 1.0m，大让压量锚索总长 5.3m（保证安装深度为 5.0m）。锚固材料同室内试验，为 CKb3540 树脂锚固剂。

(2) 试验过程

为确保试验数据可靠，共计在 YK218+600～605 段开展了 3 次大让压量锚索的现场拉拔试验。安装过程为：采用"YT28 钻＋一字钻头"打设 5.0m 左右锚孔，塞入 2 节锚固剂至孔底，人工插入锚索（抵至锚固剂），使用手持式锚杆钻机连接锚索，边搅拌边推入（15s），后静置 15min。现场安装的 3 根大让压量锚索如图 5.5-24 所示。

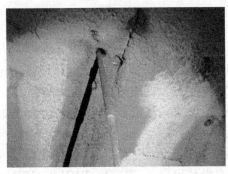

(a) 安装中　　　(b) 安装后

图 5.5-24　现场安装的大让压量锚索

试验采用 45t 手动油压穿心千斤顶（MQ22-450/60）进行拉拔，千斤顶最大行程

150mm；加载过程中每加载 25kN，采用毫米尺记录 1 次端部位移数据，如图 5.5-25 所示。设定加载终止条件为：加载位移大于 20cm，荷载达到 400kN，或测力表读数难以上升，且端部位移快速增长（锚固失效）。

 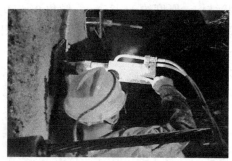

(a) 液压泵加压与记录　　　　　　　　　(b) 千斤顶端头位移量测

图 5.5-25　现场拉拔试验

3. 试验结果与分析

由拉拔试验得到的荷载-位移曲线（P-S 曲线）如图 5.5-26 所示。

由图 5.5-26 可知，让压量为 10cm，拉拔位移为 25～35cm，位移显著大于让压量。原因是所测的千斤顶端部位移包括垫板与围岩面压密变形、锚索弹性变形、锚固界面变形和让压装置内部的界面滑移。其中的让压滑移阶段为①～⑦/⑧。分析可得：

(1) 经特定的让压量（10cm）与锚固长度（100cm）设计，3 次拉拔试验均完整地呈现了 4 个阶段的受力形式，即垫板-围岩压密阶段、弹性阶段、让压滑移阶段和强化变形阶段。

1) 垫板-围岩压密阶段：拉拔荷载-位移曲线呈小曲率增长，位移增长主要源于锚固体的弹性变形和垫板与围岩间压缩位移。

2) 弹性阶段：荷载与位移呈线性增长关系，曲率较初始阶段明显增大，大让压量锚索产生材料弹性变形。

3) 让压滑移阶段：施加的荷载达到让压装置的让压力值后，大让压量锚索产生滑移伸长，将让压装置中积累的能量释放，之后继续施加荷载，让压装置再次储存能量，直至达到储能极限再次释放。

4) 强化变形阶段：让压体达到止让段，锁定，无法继续滑移，大让压量锚索再次产生材料弹性变形。

(2) 3 根大让压量锚索拉拔过程中均出现让压滑移现象，即拉拔过程中荷载 P 随位移 S 的增大而出现规律性的上升与下降。其中，XRY-1 最大让压力为 289kN，最小让压力 134kN；XRY-2 最大让压力为 340kN，最小让压力 120kN；XRY-3 最大让压力为 310kN，最小让压力 133kN。

(3) XRY-2 和 XRY-3 的①、②次滑移产生的荷载量值明显偏小，分析原因，主要是受让压装置的"端头效应"影响。除去①、②次滑移可得，XRY-1、XRY-2、XRY-3 稳定的让压滑移力范围依次为 148～289kN、179～340kN、178～310kN。对比理论计算（基于室内工况 1 拉伸试验数据）得到的让压力均值 180～304kN，二者是极为接近的。上述分析为开展让压支护体系（试验段）研究奠定了基础。

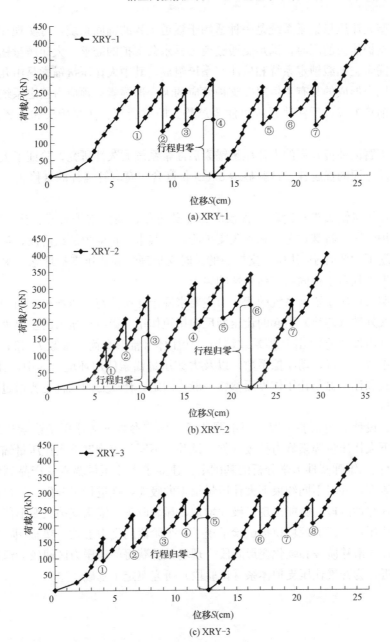

图 5.5-26 大让压量锚索荷载-位移（P-S）曲线

注：千斤顶最大行程为 15cm，加载至 10~15cm 时，需先进行卸载，使行程归零，再重新加载。

5.6 本章小结

本章在阐述新型大让压量锚索系统组成及其"及时-强-让压"支护机理的基础上，基于大让压量锚索结构组成特点，采用理论分析、室内及现场让压滑移试验等方式对大让压量锚索让压力的影响因素及计算设计（流程）与吸能特性等开展了系统性研究。得到结论如下：

(1) 新型大让压量锚索系统是一种适用于隧道工程的锚固系统，可实现在具备高强预应力大变形支护能力的同时，满足交通隧道工程永久支护的需求。大让压量锚索系统主要由大让压量锚索、加载锁定系统和后注浆系统组成，其中大让压量锚索是由几个单独结构组成，相互耦合形成的具有"恒阻"支护效应的大变形锚索；预应力锁定系统由垫板（带螺纹孔）和锚具组成；后注浆系统由注浆球垫、防腐套管、注浆接头和外置注浆排气管组成。

(2) 基于腐蚀环境开展的大让压量锚索后注浆系统耐久性研究，验证了大让压量锚索系统在耐久性方面的优越性，试验显示 30cm 长度含防腐套管锚杆的（修正）使用寿命超过 100 年。

(3) 大让压量锚索支护阶段包含预应力加载阶段、弹性支护阶段、让压吸能支护阶段、强化支护阶段（特殊情况）和永久支护阶段。其中，预应力加载阶段、让压吸能支护阶段集中体现了"及时-强-让压"支护中的及时支护理念和让压支护理念，永久支护阶段则体现了隧道工程对于锚固系统耐久性的要求。

(4) 新型大让压量锚索系统的让压力主要来源于让压体与让压器相互间的摩擦作用和让压体钢绞线外散（趋势）引起的让压器反向扭矩作用。影响让压力的主要因素有让压器材质与壁厚（内外径差），让压器螺纹结构，让压体（锥形套筒）参数 D 和 L，让压器与让压体界面参数——静、动摩擦系数，以及大让压量锚索使用环境。其中，让压器材质、螺纹结构形式和让压器与让压体界面参数一般均固定，让压力的调整主要通过壁厚和让压体参数 D 和 L。

(5) 通过设计 3 组试验工况，即不同让压（体）参数下大让压量锚索让压力测试试验、无约束下大让压量锚索静力拉拔（伸）试验、不同约束刚度下大让压量锚索静力拉拔（伸）试验，在二维弹塑性力学分析的基础上，建立了大让压量锚索从产品到使用的整套计算模型与流程，并对不同约束下大让压量锚索的吸能特性进行了分析，指出让压阶段吸能使得锚索在弹性阶段的吸能出现了极大增加，显著改善了锚索支护大变形能力。

(6) 大让压量锚索的现场拉拔试验呈现了 4 个阶段的受力形式：垫板-围岩压密阶段、弹性阶段、让压滑移阶段和强化变形阶段。现场试验获得的让压力区间较为恒定，且与理论分析值接近，为开展让压支护体系（试验段）研究奠定了基础。

第6章 基于蠕变效应的让压支护设计理论及关键参数研究

本书提出的及时-强-让压支护关键设计参数主要有让压力和让压量。其中，让压力设定必然以实现及时强支护为前提，因此确定适宜的预应力将是首要的。对预应力的确定，可在综合锚索材料性能与岩体锚固性能基础上，采用数值分析手段开展。让压力和让压量等关键参数的设定，则是在综合考虑采用让压支护体系时的经济性、安全性和技术可行性的基础上，通过试算确定。鉴于高地应力软岩隧道蠕变效应显著，故让压参数确定时需考虑其影响，以科学、准确地设计让压支护体系的关键性参数。

6.1 软岩大变形隧道中让压支护关键设计理论

6.1.1 让压支护设计中的关键问题

（1）让压支护体系的变形协调及稳定性问题

及时-强-让压支护体系由（环向）常规支护构件系统和径向让压支护构件组成，即主要由传统喷射混凝土、钢拱架和兼具大让压量与强力支护的让压锚索系统共同组成。常规支护构件系统的变形能力能否匹配让压支护的需求，在设定预留变形量内保证常规支护构件系统不发生结构性损伤，是设计及施工中应重点解决的关键技术问题之一。

（2）让压点的设计

让压点的设计，就是解决及时-强-让压支护体系何时让压的问题。在及时强支护后，科学的让压点设计不仅能合理控制松动圈范围，而且可有效改善支护受力状态，优化支护参数。一般来讲，让压点的设计应保证其在各构件的实际屈服极限内，以确保让压系统中各构件在支护过程中不发生屈服破坏。

（3）让压量的设计

让压量的设计，就是解决让压支护体系"让"多少的问题。让压量过小，诱发的围岩压力将增加，无法达到释放围岩形变能，充分发挥围岩自承载能力的目的；让压量过大，虽有效释放了围岩形变荷载，但有可能使得岩体松动圈过大而进入松动破坏状态，故合理的让压量设计也是让压支护系统中的关键环节。

6.1.2 让压支护体系中关键性参数的设计原则与方法

1. 常规支护构件系统设计

及时-强-让压支护体系要求对围岩积聚的高形变能进行一定释放，因此涉及的围岩变形量一般较大，尤其在严重挤压变形隧道中，所需的让压量可能达50cm以上。由此，必然要求其中的其他支护构件系统具备较好的协同变形能力，确保整个支护构件系统的变形能力满足让压支护的需求，即在让压支护范围内，及时-强-让压支护体系不出现结构性的整体损伤。因此，对及时-强-让压支护体系中的其他支护构件系统，即常规支护构件系统，主要为喷射混凝土和钢拱架，首要关注其变形能力，其次应保证具备较好的支护性能。

综合上述分析，常规支护构件系统可在借鉴原强力支护设计参数的基础上，结合不同参数常规支护体系在已有围岩大变形隧道中的变形表现情况，即不同参数下支护体系的容许位移变形量，进行综合确定。

2. 径向让压支护构件几何参数设计

径向让压支护构件，即兼具大让压量与强力支护的让压锚索系统，其几何参数设计主要有锚索支护间距、锚索长度和短、长组合设计等。

（1）锚索支护间距

锚索支护系统的几何参数可参照锚杆支护间距的确定方法，即综合工程类比法和经验法共同确定。

1) 工程类比法

工程类比法，即根据已有工程，直接提出支护设计。该种方法是将已经支护完成并取得较好支护效果隧道的地质与围岩条件，与待开挖的隧道进行比较，在各种条件基本相同的情况下，参照已支护隧道锚杆（索）的支护形式与参数，由设计人员在结合自身经验的基础上提出待开挖隧道的锚索支护间距设计参数。直接类比的主要内容包括：①围岩物理力学性质，以单轴抗压强度为最常用的力学指标；②围岩结构特征，包括不连续面的空间分布特征及力学参数；③地质构造影响，重点理清隧道的较大地质构造、地质构造的特点及其对隧道的影响程度；④地应力，包括大小量值及其方向，重点关注最大水平主应力与巷道轴线的夹角；⑤隧道断面特征；⑥开挖与施工技术。

2) 经验法

经验公式是在大量支护设计经验的基础上，得出的指导支护设计的简单公式。关于锚杆（索）间距设计的主要经验公式包括：

① Hoek与Brown等提出，最大锚杆间距=min（锚杆长度之半，1.5倍不连续间距确定的不稳定岩块宽度）。

② Schach等从拱形巷道顶部能够形成有效的压力拱出发，认为锚杆长度与锚杆间距的比值应接近2。

③ 新奥法对锚杆间距的选择提出一些准则：硬岩，锚杆间距取1.5~2.0m；中硬岩石，锚杆间距取1.5m；松软破碎岩体，锚杆间距取0.8~1.0m。

（2）锚索长度（初步）确定

锚杆长度的确定，一般有经验法、理论计算法等。挤压型大变形隧道中，围岩塑性区一般较大，对锚索长度的初步确定可采用基于围岩塑性区大小的确定方法，具体实施流程如图 6.1-1 所示，即在预估支护体系支护力和获取围岩力学参数的基础上，采用多种理论经验法估算围岩塑性区大小，然后根据围岩塑性区大小，给出锚索长度的适宜取值范围。

（3）锚索短、长组合式设计

预应力锚索支护形式分为等长支护和短、长组合支护。鉴于挤压大变形隧道具有变形量大、变形速度快等显著特点，短、长组合支护具有如下优势：

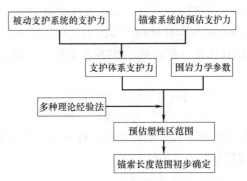

图 6.1-1 基于围岩塑性区大小的锚索长度（初步）确定流程

1）短锚索与隧道近区围岩形成组合加固拱结构，充分利用支护结构和围岩共同作用原理，发挥围岩的自承能力。同时，长锚索在此基础上将组合加固拱结构与远区围岩联系在一起，提升"近加固区"的稳定性，并远近结合进一步控制围岩变形。

2）短锚索施工快捷，可在短时间内提高近区围岩的整体性和稳定性，尤其当遇到围岩大变形时，可先施工完成短锚索，再进一步施工长锚索。

3）短、长组合对"板梁弯曲"引发的变形更具针对性，短锚索将薄层结构固定串联形成组合梁，长锚索限制因切向应力增高导致的层间滑动。

综上，挤压型大变形隧道中，开展锚索的短、长组合设计是极为重要且必要的。短、长锚索组合设计的流程主要是在锚索长度范围的基础上，设计不同的组合方式，可通过建立数值仿真模型，采用围岩位移和塑性区分布作为双控指标，对锚索长度及其组合形式进行分析明确，具体流程如图 6.1-2 所示。

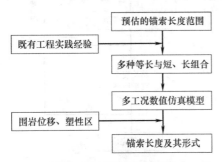

图 6.1-2 锚索长度及其组合形式的确定流程

3. 径向让压支护构件关键让压参数设计

（1）设计基本原则

径向让压支护构件关键让压参数主要包括让压力和让压量，其中，让压力与加载预应力相关，而预应力必然与锚固系统的锚固力相联系，因此，让压关键参数设计中，首先应明确锚固系统能够达到的极限锚固力。此处，确定锚固系统极限锚固力，将引申出对让压支护构件材料性能（包含锚固剂）的要求，以及其在具体岩土体环境中能达到的最大拉拔力。故而，在综合经济性与支护需求基础上，确定让压支护构件（基础）材料，以及开展基于现场同等围岩条件下的锚固与拉拔试验，将是首要且必要的。

明确锚固系统材料与锚固力后，即可综合安全性、材料性能发挥率、施工便捷性等需求，确定适宜的加载预应力。如此，让压力取值即可初步设定为"适当大于"加载预应力。

综上，在初步确定预应力、让压力后，可结合前述确定的径向让压支护构件几何参数和常规支护构件系统参数，并引入高地应力下的围岩体蠕变特性，开展不同让压量下围岩-支护结构的试算。需要重点说明的是，试算以调整让压量为主，必要时可调整预应力（涉及锚固构件材料与锚固力）与让压力，以期从经济性、安全性等多方面寻求出"让压力-让压量（扩挖量）-结构安全性"的最优平衡点，进而确定出经济、合理的关键性让压参数。

（2）预应力与让压力的设计

预应力、让压力的确定，可在综合锚索材料性能和现场锚固力拉拔测试基础上，采用数值仿真手段，通过对比分析不同支护力下的支护经济性与安全性，进行综合确定，具体流程如图 6.1-3 所示。

（3）让压量的设计

让压量的设计，既要确保隧道支护体系的长期稳定、安全及可靠，也需力求支护设计的经济性，故考虑高应力软岩蠕变效应是让压量合理取值的关键。同时，让压量的设计需以支护体系受力合理为准则，实现结构体系受力的长期可靠性。如此，让压量设计可在获取岩体蠕变力学参数的基础上，综合经济性、安全性等需求，建立数值仿真计算模型，采用试算的方式开展，具体流程如图 6.1-4 所示。

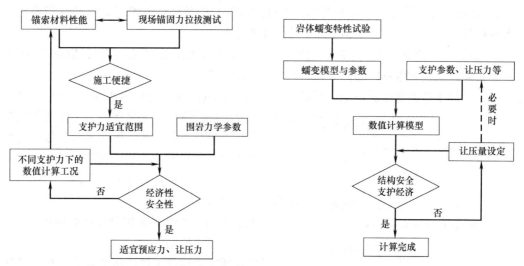

图 6.1-3　锚索预应力、让压力的确定流程　　　图 6.1-4　锚索让压量的确定流程

6.2　基于两阶段法的支护试验段确定

6.2.1　基于实践经验与工程类比的试验段初步选择

以修建完成的木寨岭铁路隧道围岩位移为依据，结合围岩位移 50cm 左右让压效果最为理想的既有工程实践，并考虑斜井下底后主洞施工时最先可能遭遇的大变形段，即铁路隧道变形量 55～90cm 区段对应的公路隧道区段（里程 K218+161～K219+741）作为大体试验段段落，如图 6.2-1 所示。根据该区段前半部分在强力支护作用下大变形灾害频发的工程实践，选择中间段落 ZK218+448～+488 作为后续及时-强-让压支护体系试验段，相应原设计为 SVf 型强力支护体系。

根据地质勘察资料，ZK218＋448～＋488段（图6.2-2）围岩主要为中风化炭质板岩，灰黑色，薄层状构造，节理裂隙发育，岩体较破碎，碎裂状结构。该段围岩中存在高地应力，主应力方向为北东向，与线路夹角小于26°。岩体$V_p=2200\sim2700\text{m/s}$，$R_c=25.3\text{MPa}$，$K_v=0.36\sim0.55$，$K_1=0.2$，$K_2=0.2$，$K_3=0.5$，$[BQ]=166.2\sim213.7$。围岩稳定性差，初期支护不及时易产生大变形及大坍塌。地下水主要为基岩裂隙水，施工时可能出现点滴状或淋雨状出水。

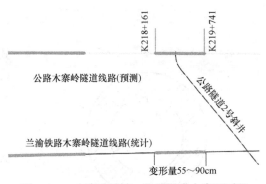

图6.2-1 木寨岭铁路、公路隧道大变形对照

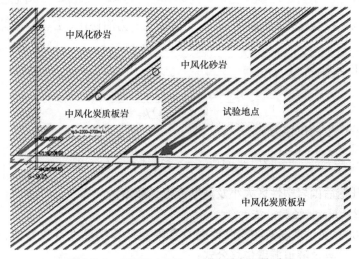

图6.2-2 ZK218＋448～＋488纵断面地质图

6.2.2 基于半经验半理论和经验方法的试验段变形预测

为进一步明确初步确定的支护试验段能否达到开展让压支护的要求，将综合半经验半理论法和经验法对初定试验段围岩变形开展预测研究。

1. 预测方法概述

（1）方法1：Heok半理论半经验方法

Heok（1999）推荐了一种能够预测软弱围岩中开挖隧道时其变形及塑性区大小的方法。假定隧道开挖断面为圆形、初始地应力分布为静水压力分布，且围岩采用Mohr-Coulomb破坏准则，则隧道开挖后所产生的塑性区如图6.2-3所示，图中，r_0为隧道开挖半径；r_p为所形成的塑性区半径；p_0为初始地应力，按静水压力分布考虑；p_i为内部支护提供的支护压力。

Heok认为，存在一临界支护力p_{cr}，当支护力$p_i>p_{cr}$时，隧道开挖后附近围岩变形为弹性，不存在塑性区；当$p_i\leqslant p_{cr}$时，隧道周边围岩发生塑性变形，产生一定塑性区。此临界荷载定义为：

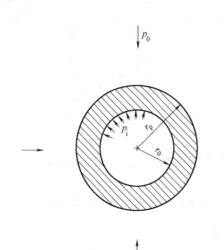

图 6.2-3 塑性区示意图

$$p_{cr} = \frac{2p_0 - \sigma_{cm}}{1+k} \quad (6.2\text{-}1)$$

式中，σ_{cm} 为岩体抗压强度，可由式 (2.5-12) 计算；k 为大主应力 σ_1 与小主应力 σ_3 的比值：

$$k = \frac{1+\sin\varphi_p}{1-\sin\varphi_p} \quad (6.2\text{-}2)$$

式中，φ_p 为岩体内摩擦角。

当支护力 $p_i > p_{cr}$ 时，隧道发生弹性变形，隧道内壁位移为：

$$u_{ie} = \frac{r_0(1+v)}{E_m}(p_0 - p_i) \quad (6.2\text{-}3)$$

式中，v 为泊松比，E_m 为围岩变形模量。

当 $p_i \leqslant p_{cr}$ 时，隧道周边围岩发生塑性变形，塑性区半径 r_p 为：

$$r_p = r_0 \left\{ \frac{2[p_0(k-1)+\sigma_{cm}]}{(1+k)(k-1)p_i+\sigma_{cm}} \right\}^{\frac{1}{k-1}} \quad (6.2\text{-}4)$$

同时，隧道内壁产生的位移为：

$$u_{ip} = \frac{r_0(1+v)}{E_m}\left[2(1-v)(p_0-p_{cr})\left(\frac{r_p}{r_0}\right)^2 - (1-2v)(p_0-p_i)\right] \quad (6.2\text{-}5)$$

由此得到隧道开挖后围岩塑性区大小及洞壁变形量数值。

(2) 方法 2：Heok 经验方法

Heok（2000）通过现场实测变形数据及有限元计算结果进行数据拟合与回归分析，提出如下塑性区计算及隧道洞壁位移公式：

$$\frac{d_p}{d_0} = \left(1.25 - 0.625\frac{p_i}{p_0}\right)\left(\frac{\sigma_{cm}}{p_0}\right)^{\left(\frac{p_i}{p_0}-0.57\right)} \quad (6.2\text{-}6)$$

式中，d_p 为塑性区直径，d_0 为隧道断面直径，其他符号意义同前。

隧道洞壁位移为：

$$\frac{\delta_i}{d_0} = \left(0.002 - 0.0025\frac{p_i}{p_0}\right)\left(\frac{\sigma_{cm}}{p_0}\right)^{\left(2.4\frac{p_i}{p_0}-2\right)} \quad (6.2\text{-}7)$$

式中，δ_i 为隧道边墙位移量，其他符号意义同前。

(3) 方法 3：Kastner 半理论半经验方法

张祉道（2003）采用修正 Kastner 公式对隧道开挖后围岩变形量进行了预测，其计算基本假定与 Hoek 假定基本一致，即隧道为圆形断面，深埋静水应力场、各向同性弹塑性材料等。设围岩黏聚力、内摩擦角分别为 c 和 φ，考虑到围岩变形产生塑性区后，塑性区相应强度参数有所降低，取塑性区内黏聚力、内摩擦角取为 c_r 和 φ_r，塑性区剪胀系数为 K，则塑性半径 r_p 为

$$r_p = r_0 \left(\frac{p_0(1-\sin\varphi) - c\cos\varphi + c_r c\tan\varphi_r}{p_i + c_r c\tan\varphi_r} \right)^{\frac{1-\sin\varphi_r}{2\sin\varphi_r}} \quad (6.2\text{-}8)$$

塑性半径处围岩位移 u_p 为：

$$u_p = \frac{1+v}{E_m} r_p (p_0 \sin\varphi + c\cos\varphi) \tag{6.2-9}$$

隧道边墙位移为：

$$u_i = \frac{r_p}{r_0} u_p + \frac{K(r_p^2 - r_0^2)}{2r_0} \tag{6.2-10}$$

对于围岩塑性区内强度指标 c_r 和 φ_r 的取值，一般取 $\varphi_r = (0.6 \sim 0.9)\varphi$，$c_r = (0.2 \sim 0.5)c$。

2. 木寨岭隧道主洞左线 ZK218＋448～＋488 的变形预测

木寨岭隧道主洞左线 ZK218＋448～＋488 围岩主要为中风化炭质板岩，Hoek 建议参数 m_i 取值为 7 ± 4，本次计算取 m_i 值为 9。以地勘资料对该段的分析为基础，经查图 1.3-25，GSI 取 20。根据实测地应力数据推算，地应力 p_0 为 17.4MPa。采用上述 3 种方法，得到木寨岭隧道主洞左线 ZK218＋448～＋488 无支护时隧道开挖后塑性区大小及洞壁径向位移量，如表 6.2-1 所示。

左线 ZK218＋448～＋488 塑性区大小、位移量预测值（无支护） 表 6.2-1

左线 ZK218＋448～＋488	塑性区半径 r_p(m)	径向位移量(cm)
方法 1	20.59	70.38
方法 2	24.66	97.17
方法 3	32	79.23

由表 6.2-1 可以看出，采用 3 种方法对木寨岭隧道主洞左线 ZK218＋448～＋488 进行预测的塑性区范围和洞壁位移量各不相同。对于塑性区而言，无支护时，介于 20～32m，径向位移量介于 70～97cm，符合开展让压支护的要求。同时，按照 Hoek（2000）对挤压大变形的划分，该处属于极度挤压区（$\varepsilon > 10\%$），也需进行让压支护设计。

6.3 常规支护构件参数与径向让压支护系统几何参数设计

6.3.1 常规支护构件材料与参数

及时-强-让压（初期）支护体系中的常规支护构件系统主要由钢拱架、喷射混凝土和钢筋网组成。实践中，要求常规支护构件系统能与让压支护构件变形相匹配、协调，在让压支护构件让压滑移过程中，常规支护构件系统需确保其自身不出现整体性的损裂。

拟定试验段 ZK218＋448～＋488 原支护设计为 SVf 型结构，现场位移监测数据显示，当围岩变形大于 30cm，易出现诸如钢架扭曲等破坏现象。为此，考虑让压支护体系对围岩形变能释放的需求，并结合试验段变形预测成果，本次现场试验中应适当提升常规支护构件系统的变形能力。

由钢拱架、喷射混凝土和钢筋网组成的常规支护构件系统，当钢架出现严重翘曲、扭曲乃至折叠时，需对整个支护系统进行拆换，因此，提升钢架系统的变形能力将显得尤为重要与关键。

钢架在理论计算中是难以破坏的，但工程实践表明，受实际施工因素与各支护构件间

（钢架和喷射混凝土）刚度差异等影响，钢架的间距对支护系统的变形能力具有显著的影响，而在木寨岭公路隧道的施工中也观测到 HW175@0.8m 钢拱架容许围岩位移值要明显大于 HW175@0.6m。因此，本次试验段增加钢架间距至 0.8m，型号维持不变，仍为 HW175 型钢拱架；喷射混凝土、钢筋网以及二衬的材料及参数均与原 SVf 设计保持一致。综上，确定试验段常规支护构件系统如表 6.3-1 所示。

表 6.3-1 及时-强-让压支护体系试验段中常规支护构件系统材料与参数

构件名称	钢拱架	喷射混凝土	钢筋网	二次衬砌
材料与参数	HW175 型钢，间距 80cm	C25 早强混凝土，厚度 30cm	$\phi 8$ 直径，间距 15cm×15cm	C30 钢筋混凝土，厚度 55cm

6.3.2　径向让压支护系统几何参数

1. 锚索支护间距确定

锚索支护间距的设计应遵循低密度支护原则。间距加密势必加大施工成本，降低施工功效，过密的间距将人为地破坏岩体完整性，因此，在保证安全与支护效果的前提下，应尽量减小支护间距。

借鉴公路隧道设计规范中对锚杆密度的建议和煤矿巷道设计、施工经验，隧道锚索支护间排距 S 取为 0.6~1.2m。

考虑原 SVf 支护体系锚杆间距为 1.0m×1.0m（纵向×环向），结合钢架间距已调整至 0.8m，确定锚索支护间距为 0.8m×1.0m（纵向×环向），如图 6.3-1 所示。

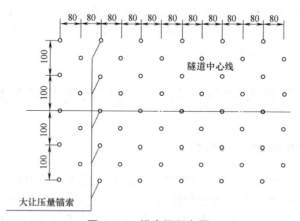

图 6.3-1　锚索间距布置

2. 锚索长度（初步）确定

借鉴 Hoek 关于隧道开挖后围岩支护锚杆长度与塑性区的位置关系，即锚杆长度尽可能超过加固后的围岩变形塑性区范围以保证开挖面安全，可以用来估算锚索长度。

（1）常规支护构件系统支护力预估

根据本书第 2.5.1 节 "1. 支护结构的力学特性"，按修改后的试验段初期支护，即钢拱架 HW175 型钢，间距 80cm/榀；喷射 C25 早强混凝土，厚度 30cm；计算支护力如表 6.3-2 所示。

拟定及时-强-让压支护体系试验段中常规（初期）支护构件系统的支护力　　表 6.3-2

支护体系	及时-强-让压支护	
支护构件	喷射混凝土	钢拱架
支护材料与参数	C25@28cm	HW175@0.8m
计算支护力(MPa)	0.454	0.225
	0.679	

（2）支护作用下的塑性区大小预测及锚索长度确定

软岩工程中锚索的预应力普遍为 200～300kN，按 0.8m×1.0m 间距布设计算，则锚索可提供的支护力 $p_{im}=0.25\sim0.375$MPa。初期支护所能提供总的支护力 $p_i=0.93\sim1.05$MPa，取 $p_i=1.05$MPa。采用本书第 6.2.2 节中的 3 种半经验半理论方法计算，结果如表 6.3-3 所示。

拟定及时-强-让压支护体系试验段中的塑性区大小（$p_i=1.05$MPa）　　表 6.3-3

ZK218+448～+488	塑性区厚度(m)
方法 1	5.08
方法 2	12.25
方法 3	9.56

由表 6.3-3 可以看出：对应 $p_i=1.05$MPa 时，3 种计算方法得到塑性区厚度（$H=r_p-r_0$），分别为 5.08m、12.25m、9.56m。考虑到半理论半经验方法的不确定性较大，在此推荐采用预应力让压锚索长度在 5～12m 范围。

3. 锚索短、长组合设计

为进一步明确锚索长度，并研究短长锚索组合的支护效果等，在锚索长度（初步）确定的基础上，采用 Flac3D 软件分别模拟计算 5m 锚索、10m 锚索、12m 锚索、5m+10m 锚索、5m+12m 锚索 5 种支护工况下的隧道开挖后的塑性区分布和围岩变形情况。

（1）计算模型与参数

考虑到工程实际和所要研究的问题，计算模型初期选取（准）二维对称结构。模型尺寸如下：模型坐标系原点位于隧道中心点处，X 方向为模型宽度方向，取 172m；Y 方向为隧道掘进方向，取 1m；Z 方向为竖直深度方向，取 170m，开挖轮廓为 SVf 型开挖断面，如图 6.3-2 所示。

根据实测地应力数据推算，模拟计算取水平应力为 17MPa，竖向应力为 14MPa，如图 6.3-3 所示。

围岩模拟采用 M-C 模型。根据木寨岭公路隧道的地勘资料、公路隧道设计规范中 V 级围岩参数的建议值以及开展的岩体物理力学特性试验，计算参数如表 6.3-4 所示。

围岩计算参数取值　　表 6.3-4

模型名称	弹性模量 E(GPa)	黏聚力 c (MPa)	内摩擦角 φ(°)	泊松比 ν	重度 γ (kN·m^{-3})
M-C	1.1	0.55	26	0.35	27

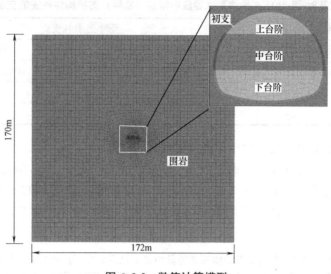

图 6.3-2　数值计算模型

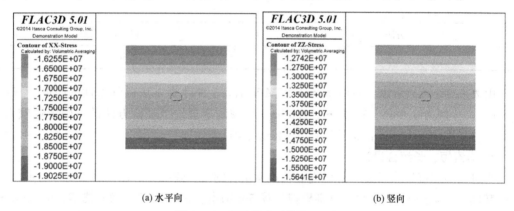

(a) 水平向　　　　　　　　　　　(b) 竖向

图 6.3-3　初始应力（单位：Pa）

锚索模拟采用 cable 单元，环向支护间距设定为 1.0m，物理力学参数如表 6.3-5 所示。部分工况锚索布置形式如图 6.3-4 所示。

锚索物理力学参数　　　　　　表 6.3-5

弹性模量 E(GPa)	屈服力 (kN)	树脂外周长 (m)	树脂粘结力 (kN/m)	树脂摩擦角 (°)	树脂刚度 (MPa)
195	513	0.0942	500	23.5	200

（2）计算结果与分析

1）塑性区分析

由图 6.3-5 可以看出：

① 等长锚索支护下，随锚索长度的增加，塑性区分布逐渐减小。

② 短长锚索组合支护方案中，5m+10m 和 5m+12m 锚索方案的塑性区分布优于等长锚索方案，且 5m+10m 和 5m+12m 方案的塑性区范围接近。

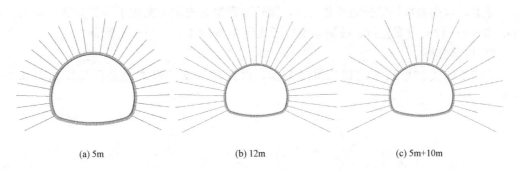

(a) 5m   (b) 12m   (c) 5m+10m

图 6.3-4　锚索布置形式

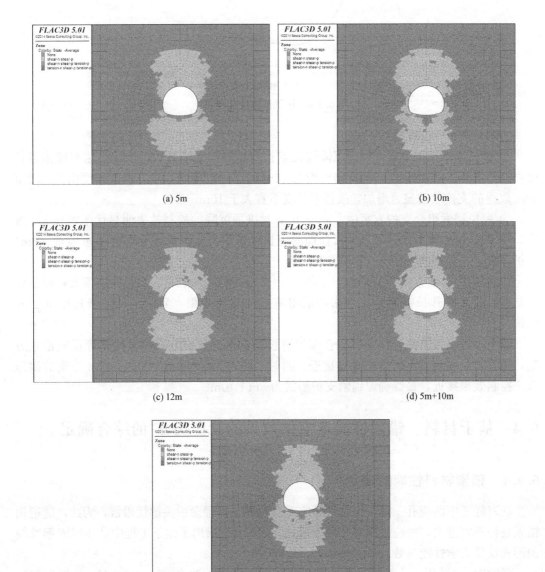

(a) 5m   (b) 10m

(c) 12m   (d) 5m+10m

(e) 5m+12m

图 6.3-5　围岩塑性区分布

综上，以围岩塑性区分布变化而言，短长锚索组合支护方案优于等长方案，且5m＋10m和5m＋12m方案接近，故锚索支护形式优选5m＋10m，短长比例为1∶2。

2）位移分析

提取不同支护形式下的拱顶沉降数据，得到其与支护形式的关系曲线如图6.3-6所示。

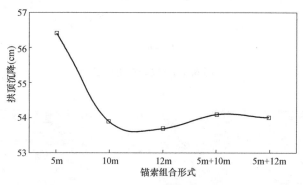

图6.3-6 拱顶位移变化曲线

由图6.3-6可以看出：

① 等长锚索支护方案，拱顶沉降随锚索长度增加而逐渐减小，但减小速率随锚索长度增加而下降。对比锚索长度由10m增至12m的拱顶沉降减小量，锚索长度由5m增至10m取得的支护效益显著增加，故锚索长度不宜大于10m。

② 短长锚索组合支护方案中，5m＋10m对拱顶沉降的控制效果明显优于等长5m方案，与等长10m方案接近，显示出合理的短长锚索组合支护方案显著优于短锚索（5m）支护方案，与长锚索（10m）支护方案接近。

③ 对比短长锚索组合支护方案中的5m＋10m和5m＋12m，二者的拱顶沉降控制效果基本一致，提升长锚索的长度未能取得有效的支护效果，显示出长锚索长度以10m为优。

综上，以拱顶沉降变化而言，合理的短长锚索组合支护方案明显优于等长短锚索方案，与等长长锚索方案的支护效果接近。同时，鉴于5m＋10m和5m＋12m方案的拱顶沉降控制效果接近，最终确定锚索支护形式为5m＋10m。

6.4 基于材料、锚固性能及支护效果的让压力 F 的综合确定

6.4.1 锚索材料性能的确定

软岩隧道中的成孔工效与可靠性是实现及时强支护理念的关键性因素，为此，隧道用锚索直径不宜过大，并应采用单孔单束形式。表6.4-1给出了地下工程中常用锚索钢绞线的形式及其力学性能参数。

现阶段，（矿用）小型预应力加载机具的加载能力普遍在250～400kN（性能稳定），为此，1×19W-28.6mm-1720MPa锚索材料性能富余较多，且要求的锚孔直径偏大（＞45mm），不推荐采用。1×19S钢绞线可视为常规1×7钢绞线的改良版，一般具有更好

锚索钢绞线参数　　　　　　　　表 6.4-1

序号	钢绞线结构	公称直径(mm)	公称抗拉强度(MPa)	最大力 R_u (kN) ≥	屈服力(kN) ≥	最大力总伸长率(%) ≥	最大设计承载力 N_t (kN) ≥
1	1×7	15.2	1860	260	229	3.5	165
2	1×7	17.8	1860	355	311	3.5	225
3	1×7	18.9	1860	409	360	3.5	259
4	1×7	21.6	1860	530	466	3.5	336
5	1×19S	17.8	1860	387	341	3.5	227
6	1×19S	19.3	1860	454	400	3.5	266
7	1×19S	20.3	1860	504	444	3.5	296
8	1×19S	21.8	1860	583	513	3.5	369
9	1×19W	28.6	1720	915	805		536

注：1. 表中屈服力对应条件屈服强度 $\sigma_{0.2}$；
　　2. 最大设计承载力的计算参照《矿用锚索》MT/T 942—2005 附录 B 的公式，$N_t = 0.95 R_u / 1.5$。

的承载能力与延伸率，锚索形式应选择 1×19S。进一步，考虑到强支护，锚索的可安全加载性能应与机具加载能力匹配，即要求选用的锚索材料可安全加载至 250~400kN。综上，结合不同直径 1×19S 锚索的最大设计承载力 N_t，锚索形式选择为 1×19S-21.8mm-1860MPa，与设计研发的大让压量锚索一致。

6.4.2 "锚索-树脂-围岩"锚固性能的测试及分析

让压力的最终确定，既取决于锚索体的材料性能，也取决于锚索-树脂-围岩间的锚固力。为此，选择在典型围岩大变形段落开展不同锚索长度和锚固长度下的拉拔力测试。

（1）试验里程与围岩特性

拉拔试验在木寨岭公路隧道里程 YK218+030~+020 上、中台阶开展，该段拱顶累计下沉约 120~210mm、拱腰收敛达 400~520mm。区段内岩性主要为薄层状炭质板岩（夹砂质板岩），层厚 1~20cm，如图 6.4-1 所示，岩块的点荷载换算强度为 23.3~33.4MPa。

图 6.4-1 典型掌子面围岩

(2) 试验材料

为避免试验载体过早屈服失效,导致难以得到锚固系统的最大锚固力,试验用载体选择为端头鸟笼形锚索,如图 6.4-2(a)所示,鸟笼段长度 1.2m,含 4 节鸟笼形膨胀节,最大直径 34mm;常规段为 1×19S-21.80mm-1860MPa 锚索,整体屈服强度≥513kN。选择 CKb3540 树脂锚固剂,如图 6.4-2(b)所示,产品参数如表 6.4-2 所示,符合《树脂锚杆 第 1 部分:锚固剂》MT 146.1—2011 要求。

(a) 鸟笼形锚索　　　　　　　　(b) CKb3540 树脂锚固剂

图 6.4-2　试验材料

树脂锚固剂参数　　　　　　　　表 6.4-2

名称	类型	直径(mm)	长度(cm)	凝胶时间(s)	等待安装时间(s)	弹性模量(GPa)	抗压强度(MPa)
CKb3540	超快速	35	40	26~40	30~60	12~20	60~80

(3) 试验工况、设备及过程

根据研究目的,试验共进行 3 组(每组 2~3 根),试验拉拔工况如表 6.4-3 所示。

拉拔工况　　　　　　　　表 6.4-3

试验组号	锚索类型	锚孔深度(m)	锚固长度(m)
A	鸟笼形锚索	5.0	0.68(2 节锚固剂)
B		5.0	1.02(3 节锚固剂)
C		10.0	1.02(3 节锚固剂)

试验采用锚杆钻机打设 φ45mm 锚孔;采用 ZQS-50/2.3S 型气动手持式钻机[图 6.4-3(a)]搅拌锚固;锚固 15min 后,采用 45t 手动油压穿心千斤顶(MQ22-450/60)

(a) 钻机　　　　　　　　(b) 千斤顶拉拔

图 6.4-3　锚固与加载设备

进行拉拔［图 6.4-3（b）］，过程中每加载 25kN，记录 1 次端部位移数据；设定锚固失效准则为测力表读数难以上升或出现下降，且端部位移快速增长。

（4）试验结果与分析

通过现场拉拔试验获取不同锚固长度下锚索的荷载-位移（P-S）曲线如图 6.4-4 所示（数据取每组 2~3 根的平均值）。

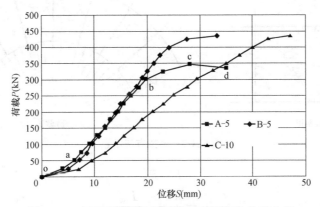

图 6.4-4　不同锚固长度下树脂锚索的荷载-位移曲线

由图 6.4-4 可以看出：

1）不同锚固长度的锚索拉拔过程中均包含三个阶段（以 A-5 曲线为例）：

① 压密调整阶段（oa 段）：P-S 线曲率逐渐增大，位移主要来自锚固界面的弹性变形和垫板与围岩面的位移之和。

② 弹性阶段（ab 段）：P-S 线曲率基本不变，位移主要来自锚固界面的弹性变形，b 点为弹性极限，荷载为（弹性）锚固力 P_e。

③ 屈服强化阶段（bc 段）：P-S 线曲率降低，荷载随位移继续增长，表现出一定的强化特性，位移主要来自锚固界面的塑性变形（扩展），c 点为加载极限值。

④ 破坏失效阶段（cd 段）：P-S 线曲率继续降低，荷载随位移增长基本不变或降低［注：B-5 和 C-10 因拉拔极限值超过仪器量程（450kN），不包含此阶段］。

2）A-5-0.68 组、B-5-1.02 组和 C-10-1.02 组的弹性阶段最大锚固力依次为 300kN、400kN 和 425kN，可见，木寨岭公路隧道薄层炭质板岩中 0.5m 树脂锚固长度的锚固力可达到 300kN 以上，相应的 1.0m 左右锚固长度的弹性阶段锚固力达到 400kN 以上，极限锚固力超过 450kN。

综上，按 1.5 倍安全系数考虑最大加载预应力，即锚索加载的预应力应在 300kN 以内。

6.4.3　基于数值仿真的让压力 F 的最终确定

在明确锚索材料性能与围岩锚固性能的基础上，通过分析不同预应力对围岩支护效果及其力学性能的影响，确定出锚索系统适宜的加载预应力及让压力。

（1）预应力锚杆（索）的模拟

如图 6.4-5 所示，采用一对作用在锚端的集中力和均布力来模拟预应力锚索对围岩的加固效果；对应内锚固段压缩效果以集中力 F 的方式实现，大小等于施加的预应力值，按式（6.4-1）计算；外锚固端考虑垫板等辅助构件的预应力扩散效应，将其简化为作用在围岩表面的均布力σ_r，按式（6.4-2）计算，环向作用范围等同锚杆（索）布设范围。

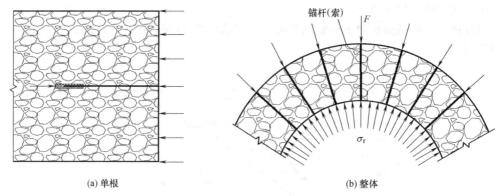

(a) 单根　　　　　　　　　(b) 整体

图 6.4-5　模拟方法示意

$$F = P_r \tag{6.4-1}$$

$$\sigma_r = \frac{P_r}{a \cdot b} + \frac{P_w}{a \cdot b} \tag{6.4-2}$$

式中，σ_r 为施加于洞壁上的平均径向（换算）压应力；P_r 为锚杆（索）的预紧力；P_w 为锚杆（索）的工作荷载，计算中可取为设计承载力；a、b 分别为锚杆（索）的间距和排距。

（2）仿真模型建立与计算工况设定

确定锚索支护方案为 5m＋10m 的短、长锚索组合支护方案（图 6.4-6），材料选定为 1×19S-21.80mm-1860MPa 锚索。结合锚索的力学性能与现场锚固拉拔测试试验，设定 5m 锚索和 10m 锚索的预应力取值区间如表 6.4-4 所示。

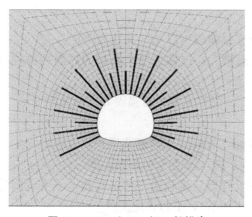

图 6.4-6　5m＋10m 短、长锚索支护方案计算模型

5m 锚索和 10m 锚索的预应力取值区间　　　　表 6.4-4

5m 锚索(kN)	预应力/拉断力	10m 锚索(kN)	预应力/拉断力
50	9.5%	150	28.6%
100	19.1%	200	38.2%
150	28.6%	250	47.7%
200	38.2%	300	57.3%
250	47.7%	350	66.8%
300	57.3%		

计算取环向支护间距 1m，锚索尾部锚固长度为 1m，端部节点固定，其余为锚索自由段，用于施加预应力；外露端部施加预应力所对应的均布力。

(3) 计算结果与分析

提取短（5m）、长（10m）锚索不同预应力组合下的拱顶沉降数据（表 6.4-5），得到其与预应力组合的关系曲线如图 6.4-7 所示。

不同预应力组合下的拱顶沉降　　　　　　表 6.4-5

组合形式(kN)	50+150	50+200	50+250	50+300	50+350	100+150	100+200	100+250	100+300	100+350	150+150	150+200
拱顶沉降(cm)	44.3	42.8	41.7	40.7	39.4	43.2	41.8	40.8	39.9	39.3	42.2	41.1
组合形式(kN)	150+250	150+300	150+350	200+250	200+300	200+350	250+250	250+300	250+350	300+300	300+350	
拱顶沉降(cm)	40.0	39.3	38.5	38.9	38.5	37.3	38.2	37.6	36.6	36.4	35.8	

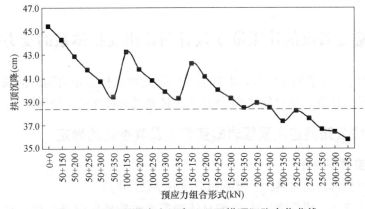

图 6.4-7　不同预应力组合工况下拱顶沉降变化曲线

由图 6.4-7 可以看出，随锚索预应力增加，拱顶沉降量逐渐减小，其中，预应力组合 300kN+350kN 为最佳工况，对围岩变形的控制效果最优。从对拱顶沉降的控制效果上分析，锚索预应力超过 200kN 后，随预应力增大，对围岩位移控制效果才减弱，故锚索的预应力值应不小于 200kN。结合现场锚索拉拔的具体情况，暂定预应力为 200～300kN。

进一步分析短锚索预应力和长锚索预应力对围岩变形的具体影响，得到短锚索预应力为 50kN，长锚索预应力从 150kN 变化到 250kN 时的拱顶沉降变化曲线如图 6.4-8 所示；得到长锚索预应力为 250kN，短锚索预应力从 100kN 变化到 200kN 时的拱顶沉降变化曲线如图 6.4-9 所示。

由图 6.4-8 可以看出，当短锚索预应力不变时，拱顶沉降随长锚索预应力增加呈线性减小。长锚索预应力由 150kN 增至 250kN 时，拱顶沉降量减小了 2.6cm，支护效果明显。

由图 6.4-9 可以看出，当长锚索预应力不变时，拱顶沉降随短锚索预应力增加呈线性减小。短锚索预应力由 100kN 增至 200kN 时，拱顶沉降量减小了 1.9cm，支护效果较明显。

综上，增加短锚索和长锚索的预应力均能有效减小围岩位移。相较而言，增加长锚索的预应力起到的支护效果更明显。因此，建议 5m、10m 锚索预应力为 250kN，且施工中

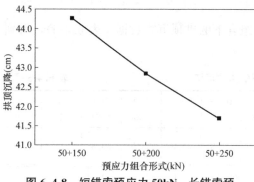

图 6.4-8　短锚索预应力 50kN，长锚索预应力变化时的拱顶沉降变化曲线

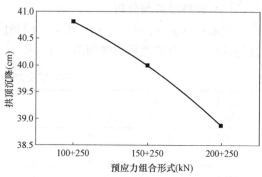

图 6.4-9　长锚索预应力 250kN，短锚索预应力变化时的拱顶沉降变化曲线

应优先保证长锚索预应力的施加。如此，让压力的大小可适当大于预应力，但需在安全锚固力范围内，取值 300kN。

6.5　基于蠕变效应的让压量 δ 设计与让压支护体系的受力特性分析

在第 6.3 节、6.4 节的基础上，本节引入隧道支护结构施作后围岩的长期蠕变效应，开展适宜让压量的计算，并对及时-强-让压支护体系受力特性进行分析研究。

6.5.1　木寨岭公路隧道炭质板岩蠕变模型及其参数的确定

1. 岩石蠕变模型简介

岩石蠕变模型常由胡克体、牛顿体和圣维南体联合组成。

（1）弹性元件——胡克体（H）。胡克体通常表示物体的弹性特征，常用弹簧表示，如图 6.5-1（a）所示，应力 σ-应变 ε 关系服从胡克定律：

$$\sigma = E \cdot \varepsilon \tag{6.5-1}$$

式中，E 为材料的弹性模量。

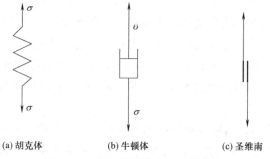

(a) 胡克体　　(b) 牛顿体　　(c) 圣维南

图 6.5-1　蠕变模型基本组成元件体

（2）黏性元件——牛顿体（N）。牛顿体通常表示物体的黏性特征，常用黏壶表示，如图 6.5-1（b）所示，应力 σ-应变速率 $\dot{\varepsilon}$ 关系呈正相关：

$$\sigma = \eta \cdot \dot{\varepsilon} \tag{6.5-2}$$

式中，η 为黏滞系数。

(3) 塑性元件——圣维南体（V）。圣维南体通常表示物体的塑性特征，常用摩擦滑块表示，如图 6.5-1（c）所示，本构方程为：

$$\begin{cases} \sigma < \sigma_s, \varepsilon = 0 \\ \sigma \geqslant \sigma_s, \varepsilon \to \infty \end{cases} \quad (6.5\text{-}3)$$

式中，σ_s 为极限摩阻力。

2. 木寨岭公路隧道炭质板岩蠕变模型及参数确定

根据相关学者针对木寨岭隧址区域开展的关于炭质板岩的蠕变特性试验研究，可知该炭质板岩蠕变曲线具有下述特征：

（1）在各级应力荷载作用下，岩样均产生了瞬时变形，故蠕变模型中应存在胡克体以反映瞬时弹性应变。

（2）在各级应力荷载作用下，岩样蠕变应变有随时间增加而增大的趋势，故蠕变模型中应包含牛顿体。

（3）蠕变产生后卸荷，部分应变不恢复，故蠕变模型中应包含塑性体。

（4）应力水平较低时，岩样蠕变应变增加缓慢，蠕变速率逐渐趋于零。

（5）应力水平较高时，岩样发生破坏，但加速蠕变现象不明显。

综合上述蠕变特征和地勘报告，采用既能描述岩石的黏弹性蠕变状态，又能描述等速蠕变破坏的 Cvsic 模型。Cvsic 模型是由麦克斯维尔体（Maxwell）、开尔文体（Kelvin）和 M-C 塑性体串联而成的黏弹塑性模型，如图 6.5-2 所示。图中，E_M、E_K 分别为 Maxwell 弹性模量和 Kelvin 弹性模量；η_M、η_K 分别为 Maxwell 动力黏度和 Kelvin 黏度；σ_t 为抗拉强度；σ 为总应力。

当 $\sigma < \sigma_t$，M-C 塑性体无应变，Cvisc 蠕变模型退化为 Burgers 蠕变模型，一维蠕变方程为：

$$\varepsilon = \frac{\sigma}{E_M} + \frac{\sigma_t}{\eta_M} + \frac{\sigma}{E_K}\left[1 - \exp\left(-\frac{E_K}{\eta_K}t\right)\right] \quad (6.5\text{-}4)$$

当 $\sigma > \sigma_t$，一维蠕变方程为：

$$\varepsilon = \frac{\sigma}{E_M} + \frac{\sigma_t}{\eta_M} + \frac{\sigma}{E_K}\left[1 - \exp\left(-\frac{E_K}{\eta_K}t\right)\right] + \varepsilon_p \quad (6.5\text{-}5)$$

式中，ε_p 为塑性应变。

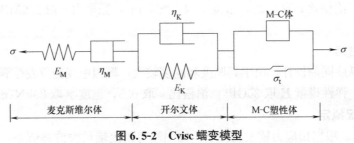

图 6.5-2 Cvisc 蠕变模型

结合已开展的炭质板岩蠕变特性试验成果和木寨岭公路隧道施工过程中的围岩位移表现，炭质板岩的蠕变参数取值如表 6.5-1 所示。

炭质板岩蠕变参数 表 6.5-1

围岩岩性	Maxwell 剪切模量 G_M(GPa)	Maxwell 黏度 η_M (GPa·h)	Kelvin 剪切模量 G_K(GPa)	Kelvin 黏度 η_k (GPa·h)
炭质板岩	1	8300	2	138

6.5.2 计算参数与工况拟定

1. 计算参数选取

（1）预应力让压锚索

按照预留一定安全储备的要求，结合前述分析，确定本次数值模拟中预应力让压锚索的让压力为 300kN，预应力为 250kN。锚索长度及组合形式为 5m+10m 短长组合，锚索支护间距为 100cm×80cm（环×纵）。

模拟中对于预应力让压锚索让压力的处理如下：开挖计算首先设定锚索屈服力为 300kN，并监测锚索锁定端与锚固端的围岩位移，当监测到（设置 if 条件）二者位移差超过预设让压量后，自动调整锚索强度至 550kN，直至计算完成。

（2）围岩体

围岩体本构模型采用 Cvsic 蠕变模型，蠕变参数同表 6.5-1。考虑预应力作用影响，开挖轮廓面径向 0～10m 深度围岩体弹塑性参数设置为线性变化，10m 外参数恒定，弹塑性参数 E、c 设置如表 6.5-2 所示。

计算模型 E、c 参数设置 表 6.5-2

至洞壁距离(m)	弹性模量 E(GPa)	黏聚力 c(MPa)
0	1.23	0.5
10	1.45	1.25
>10	1.45	1.25

（3）初期支护

根据原设计参数，取消锚杆，并将钢架间距调整至与锚索布置相匹配，即纵向间距调整为 0.8m；喷射 C25@28cm 早强混凝土不变，模拟中将钢架与喷层采用等效刚度法处理为实体单元。同时，鉴于围岩大变形，初期支护实体单元采用弹塑性本构模型，弹性模量 E 取 27.6GPa，泊松比 ν 取 0.25，重度 γ 取 22kN/m³，黏聚力 c 取 2.0MPa，内摩擦角 φ 取 35°。

（4）二次衬砌

二次衬砌厚度同原设计。由于其厚度和刚度较大，模拟中视为仅发生弹性变形，采用弹性本构模型，弹性模量 E 取 30GPa，泊松比 ν 取 0.3，重度 γ 取 25kN/m³。

2. 计算工况拟定

（1）工况1：根据预应力锚索支护下，锚固端与锁定端最大位移值差，考虑喷层和钢架的支护作用，让压量先取 20cm，计算得到围岩、初支与二衬的变形量、应力分布规律及让压锚索轴力。

（2）工况2：调整、试算让压量，使得隧道开挖变形稳定后，二衬所发生的位移，以及二衬内产生的内力比较小。

（3）计算分析步：

1）模型地应力平衡。

2）开挖与初期支护模拟。采用 Cvsic 黏弹塑性本构模型，隧道开挖后及时施加初期支护，包括让压锚索及初支。本分析步时间取 2 个月，即 1440h。

3）二衬支护模拟。为保证模拟计算中围岩变形发展完全，本分析步时间取 10 个月，即 7200h。

6.5.3 让压量不足时的让压支护体系受力特性分析

数值计算结果显示锚索让压量为 20cm 时，即工况 1 的整体让压量不足，位移与支护结构受力等呈现如下特征。

（1）围岩与支护位移

1）由图 6.5-3（a）可知，1 年后，隧道围岩最大位移为 36.8cm，最大位移区域主要分布于隧道开挖断面上部。

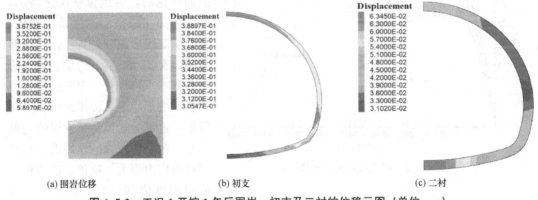

(a) 围岩位移　　　　　　　　(b) 初支　　　　　　　　(c) 二衬

图 6.5-3　工况 1 开挖 1 年后围岩、初支及二衬的位移云图（单位：m）

2）由图 6.5-3（b）可知，初期支护最大位移为 38.9cm，主要分布于拱顶、拱腰及边墙等部位。

3）由图 6.5-3（c）可知，二次衬砌位移最大值发生在底部，为 6.35cm，整体位移量超过 3cm。

（2）支护结构受力特征

1）由图 6.5-4（a）可知，1 年后，10m 让压锚索及边墙以下部位的 5m 让压锚索均已达到承载能力极限值，锚固安全性与可靠性低，究其原因，10m 让压锚索锚固端与锁定端的位移差均已超过让压量。同时，边墙以下部位的围岩位移沿径向收敛速度明显大于上半断面围岩，故 5m 让压锚索也达到承载能力极限值。

2）由图 6.5-4（b）可知，初期支护中应力较大，最大值达 15.64MPa，应力较大区域主要集中于拱脚至边墙区域。

3）由图 6.5-4（c）可知，二次衬砌中应力非常大，最大值达 71.4MPa，鉴于二衬作为支护系统中最后承载体，存在如此大的应力，有可能导致二衬开裂破坏，说明让压量明显偏小，即让压锚索过早地进入"材料强度"支护阶段（模拟中不考虑锚索失效），围岩

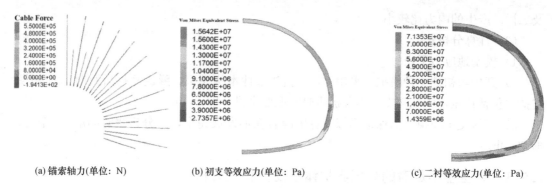

(a) 锚索轴力(单位：N)　　(b) 初支等效应力(单位：Pa)　　(c) 二衬等效应力(单位：Pa)

图 6.5-4　工况 1 隧道开挖 1 年后锚索轴力与初支、二衬等效应力云图

能量未得到充分释放。

（3）围岩长期稳定性

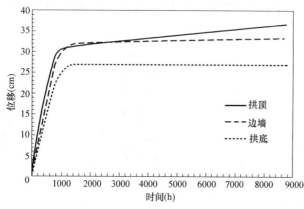

图 6.5-5　测点位移时程曲线

图 6.5-5 反映了隧道开挖后，洞壁处围岩位移随时间发展情况。断面开挖后，各点位移快速增加，围岩内部向临空面产生挤压作用，从而引起围岩流变，各点位移逐渐发展。至 1500h 后，边墙和拱底的位移基本不再增长，表明这部分围岩已经变形稳定。而拱顶位移仍在发展，这部分岩体持续发展的变形将对二衬产生较大的作用力，导致二衬内应力很大。拱顶、边墙和拱底的最终位移（1 年后）分别为 37cm、33cm 和 27cm。

6.5.4　适宜让压量下让压支护体系受力特性分析

让压量适宜时（设定锚索让压量为 35cm），即工况 2 的让压量实现了较好的支护效果时，位移与支护结构受力等呈现如下特征。

（1）围岩与支护位移

1）由图 6.5-6（a）可知，1 年后，隧道围岩最大位移为 46.4cm，最大位移区域主要分布于隧道开挖断面拱脚以上部位。

2）由图 6.5-6（b）可知，初期支护最大位移为 49.1cm，主要分布于拱脚部位。

3）由图 6.5-6（c）可知，二次衬砌位移云图分布较均匀，量值为 8.7～9.9mm，小于 1.0cm。

（2）支护结构受力特征

1）由图 6.5-7（a）可知，1 年后，5m、10m 让压锚索均未达到承载能力极限值，仍处于让压阶段（300kN），锚固安全性与可靠性高，原因在于锚固端与锁定端的位移差小于设计让压量。

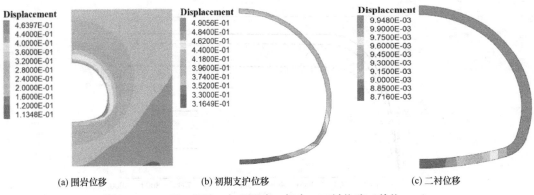

(a) 围岩位移　　　　　　(b) 初期支护位移　　　　　　(c) 二衬位移

图 6.5-6　工况 2 开挖 1 年后围岩、初支、二衬位移（单位：m）

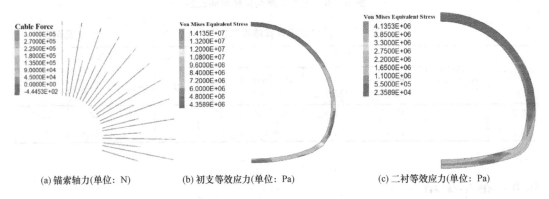

(a) 锚索轴力(单位：N)　　(b) 初支等效应力(单位：Pa)　　(c) 二衬等效应力(单位：Pa)

图 6.5-7　工况 2 隧道开挖 1 年后锚索轴力与初支、二衬等效应力云图

2）由图 6.5-7（b）可知，初期支护中应力较大，最大值达 14.13MPa，应力较大区域主要集中于拱脚至边墙区域。

3）由图 6.5-7（c）可知，二次衬砌中应力非常小，最大值为 4.13MPa，且应力分布较均匀，没有明显的应力集中现象，说明通过相对较大的变形，围岩形变能得到有效的释放，二衬受力得到了显著改善。

（3）围岩长期稳定性

图 6.5-8 反映了隧道开挖至 4000h 后，各测点位移基本不再增长，显示围岩已经变形稳定，拱顶、边墙和拱底的最终位移（1 年后）分别为 45cm、42cm 和 35cm。

（4）与让压量不足时的对比分析

表 6.5-3 给出了工况 1、2 的计算结果对比，可看出，20cm（锚索）让压量明显偏小，大部分让压锚索达到支护材料强度值 550kN，二衬受力也超过材料性能值。而当（锚索）让压量调整至 35cm 时，相应围岩变形量有所增加，最大值为 45cm，此时的让压锚索处于让压吸能支护阶段，同时二衬受力也符合要求。

需要说明的是，一般让压支护设计中，认为让压量即预留变形量，这在传统的环向让压支护设计中是正确的，但对于以让压锚索等为载体的让压支护体系，让压量指的是让压锚索的让压（发生）量，即洞壁围岩位移（预留变形量）减去让压锚索锚固端位移后的量值。因此，就表 6.5-3 而言，当设定让压锚索的让压量为 35cm 时，对应的围岩预留变形量应设置为不小于断面最大位移量 47cm，而非对应锚索让压量。

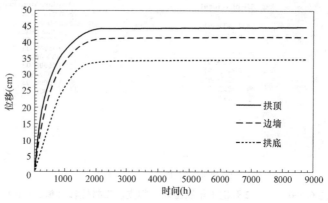

图 6.5-8 工况 2 测点位移时间曲线

两种工况计算结果对比　　　　表 6.5-3

工况编号	(锚索)让压量(cm)	支护受力			围岩位移(cm)			支护最大位移(cm)	
		初支(MPa)	二衬(MPa)	让压锚索(kN)	拱顶	边墙	拱底	初支	二衬
工况 1	20	15.6	71.3	550(300)	37	33	27	38.9	6.35
工况 2	35	14.1	4.1	300	47	42	35	49.1	0.99

6.6　本章小结

本章以木寨岭公路隧道为工况依托，开展了及时-强-让压关键设计参数的研究，形成了及时-强-让压支护设计方法。得到主要研究成果如下：

(1) 提出了软岩大变形隧道中让压支护关键设计理论，指出让压支护体系的变形协调及稳定性问题以及让压点、让压量的设计是让压支护设计的关键。明确了及时-强-让压支护体系的关键设计施工参数的确定思路，提出了常规支护构件系统参数、径向让压支护系统几何参数、锚索支护系统预应力、让压力和让压量的计算分析流程。

(2) 提出了让压支护体系试验段落选择的两阶段方法，即首先通过工程类比确定出试验段落，其后采用经验与理论等多种变形预测方法对区段的变形作具体分析预测，对初选试验段的适宜性进行复核。

(3) 基于及时-强-让压支护体系的关键设计施工参数确定流程，确定试验段落 ZK218+448～+488 的让压支护体系参数为：

1) 常规支护构件系统：H175 型钢间距 80cm；C25 早强喷射混凝土，厚 30cm；$\phi 8$ 直径钢筋网，间距 15cm×15cm；C30 钢筋混凝土二次衬砌，厚 55cm。

2) 径向让压支护系统参数：支护间距为 0.8m×1.0m（纵向×环向）；长度及组合形式为 5m+10m；预应力 250kN；让压力 300kN；让压量＞35cm。

(4) 适宜的让压量可使及时-强-让压支护体系受力趋向安全、可靠。本次支护计算中，当取让压量 20cm 时，二衬最大受力为 71.3MPa；当取让压量 35cm 时，二衬最大受力仅为 4.1MPa。

第7章 及时-强-让压支护体系在木寨岭公路隧道中的应用实践

为验证及时-强-让压支护体系在软岩隧道中的变形控制效应，在既定的试验段依据前述章节确定的关键设计参数开展了及时-强-让压支护体系的现场试验研究，通过对试验过程中围岩变形特征、结构受力特性、让压滑移特性等指标的监控与分析，评价及时-强-让压支护体系作用下木寨岭软岩隧道大变形段的围岩-结构稳定性与支护结构安全性特征，进而揭示及时-强-让压支护体系在软岩隧道中的适用性与可靠性。

7.1 软岩隧道中及时-强-让压支护体系方案设计

7.1.1 关键设计参数

及时-强-让压支护体系关键设计参数根据第6章的研究，确定如下：
(1) 大让压量锚索支护间距实际施工中环向间距100cm，纵向间距80cm，每环23根；
(2) 大让压量锚索支护形式定为5m+10m短长组合形式，纵向交替布置，即沿隧道纵向一环5m锚索，一环10m锚索；
(3) 大让压量锚索预应力为250kN，让压力为300kN，让压量要求不小于35cm；
(4) 预留变形量要求大于47cm；
(5) 采用树脂锚固＋注浆锚固相结合形式，树脂锚固长度不小于100cm；
(6) 取消锚杆支护。

常规支护技术构件主要为钢拱架、喷射混凝土、钢筋网和二衬，其中钢拱架型号不变，仍为HW175型钢拱架，纵向间距调整至与锚索纵向间距相同，为80cm/榀；喷射混凝土、钢筋网和二衬的材料及参数均与原SVf设计保持一致。及时-强-让压支护体系结构设计如图7.1-1所示。

7.1.2 支护体系结构组成

及时-强-让压支护体系以及时-让压支护理论为基础，并结合隧道已有常规支护构件组合而成。其中，及时-强-让压支护理论的实现以及时-强-让压支护技术为依托，即在及时强支护基础上具备让压功能。

前述第5章中研发的新型大让压量锚索系统就是一种"及时（树脂端锚）＋让压＋永

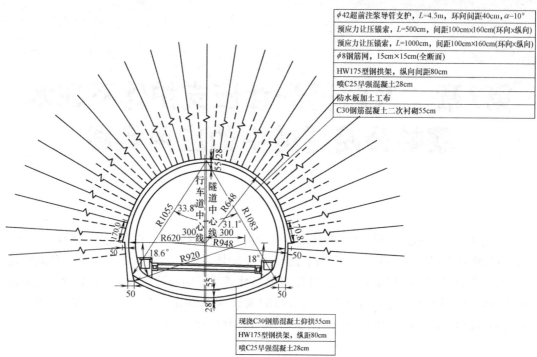

图 7.1-1　ZK218+448～+488 及时-强-让压支护结构设计

久（水泥浆全长锚固）"预应力让压锚固系统，树脂段具备实现快速（强）预应力支护的能力，让压装置实现了锚索自由变形能力，让压完成后的后注浆确保了整个锚固系统在隧道全服役期内发挥可靠的支护效应，依托上述特性，及时-强-让压支护技术的实现将以该锚索为核心载体。

进一步，为尽可能地扩散预应力，取得更佳的支护效果，及时-强-让压支护技术需采用辅助构件，即钢带与网，由此确定及时-强-让压支护技术的最终形式为"锚网带"形式，"锚"为大让压量锚索，"带"为应用最广、预应力扩散效果较好的"W 钢带"[图 7.1-2(a)]，"网"考虑（大）变形能力选用柔性勾花网（菱形金属网）[图 7.1-2(b)]。

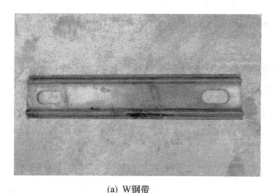
(a) W 钢带

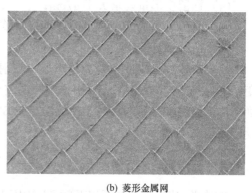
(b) 菱形金属网

图 7.1-2　锚固系统协同支护构件

本次研究提出的及时-强-让压支护技术，如图 7.1-3 所示，由"大让压量锚索系统+W 钢带+柔性勾花网"等构件组成，该支护技术在实现高强预应力快速施加的同时，也具有实现预应力由"点"到"线"至"面"的大范围扩散能力。

(a) 结构形式

(b) 现场应用

图 7.1-3　及时-强-让压支护技术组成

以上述及时-强-让压支护技术为基础,确定及时-强-让压支护体系为:大让压量锚索系统＋W 钢带＋柔性勾花网＋钢筋网＋型钢拱架＋喷射混凝土＋模筑混凝土二衬,其中,钢筋网＋型钢拱架＋喷射混凝土＋模筑混凝土二衬称为常规支护技术。

7.1.3　支护构件材料与规格

(1) 及时-强-让压支护技术构件

1) 锚索体:采用 1×19S-21.8mm-1860MPa 锚索,长度为 500cm 和 1000cm 两种;锚孔直径 45mm。

2) 让压装置:长度 100cm,直径 33～34mm,让压力 300kN,最大让压量 50cm (＞35cm)。

3) 锚固剂:快速锚固段采用 3 节 CKb3540 锚固剂;后注浆采用 0.4 水灰比 P.O42.5 纯水泥浆。

4) 垫板:锚索垫板尺寸为 250mm(长)×250mm(宽)×20mm(厚),中心孔直径 60mm。

5) W 钢带:2 孔一片;长度 1300mm,宽度 280mm,厚度 2.8mm;材质 Q235。

6) 柔性勾花网:型号为 300 号 10cm×10cm。

(2) 常规支护技术构件

1) 钢拱架采用 HW175 型钢拱架。

2) 喷射混凝土采用 C25 早强混凝土。

3) 二衬采用 C30 钢筋混凝土。

7.1.4　基于分部开挖的及时-强-让压支护体系设计

木寨岭公路隧道施工采用三台阶法(图 7.1-4),第 1 台阶高度 300cm,长度控制在 5～8m;第 2 台阶高度 300cm,长度控制在 15～20m;第 3 台阶高度 350～461cm。

1. 上台阶及时-强-让压支护体系设计

1) 开挖进尺:0.8m;扩挖量(预留变形量):50cm(＞47cm)。

2) 采用"锚网带"形式,布置如图 7.1-5 所示。

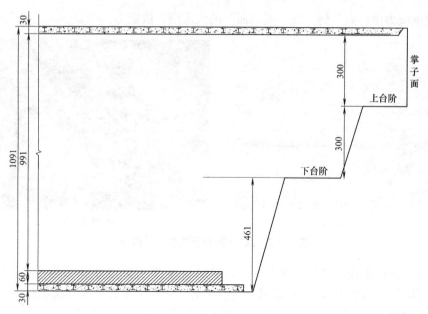

图 7.1-4　三台阶施工方案

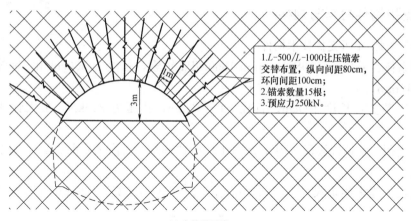

(a) 支护断面图

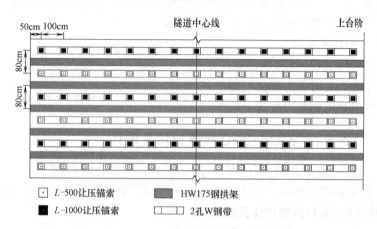

(b) 支护平面图

图 7.1-5　上台阶及时-强-让压支护布置

3）设计说明：①上台阶柔性勾花网需搭接成环；②环向每2根锚索采用W钢带相互连接，要求搭接成环；③断面开挖后即刻进行及时-强-让压支护技术施工，完成后再进行常规支护技术施工；④大让压量锚索施工角度宜与节理面大角度相交；⑤控制左、右两侧最下一根大让压量锚索距台阶0.5m左右。

2. 中台阶及时-强-让压支护体系设计

1）开挖进尺：0.8m；扩挖量（预留变形量）：50cm（>47cm）。

2）采用"锚网带"形式，布置如图7.1-6所示。

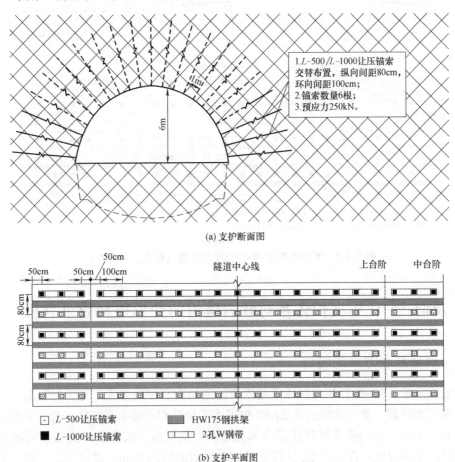

图7.1-6 中台阶及时-强-让压支护布置（含上台阶）

3）设计说明：①环向每2根锚索采用W钢带相互连接；②断面开挖后即刻进行及时-强-让压支护技术施工，完成后再进行常规支护施工；③锚索施工角度宜与节理面大角度相交；④控制左、右侧最上（下）锚索距上（中）台阶0.5m左右。

3. 下台阶及时-强-让压支护体系设计

1）开挖进尺：0.8m；扩挖量（预留变形量）：50cm（>47cm）。

2）采用"锚"形式，布置如图7.1-7所示。

3）说明：①断面开挖后即刻进行及时-强-让压支护技术施工，完成后再进行常规支护施工；②锚索施工角度宜与节理面大角度相交；③控制锚索距中台阶0.5m左右。

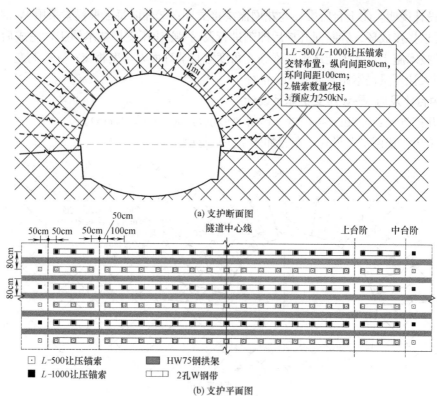

图 7.1-7 下台阶及时-强-让压支护布置（含上、中台阶）

7.2 及时-强-让压支护体系对软岩隧道的变形控制效果分析

7.2.1 现场监测方案的制订

为准确了解及时-强-让压支护体系对软岩隧道的变形控制效果，施工过程每5m设置一个位移监测断面，重点监测拱顶沉降、拱腰水平位移和边墙水平位移；对试验的中间断面 ZK218＋465.2 进一步开展让压锚索轴力监测、钢架内力监测、初支与围岩间压力监测。同时，作为对比，在及时-强-让压支护试验段的前后约20m，每隔5m设置一个位移监测断面，并在试验段完成后的15m处（SVf支护体系），即断面 ZK218＋503，开展钢架内力监测、初支与围岩间压力监测。具体监测断面如表 7.2-1 所示。

试验时选定的典型监测断面　　表 7.2-1

监测项目	断面里程				
	ZK218＋430～＋465(隔5m)	ZK218＋465	ZK218＋465～＋500(隔5m)	ZK218＋503	ZK218＋465～＋505(隔5m)
拱顶沉降	√	√	√	—	√
拱腰、边墙水平位移	√	√	√	—	√
锚索轴力	—	√	—	—	—
钢架内力	—	√	—	√	—
初支与围岩压力	—	√	—	√	—

1. 隧道周边位移监测

（1）监测内容

监测隧道内壁监测点的绝对位移量。

（2）监测目的

1）周边位移是隧道围岩应力状态变化的最直观反映，监测周边位移可为判断隧道空间的稳定性提供可靠的信息；

2）根据变位速度、变位加速度判断隧道围岩的稳定程度，为二次衬砌提供合理的支护时机；

3）判断初期支护设计与施工方法选取的合理性，用以指导设计和施工。

（3）监测方法

在隧道边墙和拱腰设置4个测点，共2条测线（图7.2-1），用全站仪观测测点水平位移。测点应在距开挖面5m的范围内尽快安设，并应保证爆破后24h内或下一次爆破前测读初次读数。

（4）监测频率

至少每日1次，直至二衬施作前。

2. 隧道拱顶沉降监测

（1）监测内容

监测开挖后隧道拱顶下沉位移。

（2）监测目的

1）通过拱顶沉降监测，了解断面的变形状态，判断隧道拱顶的稳定性；

2）根据变位速度判断隧道围岩的稳定程度，为二次衬砌提供合理的支护时机；

3）指导现场设计与施工。

（3）监测方法

在隧道拱顶中央布置一个测点（图7.2-2），用全站仪观测测点沉降变形。测点应在距开挖面5m的范围内尽快安设，并应保证爆破后24h内或下一次爆破前测读初次读数。

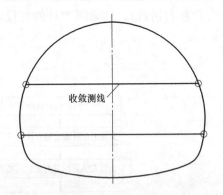

图7.2-1 洞周位移监测测点布置示意图

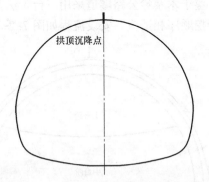

图7.2-2 拱顶沉降监测测点布置示意图

（4）监测频率

至少每日1次，直至二衬施作前。

3. 让压锚索轴力监测

（1）监测内容

监测开挖后让压锚索的轴力变化，了解让压锚索的工作状况。

（2）监测目的

1）判断让压锚索是否发生"让压"；

2）评价隧道围岩的稳定性与安全性，判断让压设计是否合理；

3）指导让压支护设计。

（3）监测方法

在锚索垫板施作完成后，将常用锚索测力计，如图 7.2-3 所示，安装于锚索垫板上，锚索索体从测力计中心开孔处穿过，然后安装锚具，确保测力计的受力面与待测点处的压力方向垂直并平稳固定于垫板与锚具之间。

需要注意的是，当测力计出现明显几何偏心（测力计分测不等值）时，应及时调整，以确保测量读数准确合理，必要时可在测力计量测加设平整钢板以确保其受力均匀、稳定。在锚索测力计完成安装定位后应及时调零，读取初值。

 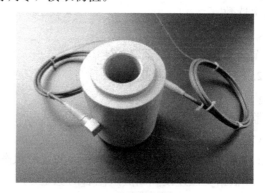

(a) 钢(振)弦式　　　　　　　　(b) 光纤光栅式

图 7.2-3　锚索测力计类型

（4）测点布设

每个监控断面设置 5 个测力计监测让压锚索（杆）轴力，监测点布置如图 7.2-4 所示。

鉴于木寨岭公路隧道采用三台阶法开挖（中台阶左右错台），锚索测力计的安设顺序与开挖顺序相适应，安设流程如图 7.2-5 所示。

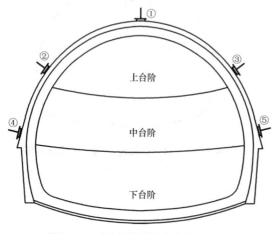

图 7.2-4　测力计监测点布置示意图

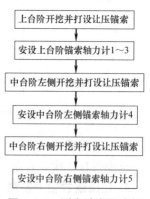

图 7.2-5　测力计安设流程

（5）监测频率

一般情况下，埋设初期 0～7d，监测频率为 1 次/d；7～30d，为 1 次/2d；1～3 个月，为 1～2 次/周；3 个月后，为 1～2 次/月；直至让压锚索轴力达最大收敛值。监测频率应根据监测数据和现场围岩变形实际情况及时调整。

4. 钢拱架受力监测

（1）量测内容

测量钢拱架的应力，监测其受力状态。

（2）量测目的

1）了解钢拱架的实际工作状态，分析钢拱架与其他初支构件的相互关系；

2）判断现行支护体系中钢拱架设计的合理性，为进一步优化钢拱架支护参数提供依据。

（3）监测方法

钢拱架应变测量采用振弦式应变计（图 7.2-6，采用其他可替代仪器或方法亦可）。应变计的一般安装流程为：立完拱架后，调整应变计位置至腹板与翼缘交接位置处（应变计沿拱架轴向布设），然后将应变计两端与腹板点焊牢固，完成应变计的安装。安装过程中务必注意，应变计两端均应焊接于钢拱架腹板，且应沿拱架轴向布设。

图 7.2-6 振弦式应变计

（4）测量元件布设

每个监控断面沿隧道周边设置 5 对应变计进行监测，每对应变计焊接固定于钢拱架腹板上与翼缘交界位置处。监测点布置如图 7.2-7 所示，应变计布置形式如图 7.2-8 所示。

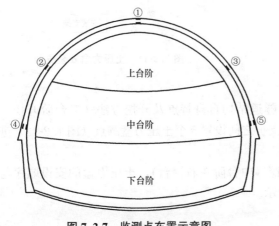

图 7.2-7 监测点布置示意图

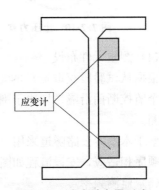

图 7.2-8 应变计布置形式

鉴于木寨岭公路隧道采用三台阶法开挖（中台阶左右错台），应变计的安设顺序与开挖顺序相适应，安设流程如图 7.2-9 所示。

（5）监测频率

同让压锚索轴力监测。

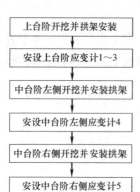

图 7.2-9 应变计安设流程

5. 初支与围岩之间压力监测

（1）量测内容

监测围岩与初期支护间的围岩压力。

（2）量测目的

1）了解初期支护对围岩的支护效果；

2）为进一步优化后续支护有关参数提供依据。

（3）监测方法

围岩压力测量可采用振弦式双膜土压力盒（图 7.2-10）。为确保土压力盒与围岩密贴，需采用辅助安装支架（图 7.2-11）来固定土压力盒位置。安装支架由杆柄、面板以及固定桩焊接而成，其中土压力盒放置于面板外侧，四周固定桩（可采用螺栓、螺母等）用于确保土压力盒位于面板中心位置以及防止土压力盒滑落。土压力盒的一般安装流程为：立完拱架后，将土压力盒放置于安装支架面板上，将安装支架杆柄与拱架上下翼缘侧边紧贴，然后调整安装支架位置直至土压力盒与围岩密贴，最后将杆柄与拱架翼缘焊接固定，完成土压力盒的安装。安装过程中务必注意，土压力盒需与围岩密贴，否则将无法准确测量。

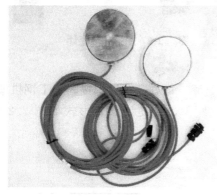

图 7.2-10 土压力盒

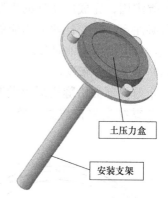

图 7.2-11 土压力盒安装支架

（4）测量元件布设

根据从试验段获取资料的要求，结合隧道结构自身特点及开挖方法（三台阶开挖），在每个监控断面沿隧道周边于围岩与初期支护之间设置 5 个土压力盒测点（图 7.2-12）进行监测。

鉴于木寨岭公路隧道采用三台阶法开挖（中台阶左右错台），土压力盒的安设顺序与开挖顺序相适应，安设流程如图 7.2-13 所示。

（5）监测频率

同让压锚索轴力监测。

7.2.2 围岩稳定性

及时-强-让压支护体系试验段（部分）断面监测点位移和位移速率时程曲线，如图 7.2-14～图 7.2-16 所示。

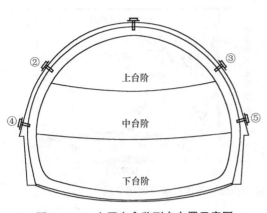
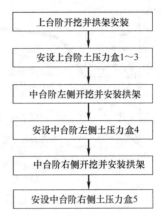

图 7.2-12 土压力盒监测点布置示意图　　　　图 7.2-13 土压力盒安设流程

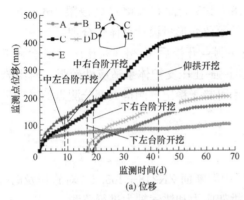
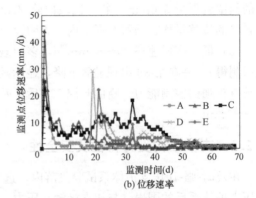

图 7.2-14　断面 ZK218+455 监测点位移及位移速率时程曲线

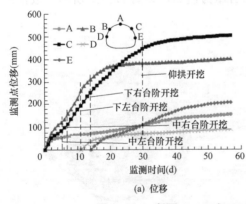
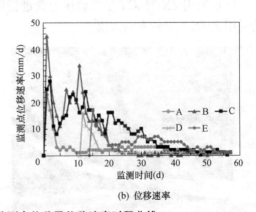

图 7.2-15　断面 ZK218+465 监测点位移及位移速率时程曲线

由图 7.2-14～图 7.2-16 可以看出：

(1) 最大位移均出现在右拱腰 C 测点，最大变形速率主要出现在左拱腰 B 测点，显示采用三台阶施工时，受开挖工法的影响，拱腰部位位移要明显大于边墙部位位移。最大位移出现在右拱腰 C 测点的主要原因是，右拱腰 C 处围岩破碎程度高于左拱腰 B 处，导致右拱腰 C 测点变形（稳定）持续时间明显长于左拱腰 B 测点。

(2) 上台阶开挖后单侧水平位移（B/C）明显大于拱顶沉降（A），显示区段内水平

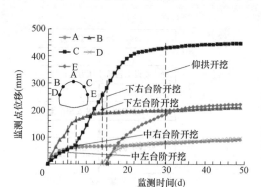 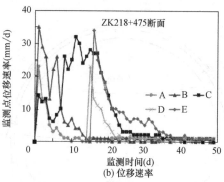

图 7.2-16 断面 ZK218+475 监测点位移及位移速率时程曲线

应力为主导应力,大于竖向应力。断面最大位移(右拱腰 C 测点)289～504mm,结合设定的预留变形量 500mm 分析,区段内除 ZK218+465 断面右拱腰 C 处侵限 4mm 外,其余各处的位移量均在预留变形量内,表明设定的预留变形量设计总体较合理。

(3) 最大变形速率 29～50mm/d,多出现在测点开挖后第 2d(大让压量锚索施工完成后测得),并在第 3d 出现显著下降,显示及时-强-让压支护体系适应性较强,对围岩变形具有较强的控制能力。断面开挖 50d 后,基本可趋于稳定,测得大部分测点的日变形量为 0～1mm。

7.2.3 支护结构受力特性及安全性

在及时-强-让压支护体系试验段落内,选择中间断面 ZK218+465.2,对施作及时-强-让压支护体系后的围岩(与初支接触)压力、拱架应力和锚索轴力进行监测。

(1) 采用 ZX-510CT 型双膜压力盒进行围岩压力监测,如图 7.2-17 所示,数据采集均采用 ZHX-1 型频率测试仪。

 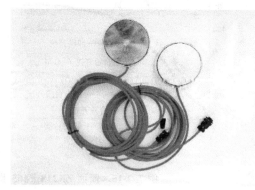

(a) 现场埋设 (b) 土压力盒

图 7.2-17 围岩压力监测

(2) 采用 ZX-422CT 型钢筋计进行拱架应力监测,如图 7.2-18 所示,数据采集采用 ZHX-1 型频率测试仪。

(3) 采用 2 索锚索测力计进行大让压量锚索轴力监测,如图 7.2-19 所示,数据采集采用 609 测读仪。

 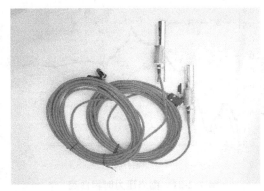

(a) 现场埋设　　　　　　　　　　　　　(b) 钢筋计

图 7.2-18　拱架应力监测

(a) 现场埋设　　　　　　　　　　　　　(b) 锚索计

图 7.2-19　大让压量锚索轴力监测

监测现场如图 7.2-20 所示。

(a) 围岩压力与拱架应力量测(ZHX-1型频率测试仪)　　　(b) 大让压量锚索轴力量测(609测读仪)

图 7.2-20　监测现场

1. 围岩压力分析

围岩压力时程曲线如图 7.2-21 所示，第 44d 围岩压力分布如图 7.2-22 所示。

由图 7.2-21 和图 7.2-22 可以看出：

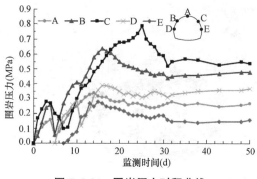

图 7.2-21 围岩压力时程曲线

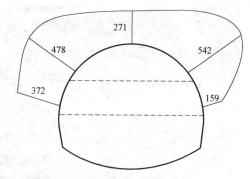

图 7.2-22 第 44d 围岩压力分布 (kPa)

(1) 上台阶部位（A、B、C）围岩压力在开挖后快速增长，至中台阶开挖，围岩压力呈现一段时间的下降调整，后继续快速增长，其中拱顶 A 部位围岩压力在开挖 15d 后，基本稳定，而左右拱腰 B、C 部位压力在增长至最大值 0.62MPa、0.79MPa 后，出现一段时间的下降调整，其后逐渐稳定至最终值。原因在于，围岩变形速率快、持续时间长，使得围岩压力呈现快速上升态势；至第 4d 中台阶开挖使得上台阶初期支护结构处于"悬空"，无法有效承载，出现了第 1 次围岩压力下降；其后，左右拱腰 B、C 部位围压在增至最大值后出现第 2 次下降，主要是围岩变形超过一定限值后，积聚的形变能得到了较为充分的释放，结合现场情况，该阶段往往伴随着初期支护喷混凝土的损裂。

(2) 左边墙 D 部位围岩压力变化规律与拱顶 A 部位基本一致，在下台阶开挖后，其围岩压力出现了一段时间的下降调整；右边墙 E 部位围岩压力则未有明显的下降现象，表现为先快速增长后逐渐平稳。

(3) 试验测得变形稳定后的围岩压力分布在 0.159~0.542MPa 之间，压力最大值出现于右拱腰 C 部位 0.542MPa，其次为左拱腰 B 部位 0.478MPa、左边墙 D 部位 0.372MPa、拱顶 A 部位 0.271MPa 和右边墙 E 部位 0.159MPa，左右拱腰 B、C 部位量值明显大于其余部位，与围岩变形规律基本一致。

2. 钢拱架受力分析

通过应变计（安装在 H 型钢的翼缘内侧）测得钢支撑上、下翼缘内侧的应变，结合胡克定律（$E_s=200$GPa）及式（7.2-1）、式（7.2-2）得到拱架上下缘应力（σ_1、σ_2）、轴力 N 和弯矩 M 如图 7.2-23~图 7.2-25 所示。

$$N=\frac{A_s(\sigma_1+\sigma_2)}{2} \qquad (7.2-1)$$

$$M=\frac{I_x(\sigma_2-\sigma_1)}{2d} \qquad (7.2-2)$$

式中，A_s 为钢拱架截面积（m^2）；I_x 为钢拱架沿横向的惯性矩（m^4）；d 为应变计安装位置（翼缘内侧）至拱架横截面中心距离（m）。

(1) 由图 7.2-23 可以看出，上台阶部位（A、B、C）的拱架应力大于中台阶部位（D、E）；拱架应力的快速增长期为安装后的 10~20d，随时间推移，内、外侧应力均呈现增大趋势，局部有（下降）调整；其中左右拱腰 B、C 部位内侧应力在 20~25d 增至最大值 300MPa、369MPa 后出现明显下降调整。

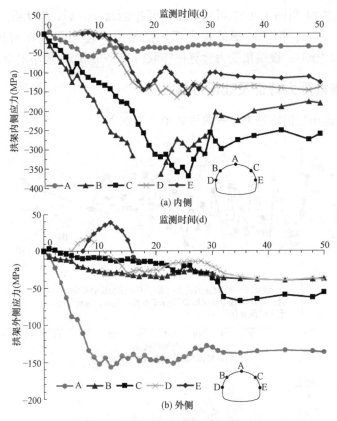

图 7.2-23 拱架应力时程曲线

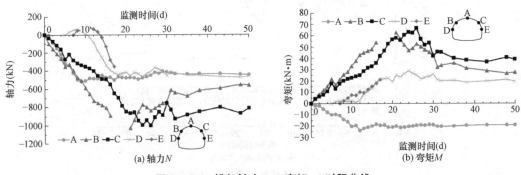

图 7.2-24 拱架轴力 N、弯矩 M 时程曲线

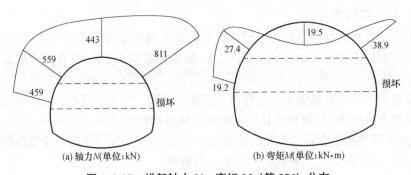

图 7.2-25 拱架轴力 N、弯矩 M（第 35d）分布

(2) 由图 7.2-24 和图 7.2-25 可以看出，开挖断面 35d 后，轴力在 430~850kN，弯矩在 −19~20kN·m；第 50d 最终稳定后，拱架最大应力出现在右拱腰 C 部位，为 259.9MPa（翼缘内侧）；设拱架受力验算保守取值为 375MPa，最小安全系数为 1.44。

7.2.4 让压锚索受力特征及让压可靠性

试验测得大让压量锚索轴力时程曲线如图 7.2-26 所示。

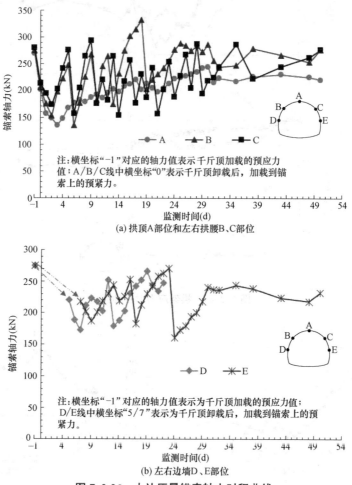

图 7.2-26 大让压量锚索轴力时程曲线

由图 7.2-26 可以看出：

(1) 张拉千斤顶施加的预应力小于加载至锚索上的预紧力，差值 54~69kN，该值即为加载阶段的预应力损失。本次试验获得 10m 锚索加载至 275kN 左右的预应力损失率为 20%~25%。

(2) 完整的大让压量锚索支护过程包含急速下降期、快速承载期、让压波动期和缓慢承载期，以左右拱腰 B、C 部位大让压量锚索为典型，其中：

1) 急速下降期出现在锚索安装后的前 2d，降幅 30%~50% 不等，主要原因是近距离爆破和"锚索-垫板-围岩"系统间多界面受力调整等。

2) 快速承载期出现在急速下降期后的 3~5d 内，锚索轴力快速增长，该阶段的围岩变形速率高。

3) 让压波动期为快速承载期的锚索轴力增长至让压峰值（起始）荷载后出现的（波动）让压滑移过程，该阶段围岩的变形速率仍较高。

4) 缓慢承载期出现在让压波动期后，锚索轴力基本稳定或缓慢增加，该阶段一般出现在支护体系的变形基本完成后。

(3) 试验中各部位大让压量锚索支护力变化如下：

1) 左右拱腰B、C部位大让压量锚索完整地包含了急速下降期、快速承载期、让压波动期和缓慢承载期，其中，让压波动期为5~19d、5~34d，测得的让压力为136~332kN、154~294kN；拱顶A部位大让压量锚索轴力变化规律中未见明显让压过程，仅包含了急速下降期、快速承载期和缓慢承载期，主要原因为围岩变形收敛快，监测数据显示仅3d左右位移就基本稳定。

2) 左边墙D部位大让压量锚索轴力的变化规律因测试元件在安装17d后无法获得合理数据，仅包含急速下降期、快速承载期和让压波动期，其中，让压波动期为4~17d，测得让压力为179~266kN；右边墙E部位大让压量锚索包含了急速下降期、快速承载期、让压波动期和缓慢承载期，其中让压波动期为6~17d，测得让压力161~263kN；左右边墙D、E部位大让压量锚索在让压波动期的"振动频率"要小于左右拱腰B、C部位锚索，让压效果不明显，其原因应是围岩变形速率的影响，即边墙部位围岩变形速率明显小于拱腰部位。

(4) 试验测得大让压量锚索初始让压力分别为248kN（B）、276kN（C）、223kN（D）、244kN（E），与设定的初始让压力300kN相比偏小，差值在22~77kN，总体上实现了预设要求，偏小的原因主要是大让压量锚索端部的约束强度小于中间部分。

(5) 试验测得大让压量锚索的最终（稳定）轴力以左拱腰B部位大让压量锚索最大，278kN；其次为右拱腰C部位大让压量锚索，277kN；然后分别为左边墙D部位大让压量锚索的248kN（监测17d后测试元件损坏）、右边墙E部位大让压量锚索的232kN和拱顶A部位大让压量锚索的221kN。最终轴力量值稳定在221~278kN，显示大让压量锚索发挥了应有的支护能力。

(6) 结合试验测得的大让压量锚索让压波动期和围岩变形数据（图7.2-15、图7.2-26）分析大让压量锚索让压滑移量如下：左右拱腰B、C部位大让压量锚索的最终让压滑移量为24.4cm、36.1cm，左右边墙D、E部位大让压量锚索的最终让压滑移量为5.6cm、10.2cm。上述实际发生的最大让压量36.1cm与计算让压量35cm接近，小于大让压量锚索的设计（最大）让压量50cm，显示出大让压量锚索在围岩变形稳定后将停留在让压吸能支护阶段，试验段中让压参数的设计是合理的。

7.3 "让压"与"强支"模式下软岩大变形隧道稳定性对比分析

为进一步揭示及时-强-让压支护的变形控制效果，选择试验段前后约20m（ZK218+428~+448和ZK218+488~+505，埋深500~532m，支护体系为SVf型衬砌）的强力支护段与及时-强-让压支护试验段（ZK218+448~+488）进行变形控制效果对比分析。

7.3.1 强力支护段概况

1. 岩性状况分析

图 7.3-1 所示为 ZK218＋428～＋448 段、ZK218＋488～＋505 段部分掌子面围岩，施工揭示围岩主要为炭质板岩夹砂质板岩，黑色，薄层状结构，层厚 1～30cm，倾角 40°～90°；岩体完整性差，围岩自稳能力弱、易掉块。其中，ZK218＋428～＋448 段左拱腰至拱顶处有明显的出（涌）水；ZK218＋488～＋505 段右拱腰围岩逐渐变差，左拱腰围岩趋好。

与 ZK218＋448～＋488 及时-强-让压支护试验段围岩相比，ZK218＋428～＋448 段围岩的挤压程度更大；ZK218＋488～＋505 段左拱腰出（涌）水减弱，挤压程度基本相近。

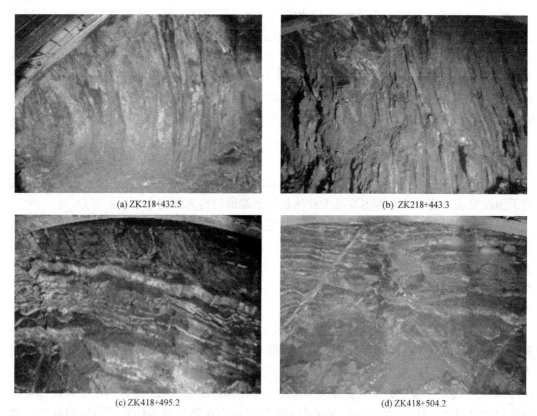

(a) ZK218+432.5　　(b) ZK218+443.3
(c) ZK418+495.2　　(d) ZK418+504.2

图 7.3-1　典型掌子面围岩

2. ZK218＋428～＋448 段围岩稳定性分析

ZK218＋428～＋448 段的断面监测点位移和位移速率时程曲线如图 7.3-2～图 7.3-4 所示。

由图 7.3-2～图 7.3-4 可以看出：

（1）最大位移均出现在隧道左拱腰 B 测点，表明围岩变形在该区段具有倾向性。结合掌子面围岩情况分析，岩层层理角度 70°～90°，左拱腰围岩破碎程度高，且存在出（涌）水，是导致上述现象的主要因素。

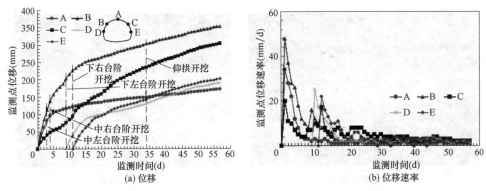

图 7.3-2　断面 ZK218+435 监测点位移及位移速率时程曲线

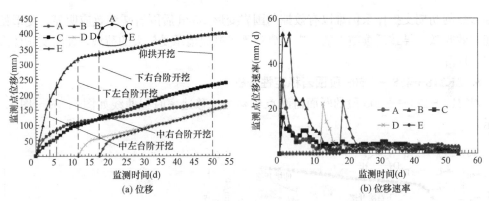

图 7.3-3　断面 ZK218+440 监测点位移及位移速率时程曲线

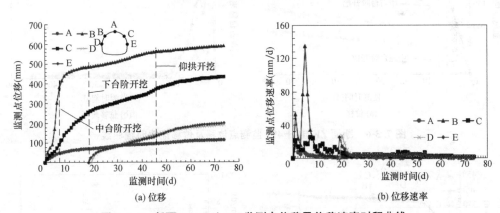

图 7.3-4　断面 ZK218+445 监测点位移及位移速率时程曲线

（2）ZK218+445 断面的最大变形速率高达 135mm/d，开挖后断面处于高速变形状态，显示 SVf 型强力支护体系已难以有效控制围岩变形，最终反映在断面左右拱腰 B、C 测点位移达 529mm、433mm，出现了喷射混凝土剥落、拱架扭曲等破坏现象，如图 7.3-5 所示。

（3）SVf 型强力支护体系作用下，断面开挖后 50d 左右，变形基本趋于稳定（≤2mm/d，多数测点仍维持在 2mm/d 的变形速率）。其中，ZK218+440 断面右边墙 E 测点的变形速率在断面开挖 52d 后仍高达 3mm/d，表明严重挤压变形段落，即使采用了

(a) 远景(后期拆换)　　　　　　　　　(b) 近景

图 7.3-5　ZK218＋430～＋448 左侧侵限

极强参数的初期支护体系仍难以有效控制围岩变形，52d 后围岩蠕变效应明显，变形始终不能有效收敛，导致后续施工的二次衬砌将不可避免地承受较大的荷载，使得支护体系整体安全性降低。

3. ZK218＋488～＋505 段围岩稳定性分析

ZK218＋488～＋505 段的断面监测点位移和位移速率时程曲线如图 7.3-6～图 7.3-8 所示。

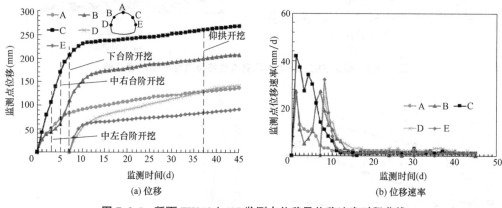

图 7.3-6　断面 ZK218＋495 监测点位移及位移速率时程曲线

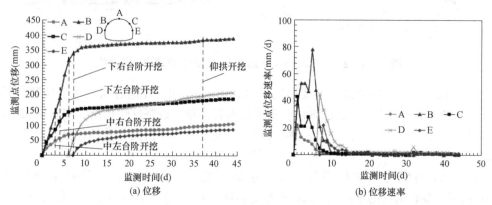

图 7.3-7　断面 ZK218＋500 监测点位移及位移速率时程曲线

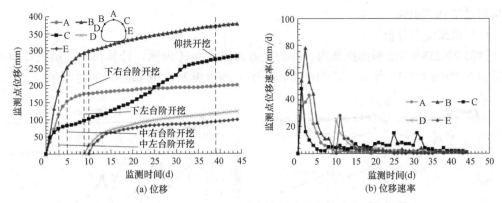

图 7.3-8　断面 ZK218+505 监测点位移及位移速率时程曲线

由图 7.3-6～图 7.3-8 可以看出：

（1）断面最大位移 259～390mm，结合 SVf 型强力支护体系设定的预留变形量 350mm 分析，区段内 ZK218+500、+505 断面左拱腰 B 测点分别侵限 40mm、27mm，需进行拆换。

（2）ZK218+490、+495 断面的最大变形速率分别为 38mm/d、42mm/d，但至 ZK218+500、+505 断面，最大变形速率增至 78mm/d，结合开挖揭示的围岩分析，随着围岩变差，逐渐呈现挤压特性，SVf 型强力支护体系已不具备适用性。

（3）在 SVf 型强力支护体系作用下，ZK218+505 断面开挖 39d 后，部分测点的日变形量依旧为 2mm，围岩整体变形缓慢增加，变形难以有效收敛。

4. 支护结构受力特性与安全性

为进一步了解强力支护体系下各支护构件的受力情况，在断面 ZK218+503 处对施作 SVf 型强力支体系后的围岩（与初支接触）压力、拱架应力进行了监测。

（1）围岩压力分析

围岩压力时程曲线如图 7.3-9 所示，第 44d 围岩压力分布如图 7.3-10 所示。

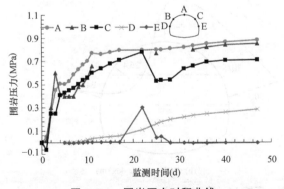

图 7.3-9　围岩压力时程曲线

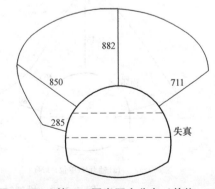

图 7.3-10　第 44d 围岩压力分布（单位：kPa）

由图 7.3-9 和图 7.3-10 可以看出，各测点围岩压力在开挖初期增长迅速，之后趋缓；量值上，监测断面稳定后的围岩压力分布在 0.285～0.882MPa，压力最大值出现于拱顶 A 部位 0.882MPa，其次为左拱腰 B 部位 0.850MPa、右拱腰 C 部位 0.711MPa 和左边墙 D 部位 0.285MPa；上台阶部位（A、B、C）的围岩压力显著大于中台阶部位（D、E），且均超过了0.7MPa。

(2) 拱架受力分析

测得ZK218+503断面拱架内、外侧应力如图7.3-11所示，计算得到的拱架弯矩M与轴力N如图7.3-12所示，第44d拱架轴力N与弯矩M分布如图7.3-13所示。

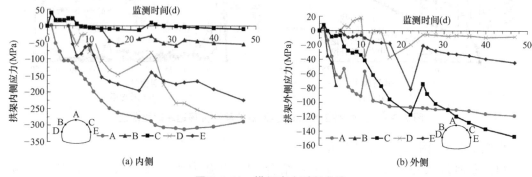

图7.3-11 拱架应力时程曲线

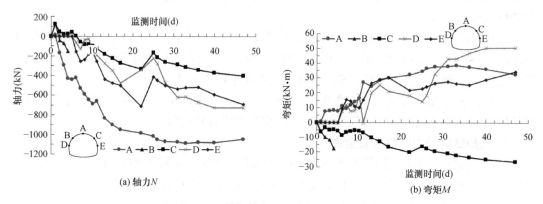

图7.3-12 拱架轴力N、弯矩M时程曲线

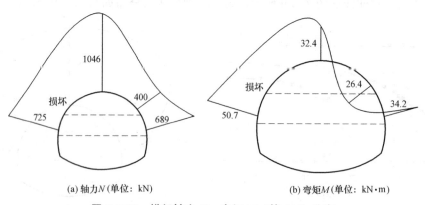

图7.3-13 拱架轴力N、弯矩M（第44d）分布

(1) 由图7.3-11可以看出，随时间推移，拱架内外侧的应力均逐渐增大，拱架在安装后的5d内应力快速增长，5~20d增速趋缓，20d后应力基本稳定，变化幅度较小。

(2) 由图7.3-12和图7.3-13可以看出，开挖断面20d后，轴力为340~650kN，弯矩为10~50kN·m；左拱腰B部位拱架（翼缘外侧）最大应力为277.5MPa，设定拱架受力验算保守取值为 375MPa，计算最小安全系数为 1.35。

7.3.2 围岩稳定性对比分析

1. 最大位移量

图 7.3-14 所示为 ZK218+430～+505 段共计 16 个断面的最大位移和对应的测点位置编号。

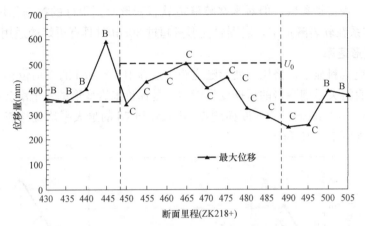

图 7.3-14　ZK218+430～+505 断面最大位移

由图 7.3-14 可以看出：

（1）ZK218+430～+505 断面最大位移均出现在左右拱腰 B、C 测点，且为水平位移值，表明拱腰应为施工中重点关注部位，同时，水平应力是该区段的主导应力。结合前述对断面位移特性的分析可知，影响监测点位移的主要因素包括岩层倾角、掌子面左右侧围岩差异和地下水发育状况等。一般情况下，岩层倾角起主导作用，但当左右侧围岩存在明显差异或个别测点处有明显出水（围岩软化）情况时，岩体物理力学特性差异将起主导作用。

（2）ZK218+430、+435 断面最大位移 361mm、352mm，超过 350mm 的预留变形值，喷射混凝土出现局部损裂破坏；至 ZK218+440、+445 断面，最大位移增至 399mm、591mm，左拱腰区域出现了喷射混凝土掉块与拱架扭曲，显示 SVf 型强力支护体系已不具备适用性。

（3）ZK218+448 断面起，采用及时-强-让压支护技术，围岩变形得到一定抑制，ZK218+448～+488 段，除 ZK218+465 断面右拱腰 C 部位侵限 4mm 外，围岩位移均小于设定的预留变形量 500mm，初期支护体系处于安全的受力状态，虽出现了局部损裂，但未见明显喷混凝土掉块，拱架亦未出现扭曲。其中，断面 ZK218+475 起，围岩岩性逐渐变好，表现在掌子面围岩砂质板岩含量超过 40%，层理清晰，围岩变形呈现明显减小趋势，至 ZK218+485 断面，最大位移为 289mm，不足预留变形量 500mm 的 60%，及时-强-让压支护体系安全富余度较高。

（4）ZK218+488 断面起，恢复为原设计 SVf 型强力支护体系。ZK218+488～+495 段围岩岩性继续趋好，ZK218+490、+495 断面的最大位移 259mm、269mm 均小于预留变形量 350mm。但自 ZK218+495 断面起，围岩性状急转直下，岩性以炭质板岩为主，与 ZK218+470～+482 段岩性接近，对应 ZK218+500、ZK218+505 断面的最大位移增至 390mm、377mm，较之预留变形量 350mm 分别侵限 40mm、27mm，且现场衬砌结构出现了喷射混凝土局部掉块、拱架扭曲现象。

(5) 综上所述，原设计 SVf 型强力支护体系在围岩大变形段落适用性有限，当位移超过 300mm 时，出现了喷混凝土掉块等现象；当位移超过 450mm 时，出现了钢拱架扭曲现象。而采用由"及时-强-让压技术＋常规支护技术"组成的及时-强-让压支护体系后，虽然减弱了原常规支护参数，但对木寨岭隧道软岩变形起到很好的控制作用，表明及时-强-让压支护体系在软岩隧道中，当围岩变形量超过 30cm 时具有更好的适用性。

2. 初始变形速率

近年来研究资料显示，挤压大变形隧道施工过程中，3～7d 的平均位移速率具有较大的可参考性，直接关系到围岩的后期变形能力，是评价围岩变形的一个潜势指标。根据监测数据得到 ZK218+430～+505 断面测点 3d、5d 和 7d 的最大平均位移速率和对应的测点位置编号，如图 7.3-15 所示。

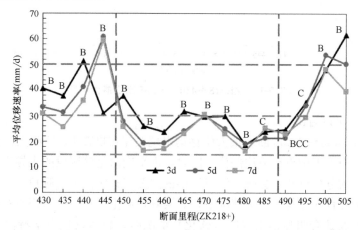

图 7.3-15　ZK218+430～+505 断面最大 3～7d 平均位移速率

注：BCC 表示为 3d、5d 和 7d 的最大平均速率分别出现在 B 测点、C 测点和 C 测点。

由图 7.3-15 可以看出：

(1) 3d、5d 和 7d 的断面最大平均位移速率主要出现在左拱腰 B 测点，小部分出现在右拱腰 C 测点。结合前述对断面最大位移出现位置频次的分析可知，二者存在一定的差异，集中于 ZK218+450～+480 断面，该区段内最大位移均出现在右拱腰 C 测点。分析原因，右拱腰围岩的破碎程度总体高于左拱腰，导致右拱腰 C 测点变形（稳定）持续时间明显长于 B 测点。

(2) 一般情况，$\overline{V}_{3d} > \overline{V}_{5d} > \overline{V}_{7d}$，表明随着时间的推移，围岩形变能逐渐释放，平均位移速率趋小。但在 ZK218+445 断面，$(\overline{V}_{3d}=31\text{mm/d}) < (\overline{V}_{5d} \approx \overline{V}_{7d} \approx 60\text{mm/d})$，断面（局部）3～7d 间出现了突发的位移增大现象，结合图 7.3-4 (b) 位移变化曲线分析，可知上台阶开挖后第 5d，左拱腰 B 处位移增大 135mm，支护结构在左拱腰处出现明显变形（鼓包），左拱腰 B 测点的最终水平位移高达 591mm，远大于预留的 350mm 变形量。上述变形情况显示 SVf 型强力支护体系未能对围岩变形进行有效控制，同时，结合现场监控反馈，可知围岩高速变形极易导致支护体系出现损裂与失稳。

(3) ZK218+448 断面起，采用及时-强-让压支护技术后，相比于 ZK218+430～+445 段，$\bar{V}_{3d}$、$\bar{V}_{5d}$、$\bar{V}_{7d}$ 总体呈较为明显的下降。其中，相比于 ZK218+445、+450 断面，$\bar{V}_{5d}$、$\bar{V}_{7d}$ 分别从 61mm/d、59.4mm/d 减至 27.8mm/d、25.9mm/d，减小幅度达到 54%、56%，显示及时-强-让压技术的应用大大降低了围岩早期的变形速率，围岩形变能的释放呈现出稳定可控的态势，避免了支护体系突发变形而可能导致结构损裂与整体失稳的发生。

(4) ZK218+488 断面起，恢复为原 SVf 型强力支护体系后，$\bar{V}_{3d}$、$\bar{V}_{5d}$、$\bar{V}_{7d}$ 从 ZK218+495 开始，呈现明显的增大，ZK218+500 断面 $\bar{V}_{3d} \approx \bar{V}_{5d} \approx \bar{V}_{7d} = 50$mm/d，前 7d 的断面最大位移速率难以有效收敛，均处于高速变形状态，相应支护体系从 ZK218+500 断面起，出现了明显的喷射混凝土损裂与掉块，进而出现了侵限问题。

借鉴《铁路挤压性围岩隧道技术规范》Q/CR 9512—2019 中变形速率、变形潜势和支护体系适应性评价的相关变形速率数据，结合木寨岭公路隧道现场围岩变形与支护损裂状态，设定 $\bar{V} \leqslant 15$mm/d 为低等速率，记为"低"，对应支护体系评价为"强"；15mm/d $< \bar{V} \leqslant 30$mm/d 普通速率，记为"普"，对应支护体系评价为"合理"；30mm/d $< \bar{V} \leqslant 50$mm/d 为中等速率，记为"中"，对应支护体系评价为"偏差"；$\bar{V} > 50$mm/d 为高等速率，记为"高"，对应支护体系评价为"差"。给出 $\bar{V}_{3d}$、$\bar{V}_{5d}$、$\bar{V}_{7d}$ 的评价如表 7.3-1～表 7.3-4 所示。

最大变形速率评价（SVf） 表 7.3-1

里程	430			435			440			445		
类型	$\bar{V}_{3d}$	$\bar{V}_{5d}$	$\bar{V}_{7d}$	$\bar{V}_{3d}$	$\bar{V}_{5d}$	$\bar{V}_{7d}$	$\bar{V}_{3d}$	$\bar{V}_{5d}$	$\bar{V}_{7d}$	$\bar{V}_{3d}$	$\bar{V}_{5d}$	$\bar{V}_{7d}$
等级	中	中	中	中	中	普	高	中	中	中	高	高
体系评价	偏差	偏差	偏差	偏差	偏差	合理	差	偏差	偏差	偏差	差	差
变形量	361mm			352mm			399mm			591mm		

最大变形速率评价（及时-强-让压） 表 7.3-2

里程	450			455			460			465		
类型	$\bar{V}_{3d}$	$\bar{V}_{5d}$	$\bar{V}_{7d}$	$\bar{V}_{3d}$	$\bar{V}_{5d}$	$\bar{V}_{7d}$	$\bar{V}_{3d}$	$\bar{V}_{5d}$	$\bar{V}_{7d}$	$\bar{V}_{3d}$	$\bar{V}_{5d}$	$\bar{V}_{7d}$
等级	中	普	普	普	普	普	普	普	普	中	普	普
体系评价	偏差	合理	合理	合理	合理	合理	合理	合理	合理	偏差	合理	合理
变形量	339mm			431mm			465mm			504mm		

最大变形速率评价（及时-强-让压） 表 7.3-3

里程	470			475			480			485		
类型	$\bar{V}_{3d}$	$\bar{V}_{5d}$	$\bar{V}_{7d}$	$\bar{V}_{3d}$	$\bar{V}_{5d}$	$\bar{V}_{7d}$	$\bar{V}_{3d}$	$\bar{V}_{5d}$	$\bar{V}_{7d}$	$\bar{V}_{3d}$	$\bar{V}_{5d}$	$\bar{V}_{7d}$
等级	普	普	中	普	普	普	普	普	普	普	普	普
体系评价	合理	合理	偏差	合理	合理	合理	合理	合理	合理	合理	合理	合理
变形量	401mm			448mm			325mm			289mm		

最大变形速率评价（SVf） 表 7.3-4

里程	490			495			500			505		
类型	$\overline{V}_{3d}$	$\overline{V}_{5d}$	$\overline{V}_{7d}$	$\overline{V}_{3d}$	$\overline{V}_{5d}$	$\overline{V}_{7d}$	$\overline{V}_{3d}$	$\overline{V}_{5d}$	$\overline{V}_{7d}$	$\overline{V}_{3d}$	$\overline{V}_{5d}$	$\overline{V}_{7d}$
等级	普	普	普	中	中	普	中	高	中	高	高	中
体系评价	合理	合理	合理	偏差	偏差	合理	偏差	差	偏差	差	差	偏差
变形量	248mm			256mm			390mm			377mm		

（1）分析表 7.3-1～表 7.3-4 中"体系评价"与"变形量"，SVf 型强支护体系，当围岩变形超过 250mm，支护体系评价中出现"偏差"，当围岩变形超过 350mm，支护体系评价中出现 2 个及以上的"偏差"或"差"。上述与现场实际出现的支护体系变形状况较一致，即当围岩位移超过 250mm，现场支护体系将出现损裂；当围岩位移超过 350mm，支护体系将出现严重的损裂及喷混凝土掉块等现象。而及时-强-让压支护体系下，围岩位移超过 350mm，现场支护体系方可见局部损裂；围岩位移超过 450mm，可见明显损裂。如表中所示，当围岩变形大于 400mm，支护体系评价中出现"偏差"的评价，与实际也是较一致的。综上可知，平均变形速率等级（大小）与变形量间的相关性受支护体系类型的影响，当采用及时-强-让压支护体系时，相同 3～7d 变形速率前提下，断面最终位移可大于强力支护体系。

（2）如表 7.3-1 所示，ZK218+430 断面起，$\overline{V}_{3d}$、$\overline{V}_{5d}$、$\overline{V}_{7d}$ 等级随里程增加逐渐升高，至 ZK218+440、+450 断面，$\overline{V}_{3d}$、$\overline{V}_{5d}$、$\overline{V}_{7d}$ 的等级分别为"高、中、中""中、高、高"，对支护体系的评价也变为"偏差—差"，显示 SVf 型强支护体系已不具备适用性，与之相对，自 ZK218+440 断面起出现了明显的断面侵限，且 SVf 型强支护体系局部损裂严重，并出现了拱架扭曲。

（3）如表 7.3-2 和表 7.3-3 所示，ZK218+448 断面采用及时-强-让压支护技术后，$\overline{V}_{3d}$、$\overline{V}_{5d}$、$\overline{V}_{7d}$ 等级出现明显降低，对应 ZK218+450 断面降为"中、普、普"。同时，后续断面维持在"普—中"范围，显示采用及时-强-让压支护技术后，围岩初期的变形速率得到较大改善，避免了突发大变形情况，原因应为，施加的预应力（场）提升了围岩的自承能力，使得形变能的释放速率出现下降。

（4）如表 7.3-4 所示，自 ZK218+488 段起恢复为 SVf 型强支护体系后，随围岩变差，ZK218+495 断面 $\overline{V}_{3d}$、$\overline{V}_{5d}$、$\overline{V}_{7d}$ 由 ZK218+490 断面的"普、普、普"变为"中、中、普"，显示 ZK218+495 断面已开始不具备适用性；继而在 ZK218+500、+505 断面，出现断面侵限，支护体系局部损裂严重。

3. 断面"基本稳定"后变形速率

非挤压大变形地层，二衬施工一般应在围岩变形趋于基本稳定后，《客货共线铁路隧道工程施工技术规程》Q/CR 9653—2017 中定义的基本稳定为：隧道周边变形速率明显下降并趋于缓和，即水平收敛变形速率小于 0.2mm/d，拱部下沉速度小于 0.15mm/d。但国内外的工程实践表明，挤压变形隧道围岩一般具有较显著的流变特性，短时间内很难达到规范要求的稳定值，多数在施工完成后 2～3 年，甚至 5～6 年才能最终稳定。为此，挤压变形隧道对基本稳定的定义要明显弱于非挤压变形隧道，参照乌鞘岭隧道、木寨岭铁路隧道对二次衬砌施作时机变形速率的取值，定义木寨岭公路隧道的基本稳定为断面变形速率小于 2mm/d。

正常情况，断面在进入基本稳定后需继续监测 7d 以上的围岩变形量，以便进一步研判二衬的施作时间，并分析初期支护体系对围岩的最终控制效果。故通过对比前述两种支护体系对围岩基本稳定后的控制效果，可进一步分析两种支护体系的异同点，本节选择基本稳定后 7d 的断面平均位移速率，如图 7.3-16 所示。

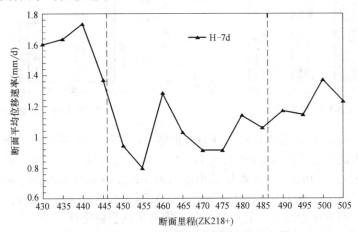

图 7.3-16 ZK218＋430～＋505 断面基本稳定后 7d 的断面平均位移速率

注：440 断面右边墙测点难以收敛至 2mm/d 的要求，最终取 3mm/d 作为控制值进行计算。

由图 7.3-16 可以看出，ZK218＋430～＋445 段基本稳定后 7d 的断面平均位移速率为 1.37～1.73mm/d，对应 ZK218＋450～＋485、ZK218＋490～＋505 段为 0.80～1.29mm/d、1.17～1.37mm/d。上述量值显示，当围岩进入基本稳定后，及时-强-让压支护体系的后续断面变形量总体上要小于强支护体系，原因在于，预应力提升了围岩的自承载力，改善了围岩力学特性，使得围岩后期流变效应减弱，同时，让压，即可控地释放围岩变形，使得积聚围岩形变能得到了充分释放。图 7.3-17 给出了 ZK218＋430～＋445、ZK218＋450～＋485、ZK218＋490～＋505 段基本稳定后 7d 的平均位移速率。

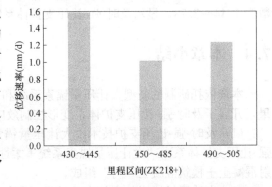

图 7.3-17 各区段基本稳定后 7d 的平均位移速率

由图 7.3-17 可以看出：ZK218＋430～＋445、ZK218＋450～＋485、ZK218＋490～＋505 段基本稳定后 7d 的平均位移速率分别为 1.58mm/d、1.01mm/d、1.23mm/d，结合施工揭示围岩岩性分析，ZK218＋430～＋445 段围岩状况与 ZK218＋450～＋485 段总体差异较小，均差于 ZK218＋490～＋505 区段，表明当围岩进入基本稳定后，及时-强-让压支护体系仍具有明显优势，可减弱后续二衬承载，提升挤压大变形隧道中支护体系的安全性与可靠性。

7.3.3 结构受力特性与安全性对比分析

及时-强-让压支护试验段（ZK218＋465.2）与相邻强力支护段（ZK218＋503 断面）

的围岩压力、拱架应力的对比如图7.3-18和图7.3-19所示。

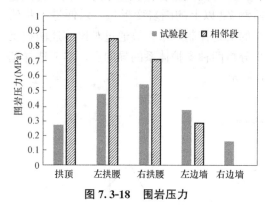

图7.3-18　围岩压力

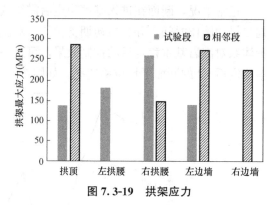

图7.3-19　拱架应力

（1）由图7.3-18可以看出，较之强力支护体系，采用及时-强-让压支护体系后：①断面测点围岩压力的最大值由0.88MPa减小至0.54MPa，降低0.34MPa，降幅39%；②断面测点围岩压力的平均值由0.68MPa减小至0.36MPa，降低0.32MPa，降幅47%；③断面测点围岩压力的标准差由0.24MPa降至0.14MPa。上述量值变化表明，采用及时-强-让压支护体系，围岩压力减小，且更趋均匀，提升了围岩稳定性。

（2）由图7.3-19可以看出，较之强力支护体系，采用及时-强-让压支护体系后：①拱架最大应力由288.6MPa减小至259.5MPa，降低29.1MPa，降幅10%；②拱架平均应力由233.2MPa减小至179.2MPa，降低54MPa，降幅23%；③拱架测点的应力标准差由63.5MPa降至49.5MPa。上述量值变化表明，采用及时-强-让压支护体系使得拱架受力出现下降，且更趋均匀，拱架稳定性增强。

（3）强力支护体系下拱架的安全系数为1.29～2.55，及时-强-让压支护体系的安全系数为1.44～2.73，显示及时-强-让压支护体系结构安全性优于强力支护体系。

7.4　本章小结

本章依托研制的新型大让压量锚索系统和及时-强-让压支护体系关键参数设计研究成果，开展了及时-强-让压支护体系变形控制效应的现场试验研究。得到结论如下：

（1）及时-强-让压支护技术由大让压量锚索系统、W钢带、柔性勾花网组成；及时-强-让压支护体系由"大让压量锚索系统＋柔性勾花网＋W钢带＋钢筋网＋型钢拱架＋喷射混凝土＋模筑混凝土二衬"组成。

（2）大让压量锚索的完整支护过程包含急速下降期、快速承载期、让压波动期和缓慢承载期，其中让压效果与围岩变形速率及变形量相关。

（3）在减弱原常规支护参数基础上，采用由"及时-强-让压技术＋常规支护技术"组成的及时-强-让压支护体系对木寨岭隧道软岩变形进行了很好的控制：

1）及时-强-让压支护体系大幅降低了围岩早期的变形速率，使围岩形变能的释放呈现出稳定可控态势，避免支护体系因突发变形而可能导致的结构损裂与整体失稳的发生；

2）围岩基本稳定后，及时-强-让压支护体系的后续断面变形量小于强力支护体系，更利于后续二衬结构承载；

3）及时-强-让压支护体系中的围岩压力和拱架受力均出现减小，且更均匀，受力安全性优于强力支护体系。

第8章　软岩隧道中及时-强-让压支护体系施工关键技术研究

以新型大让压量锚索系统为核心的及时-强-让压支护技术实施过程中，为更好地体现该技术的支护及时性、优越性和可靠性，施工过程中对关键工艺技术的控制极为重要。长期以来，我国工程界对软岩隧道的施工受"强力支护"形式的影响，基本采用"先支后锚"的工艺技术，即软岩隧道开挖后，尽快施作具有较强抗力的拱架系统，再进行锚固体系的施作。在此施工工艺下，锚固系统的及时性难以体现，因此，在以大让压量锚索系统为核心载体的新型及时-强-让压支护体系施工过程中，传统的"先支后锚"技术因有悖于前述的及时支护理念，应对其进行变革，而变革的核心则是施工中对于大让压量锚索系统的施作。有鉴于此，本章根据及时-强-让压支护体系在木寨岭公路隧道中的施作过程，对软岩隧道中基于大让压量锚索系统的新型及时-强-让压支护体系施工关键技术进行系统研究。

8.1　大让压量锚索系统的施工工艺流程、控制要点与施工配置

8.1.1　施工工艺流程

大让压量锚索系统的施工工艺流程如图 8.1-1 所示，核心为钻、锚、注，涉及搅拌时

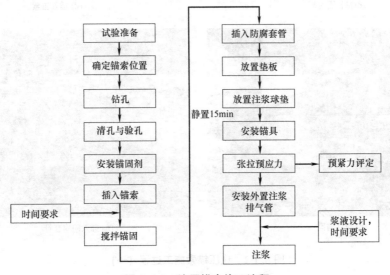

图 8.1-1　让压锚索施工流程

间、静置时间和注浆时间3个关键性参数。图8.1-2所示为让压锚索系统施工过程，与预应力锚索施工相似，施工过程主要包括：施工准备、测量与放样（确定锚索位置）、钻孔、清孔与验孔、安装锚固剂、插入锚索、搅拌锚固、插入防腐套管、安装附件、张拉预应力、安装外置注浆排气管和注浆。

(a) 钻孔　　　　　　　　　　　(b) 清孔与验孔

(c) 安装锚固剂　　　　　　　　(d) 插入锚索

(e) 搅拌锚固　　　　　　　　　(f) 插入防腐套管

图 8.1-2　让压锚索施工过程（一）

(g) 安装附件(垫板/注浆球垫/锚具)

(h) 张拉预应力

(i) 安装外置注浆排气管

(j) 注浆

图 8.1-2　让压锚索施工过程（二）

8.1.2　关键控制要点

（1）施工准备：复核施工人员信息、材料及机械设备配套性与适用性；清除作业面杂物、附着泥土和松动岩块；施工风、水、电、照明就绪。

（2）测量与放样（确定锚索位置）：根据预定设计（图纸、方案）等，进行锚索点位放样，用红油漆做好标识。

（3）钻孔：由专人核查钻孔处安全情况和钻孔位置；钻孔方向应与岩面垂直或尽可能与岩层大角度相交，当夹角过小时，钻孔角度可视情况局部调整（施工中需征得监理工程师同意）；钻孔施工宜优先采用旋转式锚杆钻机，以确保成孔质量；每一钻孔至少应由两人协同完成，上台阶钻孔过程中，应密切注意顶部围岩，以防掉块伤人；钻孔深度以满足施加锚索预应力的要求（对照具体的预应力加载工具）并符合安装完成后锚索外露长度不大于 350mm 的设计要求。

（4）清孔与验孔：钻孔完成后，应采取有效措施进行清孔，确保树脂锚固剂顺利推至孔底，不出现破损；钻孔清洗完毕后，进行孔位编号，并对各孔的实际孔径、孔深、孔位、孔向和孔洁净度进行自检，填好自检记录表。

（5）安装锚固剂：宜采用 PE 管，沿钻孔壁缓慢、逐节推至孔底；完成后应确保锚固剂不滑落；推入过程中应采取有效措施避免锚固剂破裂及无法推入等情况发生。

(6) 插入锚索：鸟笼形锚索推入应采用人工方式；如遇人工无法推入可采用钻机进行旋转推入（尽可能避免），但应注意可能出现的机械伤害。

(7) 搅拌锚固：树脂锚固剂搅拌宜采用手持式钻机进行；拱部等手持式不宜操作部位可采用锚杆钻机进行。搅拌时间要求根据采用树脂锚固剂的不同存在差异，常用CK（超快）型树脂锚固剂的搅拌时间一般要求为15~30s（表8.1-1），具体的时间划分要求为：边旋转边匀速推至孔底的时间约占总搅拌时间的70%，推至孔底继续搅拌的时间约占30%，搅拌过程中不得出现后退锚索。

树脂锚固剂产品分类　　　　　　　　　　　　表8.1-1

类型	特性	胶凝时间(s)	等待安装时间(s)	颜色标识
CKa	超快	8~25	10~30	黄
CKb		26~40	30~60	红
K	快速	41~90	90~180	蓝
Z	中速	91~180	480	白
M	慢速	>180	—	—

注：1. 在（22±1）℃环境温度条件下测定；
　　2. 搅拌应在锚固剂凝胶之前完成。

(8) 安装附件（垫板/注浆球垫/锚具）：附件的安装应在规范规定的锚固剂等待安装时间后开始，CKb系列锚固剂建议15min后开始安装附件；防腐套管采用旋转方式与注浆球垫进行连接；垫板尽量在平顺的岩面上安装，保证垫板与岩面密贴，避免点接触与线接触等情况发生，保证垫板发挥作用。

(9) 张拉预应力：张拉用设备、仪表应事先进行标定、复核；张拉在附件安装完成后实施；鸟笼形锚索张拉施工宜采用气动锚索张拉机具，控制张拉力应满足设计要求。

(10) 安装外置注浆排气管：本施工工序为让压锚索特有，要求注浆排气管分别采用连接器与注浆球垫和垫板相连，应确保连接可靠；注浆排气管长度应满足外接注浆要求，并应采取有效措施进行保护。

(11) 注浆：大让压量锚索采用后注浆工艺，宜在初期支护变形稳定后、二衬施作前进行；如遇初期支护变形过大，可提前实施；注浆材料符合设计要求；注浆压力宜保持在0.5MPa左右，待排气管出浆后或注浆压力明显上升时停止。

8.1.3 施工配置设计

作为一种隧道行业内的新型施工工艺，在除去锚索系统的基础上，大让压量锚索系统的施工配置主要为机械设备配置和人员配置两方面。

1. 机械设备配置

同关键工艺流程"钻、锚、注"，大让压量锚索系统的施工机械设备主要由4个部分组成：钻机设备、搅拌锚固设备、张拉设备和注浆设备。

(1) 钻机设备

锚杆钻机按结构类型可划分为单体式、钻车式和机载式。其中，单体式钻机轻便、灵活，适用范围最广；钻车式钻机机械化程度高、扭矩大、功率大、钻进速度快，适用于大断面巷道及公路、铁路隧道；机载式钻机一般在掘进机上配备锚杆钻机，实现掘锚一体功能。

高地应力软岩隧道目前普遍采用三台阶法施工，其中，上台阶（支护重点）作业空间极为有限，以木寨岭公路隧道施工为例，其上台阶高度仅为3m，因此，既有的钻车式钻机和机载式钻机，如钻神和三臂凿岩台车等，大多难以适用。施工应以单体式钻机为主，具体而言：

1）冲击型单体式钻机，以YT28、YG80为例，从采用的成孔工艺角度而言，对围岩扰动偏大，更为重要的是，冲击型钻机主要用于施打爆破孔，凿孔方位上受限，一般难以施打拱腰以上锚孔。

2）旋转型单体式钻机，按施工部位可划分为顶板锚杆钻机和帮（边墙）锚杆钻机，顶板锚杆钻机适用于施工拱腰（倾角45°）以上位置的锚孔，帮锚杆钻机适用于施工边墙区域的钻孔，但支腿式帮锚杆钻机相较YT28钻机，重量是其2~4倍，作业强度将明显加大，且隧道从业者对锚杆钻机的熟悉度普遍偏低。

综上，三台阶中的上台阶钻机以单体式顶板锚杆钻机适用性最优，中、下台阶可选YT28冲击钻（图8.1-3）。进一步考虑现场动力来源，结合施工组织效率和作业人员对机械的熟悉程度，锚孔施工钻机采用气动锚杆钻机，如图8.1-4所示。

(a) 钻机

(b) 钻孔施工

图 8.1-3　YT28 冲击钻及施工

(a) 钻机

(b) 钻孔施工

图 8.1-4　MQT-130/3.2 气动锚杆钻机及施工

(2) 搅拌锚固设备

拱腰以上部位锚索的搅拌锚固可直接采用气动顶板锚杆钻机实施,而对边墙部位的锚索则需采用手持式气动锚杆钻机,如图 8.1-5 所示。要求安装搅拌装置,其转速不低于 300r/min,扭矩不小于 40N·m。

(a) 钻机　　　　　　　　　　　　　(b) 搅拌锚固

图 8.1-5　手持式气动锚杆钻机及施工（边墙部位锚索搅拌）

(3) 张拉设备

预应力锚索的显著特点之一是在安装过程中施加较大的预紧力,因此锚索张拉是决定锚索施工质量的关键工序,张拉设备的技术性能与质量明显影响锚索支护效果。国内针对树脂锚固预应力锚索的特点,已开发研制出各种形式与规格的锚索张拉设备,主要由油泵、张拉千斤顶、张拉力指示表、高压胶管等组成。按油泵动力源的不同,可分为手动式、电动式和气动式锚索张拉设备。

考虑现场动力来源及安全性,推荐采用气动锚索张拉仪,如图 8.1-6 所示,以实现锚

(a) 张拉仪　　　　　　　　　　　　(b) 张拉施工

图 8.1-6　MQ22-300/63 气动锚索张拉仪及施工（边墙部位锚索搅拌）

索的快速张拉。要求采用的锚索张拉仪的加载能力不小于加载预应力的1.4倍。

张拉过程油泵的具体操作为：千斤顶穿入钢绞线→卸载阀卸载→启动油泵→换向供油（顺时针转动手柄千斤顶出缸）→卸载阀升压（顺时针转动）→自动锚紧→张拉→换向供油（逆时针转动手柄千斤顶回缸）→自动退锚→卸载阀卸载（逆时针转动）→退出预应力千斤顶。

值得注意的是，现阶段树脂锚固锚索的预应力施加一般采用限位板定位、锚具锁紧，所以锁紧程度（预应力损失）与锚具和限位板的匹配性有很大关系。已有锚具的限位板多采用深槽固定方式，常在使用中发现由于槽深及钢绞线、锚具、夹片等制造的公差，导致槽深和夹片的外露量不匹配，存在如下两个主要弊端：

1）当槽深过大时，限位板和夹片之间有较大空隙，导致限位板失去了应有作用，无法限制夹片的位置，当千斤顶卸载时，在巨大应力的作用下夹片会出现一定的后移，从而造成不同程度的应力损失，张拉效果不佳。

2）当槽深过浅时，由于夹片较长而直接与限位板接触，导致千斤顶的荷载无法施加在锚具上而全部施加在夹片上，夹片在锚具的巨大握裹力作用下与钢绞线之间产生巨大的摩阻力，导致夹片出现自锁现象，夹片和钢绞线之间的摩阻力甚至能抵消大部分的推力，从而无法将千斤顶荷载全部传递至钢绞线或造成夹片出现断丝、滑丝现象以及钢绞线刮伤严重的不良后果。

上述两种情况的存在都会降低钢绞线的工作性能，甚至留下安全隐患，为此，在木寨岭隧道锚索加载施工中的千斤顶限位板采用了弹性限位板形式，即通过在挡板后面安装高强弹簧的形式，实现限位板的"可移动"，如图8.1-7所示。

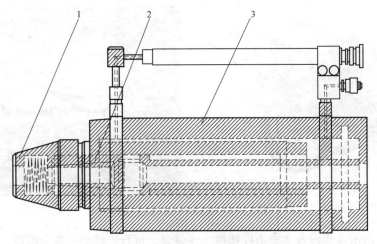

图8.1-7　带弹性限位板的千斤顶结构
1—顶压器总成；2—工具锚；3—油缸

（4）注浆设备

注浆泵有多种类型，按动力源可分为电动注浆泵、气动注浆泵等；按注浆组分可分为单液注浆泵、双液注浆泵等。

用于软岩隧道注浆施工的注浆泵，应轻便、灵活，便于快速施工。同时，大让压量锚索的注浆液要求采用纯水泥浆液，控制水灰比在0.4左右，其外观形态特征如表8.1-2和图8.1-8所示。

0.4 水灰比纯水泥浆液形态特征   表 8.1-2

在注浆泵的注浆管出口形态	在手上形态
软的"香肠"形状，但形状很快"融化"	浆体牢牢地黏在手心上，当反转手心朝下时，浆体可挂，不掉下

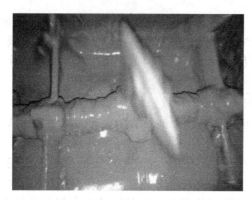

图 8.1-8　0.4 水灰比纯水泥浆液

DML30-2C 型注浆机（图 8.1-9）是由杭州图强有限公司联合西南交通大学共同研发的新一代注浆设备，具有蜗杆增压技术、注浆工作压力持久、注浆稳定可靠等优点，并且增加了一体化设计的浆液搅拌设备，适合在较小的施工现场应用。DML30-2C 型注浆机技术参数如图 8.1-10 所示。

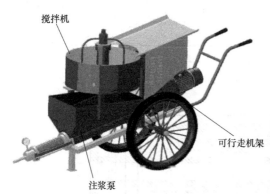

图 8.1-9　DML30-2C 型注浆机

图 8.1-9 所示注浆设备主要由搅拌机、注浆泵、可行走机架三部分组成：

1）搅拌机——由搅拌斗、搅拌爪、搅拌电机、电机护罩等组成。搅拌斗底板有开口，并安装闸板；电机护罩的顶板可兼作水泥的放置板，护罩下集成安装了电控箱。

2）注浆泵——由贮浆斗、调速电机、送浆螺杆、泵体、出浆接头等组成。出浆接头上安装有压力表，直接连接在泵体上；泵体通过固定杆与送浆螺杆一起安装在贮浆斗上；调速电机通过螺栓固定在机架上；贮浆斗通过焊接固定在机架上。

3）可行走机架——由机架、轮、手柄等用螺栓连接组成。

DML30-2C 型注浆机具有如下特性：

1）搅拌机主轴理论转速为 23.7r/min，随着浆液稠度的变化会有一定的变化。

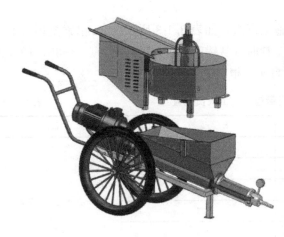

搅拌机参数表	
电机功率	0.75kW
电压	380V
频率	50Hz
电机转速	1440r/min
主轴转速	23.7r/min
搅拌容积	0.07m³
适合水灰比	≥0.35

注浆泵参数表	
电机功率	1.1kW
电压	380V
频率	50Hz
电机转速	1440r/min
主轴转速	80～400r/min
流量	0.1～1.2m³/min
工作压力	0～1.2MPa
适合水灰比	≥0.3

图 8.1-10　DML30-2C 型注浆机技术参数

2）搅拌机合适的浆液水灰比为不小于 0.35。最佳搅拌参数为 20kg 水、50kg 水泥。

3）注浆泵转速调整范围为 80～400r/min，相应的理论流量为 0.1～1.2m³/min。

4）注浆泵工作压力：理论上注浆泵的工作压力与注浆工作系统阻力相关。系统阻力增大时，泵的工作压力随之上升，并且不影响注浆流量。注浆泵的最高工作压力为 1.2MPa。

5）注浆泵适用的浆液水灰比为不小于 0.3，最佳注浆水灰比为 0.35～0.45。

木寨岭隧道现场后注浆施工如图 8.1-11 所示。

(a) 注浆泵

(b) 水泥浆液

(c) 注浆压力表

(d) 现场注浆

图 8.1-11　大让压量锚索后注浆施工

2. 人员配置

一个掌子面宜单独设立一个锚索施工班组,如表 8.1-3 所示。5m 锚索全环(上台阶 13 根、中台阶 4 根、下台阶 2 根)施工耗时(从锚索班组入场到出场)5~8h,10m 锚索全环(上台阶 13 根、中台阶 4 根、下台阶 2 根)施工耗时 8~12h。

大让压量锚索施工人员配置　　　　　表 8.1-3

序号	职务(工种)	人数	备注
1	队长	1	
2	锚索施工人员	10~15	
3	注浆人员	2~4	一个班组的人员需求
4	专职安全员	1	
5	保障人员	1	
6	技术资料员	1	

8.2 及时-强-让压支护技术的工艺流程与控制要点

及时-强-让压支护技术由"大让压量锚索系统＋W 钢带＋柔性勾花网"组成,具体工艺流程是在大让压量锚索的工艺流程中加入 W 钢带和柔性勾花网的施工,如图 8.2-1 所示。

及时-强-让压支护技术的施工控制要点,在涵盖大让压量锚索施工控制要点的基础

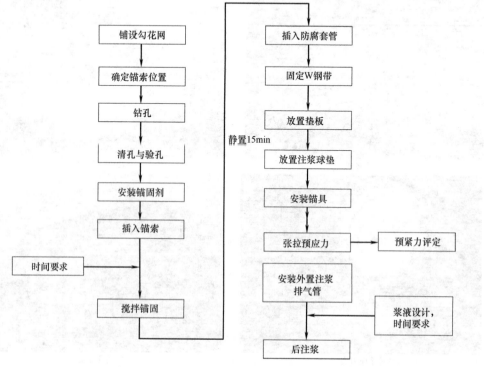

图 8.2-1　及时-强-让压支护技术施工工艺流程

上,增加了"铺设勾花网"和"固定W钢带"两个工序的控制要点,具体如下:
(1) 勾花网、W钢带与锚索或其他锚固装置应连接牢固,配套使用;
(2) 铺设的"网片"应搭接成环;
(3) W钢带优选2孔型,"带"与"带"重叠一孔;
(4) 垫板安置时,一边应与钢带长度方向平行,不宜大角度斜交。

8.3 基于"先锚后支"的及时-强-让压支护体系施工工序

施工中为实现"及时-强"支护理念,及时-强-让压支护体系的施工需对现行隧道开挖后先喷混凝土、再立拱架及施设锚杆等传统工序进行改进,在洞室开挖后"即刻"进行以大让压量锚索为核心的及时-强-让压支护技术施作,再进行常规支护技术施工,即喷射混凝土施工与拱架架设。上述施工工序的改变是施工过程中体现"及时-强"支护理念的关键。

木寨岭公路隧道及时-强-让压支护体系的三台阶施工工序如图8.3-1所示,其中"让压支护技术"指代"以大让压量锚索系统为核心的及时-强-让压支护技术","常规支护技术"指代"传统初期支护中的钢拱架、挂钢筋网和喷射混凝土"。为实现让压滑移,即适当地释放围岩积聚的能量,后注浆工序一般在土工布和防水板施作前进行。施工现场如图8.3-2所示。

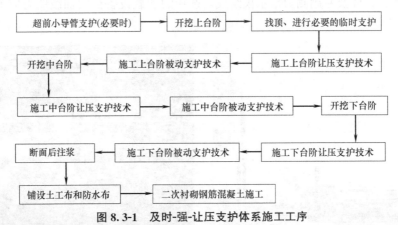

图 8.3-1 及时-强-让压支护体系施工工序

(a) 三台阶施工全景

(b) 上台阶施工近景

图 8.3-2 及时-强-让压支护体系施工现场

8.4 大让压量锚索系统的质量检测

大让压量锚索支护质量检测包括：让压力、让压滑移量和拉拔力检测，预紧力检测，注浆质量检测，锚索支护几何参数与安装质量检测等。

8.4.1 锚索让压力、让压滑移量和拉拔力检测

大让压量锚索在拉拔试验中所能承受的最大拉力称为拉拔力，是评价锚索体力学性能、围岩可锚性、锚固粘结强度的重要参数。让压力和让压滑移距离则是指让压荷载和（最大）让压距离，是大让压量锚索让压性能的主要设计参数。

隧道进行及时-强-让压支护体系施工前，有必要进行大让压量锚索的拉拔试验，不仅要检测拉拔力，还应记录拉拔过程中对应的位移量，进而绘制拉拔力与位移曲线，由此得到让压力、（最大）让压位移和拉拔力，并综合分析、评价大让压量锚索在实体工程中的锚固性能与让压特性。

（1）检测仪器

大让压量锚索拉拔宜采用手动拉拔仪（图 8.4-1），该仪器由动力源（手动泵及管路）、拉拔器、拉杆及专用测力指示仪组成，选择的加载设备最大加载能力应不小于设计让压力的 1.5 倍。

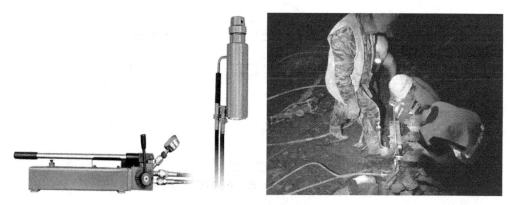

图 8.4-1 手动锚索拉拔仪

（2）检测方法

大让压量锚索的拉拔试验分两种情况：一是施工前检测；二是施工中检测。

1）施工前检测

大让压量锚索的拉拔试验一方面用于测试围岩的可锚性和锚固效果（最大拉拔力），另一方面是检测大让压量锚索的让压性能（让压力及让压量），判别大让压量锚索是否能达到设计要求的支护效果及让压能力。拉拔试验主要有如下几点要求：

① 大让压量锚索拉拔试验采用手动锚索拉拔仪，并结合张拉位移量测工具（钢尺/百分表等），在隧道中完成；

② 大让压量锚索拉拔试验应选择在与支护体系施工段落相近的围岩中进行；

③ 拉拔试验采用的大让压量锚索、树脂锚固剂等材料应与支护体系施工时一致；

④ 拉拔试验采用的锚索钻孔与安装机具及钻孔参数等应与支护体系施工时一致；

⑤ 因人工加载费时费力，试验大让压量锚索的让压滑移量宜为 15～30cm；

⑥ 拉拔试验一般应为破坏性试验，拉拔至锚固体系支护失效，试验过程需记录加载值及相应张拉位移值；

⑦ 根据获取的 P-S 曲线（荷载-位移曲线，图 8.4-2）和最大荷载值，分析让压力大小、让压滑移可靠性、围岩可锚性及锚固效果等，对应用大让压量锚索支护的可行性与可靠性作出判定。

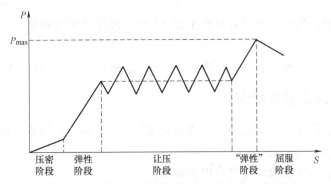

图 8.4-2 大让压量锚索（理论）荷载-位移曲线

当出现下述情况之一，必须重新进行大让压量锚索的拉拔试验：

① 大让压量锚索支护参数（包括锚索长度、钻孔参数等）发生变更；

② 大让压量锚索支护材料（包括锚固剂、大让压量锚索参数等）发生变更；

③ 围岩地质条件出现较大变化，如岩性变化、风化破碎程度加剧、断层带等；

④ 地下水发育程度明显加剧，如遇钻孔呈滴水、流水状等。

2）施工中检测

① 检测方法与第 1）款一致；

② 检测抽样率为 3%。每 300 根锚杆抽样一组（9 根）进行检查，不足 300 根时，按 300 根考虑。拉拔加载至锚杆设计锚固力的 80%，并作详细记录；

③ 被检测的 9 根大让压量锚索都应符合设计要求。只要有 1 根不合格，再抽样一组（9 根）进行试验；如再不符合要求，必须组织有关人员研究大让压量锚索施工质量不合格的原因，并采取相应的处理措施。

8.4.2 锚索预紧力检测

大让压量锚索预紧力是实现及时强支护理念的核心，对支护效果与围岩稳定性起关键作用，故对大让压量锚索预紧力的检测是非常重要的工程质量检测内容之一。

大让压量锚索预紧力的检测一般可采用反拉式，如图 8.4-3 所示，检测基本原理为：在外露单根钢绞线上安装集成式智能前端，千斤顶启动后钢绞线被张拉，当反拉力小于原有预应力时，夹片对钢绞线有紧固力，内部钢绞线不会发生位移；当反拉力略大于原有预应力时，夹片与内部钢绞线一道发生微小位移，集成式智能前端可根据夹片动作状态自动计算测试力值。

大让压量锚索预紧力检测应符合以下要求：

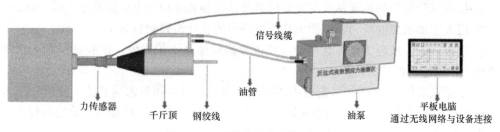

图 8.4-3　反拉式预应力检测示意

（1）每班拱顶、拱腰、边墙各抽样 1 根（1 组）进行预紧力检测，每根大让压量锚索的预紧力应达到设计要求。

（2）每组中如有 1 根不合格，须再抽查 1 组（3 根）；若仍有不合格的，应全部检测。

8.4.3　锚索后注浆质量检测

大让压量锚索的注浆是实现锚固系统永久支护理念的决定性因素，同时对后期支护效果与围岩稳定性起关键作用。

大让压量锚索后注浆检测应符合以下要求：

（1）后注浆宜在初期支护变形稳定后，二衬施作前完成。如遇初期支护变形过大，可提前实施。

（2）宜采用 0.38～0.45 水灰比普通硅酸盐水泥浆；水泥强度等级不应低于 32.5。

（3）注浆过程中，注浆压力宜保持在 0.5MPa 左右，待排气管出浆后，方可停止灌浆。

（4）采用查验计量数据方法，要求每环大让压量锚索的注浆量不得小于理论计算浆量的 1.2 倍。

8.4.4　锚索支护几何参数与安装质量检测

（1）锚索几何参数检测

大让压量锚索几何参数包括锚索间距、锚索排距、安装角度、外露长度和锚孔深度等。

锚索间距是指同一排大让压量锚索中两相邻锚索的孔口中心距离。锚索排距是指沿隧道轴向相邻两排锚索的孔口中心距离。对于锚索安装角度（与锚孔角度相关），一般情况下，锚索安装方向与巷道轴线垂直，可用锚索轴线与水平线（或垂线）的夹角表示锚杆安装角度；当锚索安装方向与隧道轴线不垂直时，属于空间问题，需要三个角度描述锚索安装方向。锚索外露长度是指锚杆露出托板的长度。锚孔深度与锚索长度相关。

大让压量锚索几何参数检测应符合以下要求：

1）每环进行一次检测，由班组自行完成，每次检测点数不应少于 3 个。

2）锚索间距、排距检测：采用钢卷尺测量，其中排距通过量测锚索至后方钢架中心的距离，加倍（×2）得到。

3）锚索安装角度检测：钻孔方向应与岩面垂直或尽可能与岩层大角度相交。采用半圆仪测量钻孔方位时，锚索安装角度允许有一定的误差，一般要求将安装角度误差控制在±5°以内。

4) 锚索外露长度检测：采用钢板尺测量测点处一排锚索外露长度的最大值。锚索外露长度允许有一定误差，一般锚索外露长度不应大于 350mm。

5) 锚孔深度检测：通过钻杆长度进行丈量，一般要求的钻孔深度误差范围为 ±100mm。

(2) 锚索垫板安装质量检测

锚索垫板安装质量检测应符合以下要求：

1) 锚索垫板应安装牢固，与组合构件（钢带）一同紧贴围岩表面，不松动，对难以接触部位应楔紧、背实；

2) 锚索垫板安装质量检测一般采用实地观察和现场扳动的方式进行；

3) 检测频度同锚索几何参数。

(3) 钢带与网安装质量检测

钢带与网安装质量检测应符合以下要求：

1) 钢带、网应紧贴隧道表面，钢带应尽可能环向连接成"环"，网间连接应按设计要求连接牢固；

2) 检测一般采用实地观察和现场量测的方式进行；

3) 尺量网片搭接长度及连网点距离应符合设计要求，网间按设计要求连接牢固。

8.5 本章小结

本章根据及时-强-让压支护体系在木寨岭公路隧道中的施作过程，对软岩隧道中基于大让压量锚索系统的及时-强-让压支护体系关键工艺技术进行系统研究，得到主要结论如下：

(1) 大让压量锚索施工工艺核心是钻、锚、注，涉及搅拌时间、静置时间和注浆时间 3 个关键性参数，其中，注浆时间要求在围岩变形基本稳定后开展。

(2) 大让压量锚索系统的施工配置主要有机械设备配置和人员配置两方面，其中，人员配置主要要求为单独设置作业班组，机械设备配置则主要包括钻机设备、锚固设备、张拉设备和注浆浆设备的配置：

1) 钻机设备应与施工工法相匹配，当开挖工法采用三台阶法时，上台阶钻机以单体式顶板锚杆钻机适用性最优，中、下台阶可选 YT28 冲击钻；

2) 对于搅拌锚固设备，拱腰以上部位可直接采用气动顶板锚杆钻机，边墙部位的锚索可采用手持式气动锚杆钻机；

3) 张拉设备推荐采用弹性限位板形式的气动锚索张拉仪，并要求加载能力不小于加载预应力的 1.4 倍；

4) 注浆设备应轻便、灵活，便于快速施工，且能够满足连续高效注低水灰比纯水泥浆液的要求。

(3) 提出了软岩隧道及时-强-让压支护体系先锚后支的工艺流程，在洞室开挖后"即刻"进行以大让压量锚索为核心的及时-强-让压支护技术施作，再进行常规支护技术施工，即喷射混凝土施工与拱架架设。

(4) 系统阐述了大让压量锚索支护质量检测内容，包括：让压力、让压滑移量和拉拔刀检测，预紧力检测，注浆效果检测，锚索几何参数与安装质量检测等。

参 考 文 献

[1] 关宝树. 隧道力学概论 [M]. 成都：西南交通大学出版社，1993.
[2] 何满潮. 中国煤矿软岩巷道支护理论与实践 [M]. 徐州：中国矿业大学出版社，1996.
[3] 徐则民，黄润秋. 深埋特长隧道及其施工地质灾害 [M]. 成都：西南交通大学出版社，2000.
[4] 蔡美峰，何满潮，刘东燕. 岩石力学与工程 [M]. 北京：科学出版社，2004.
[5] 康红普，王金华. 煤巷锚杆支护理论与成套技术 [M]. 北京：煤炭工业出版社，2007.
[6] 王梦恕. 中国隧道及地下工程修建技术 [M]. 北京：人民交通出版社，2010.
[7] 吴德兴，汪波，孙钧，等. 新型锚杆支护技术与工程实践 [M]. 上海：上海科学技术出版社，2020.
[8] 关宝树，赵勇. 软弱围岩隧道施工技术 [M]. 北京：人民交通出版社，2010.
[9] KASTNER H. Statik des tunnel und stollenbaues [M]. New York：Springer，1962.
[10] 中交第一公路勘察设计研究院有限公司. 兰州至海口国家高速公路渭源至武都段（WW06 合同段）两阶段施工图设计 [R]. 西安：中交第一公路勘察设计研究院有限公司，2016.
[11] 住房和城乡建设部. 岩土锚杆与喷射混凝土支护工程技术规范：GB 50086—2015 [S]. 北京：中国计划出版社，2016.
[12] 国家质量监督检验检疫总局. 预应力筋用锚具、夹具和连接器：GB/T 14370—2015 [S]. 北京：中国标准出版社，2016.
[13] 国家质量监督检验检疫总局. 预应力混凝土用钢绞线：GB/T 5224—2014 [S]. 北京：中国标准出版社，2015.
[14] 交通运输部. 公路隧道设计规范 第一册 土建工程：JTG 3370.1—2018 [S]. 北京：人民交通出版社，2019.
[15] 国家铁路局. 铁路隧道设计规范：TB 10003—2016 [S]. 北京：中国铁道出版社，2017.
[16] 中国铁路总公司. 铁路挤压性围岩隧道技术规范：Q/CR 9512—2019 [S]. 北京：中国铁道出版社，2019.
[17] 国家发展和改革委员会. 矿用锚索：MT/T 942—2005 [S]. 北京：煤炭工业出版社，2005.
[18] 国家铁路局. 预应力中空锚杆：TB/T 3356—2014 [S]. 北京：中国铁道出版社，2015.
[19] 水利部. 水利水电工程岩石试验规程：SL/T 264—2020 [S]. 北京：中国水利水电出版社，2020.
[20] 汪波，王杰，吴德兴，等. 让压支护体系在软岩大变形公路隧道中的应用研究 [J]. 铁道科学与工程学报，2016，13（10）：1985-1993.
[21] 汪波，王杰，吴德兴，等. 让压支护技术在软岩大变形隧道中的应用探讨 [J]. 公路交通科技，2015，32（5）：115-122.
[22] 汪波，李天斌，何川，等. 强震区软岩隧道大变形破坏特征及其成因机制分析 [J]. 岩石力学与工程学报，2012，31（5）：928-936.
[23] 汪波，王振宇，郭新新，等. 软岩隧道中基于快速预应力锚固支护的变形控制技术 [J]. 中国公路学报，2021，34（3）：171-182.
[24] 张彪，张志强，汪波，等. 让压锚杆在大变形隧道支护应用中试验研究 [J]. 岩土力学，2016，37（7）：2047-2055.
[25] 汪波，徐建强，吴正恺，等. 让压锚索在边坡支护中的应用试验研究及摩阻力问题的探讨 [J]. 岩土力学，2014，35（12）：3370-3376.
[26] 汪波，郭新新，何川，等. 当前我国高地应力隧道支护技术特点及发展趋势浅析 [J]. 现代隧道技术，2018，55（5）：1-10.

[27] 汪波，喻炜，刘锦超，等. 交通/水工隧道中基于预应力锚固系统的及时主动支护理念及其技术实现[J]. 中国公路学报，2020，33（12）：118-129.

[28] WANG B, GUO X X, JIN H, et al. Experimental study on degradation behaviors of rock bolt under the coupled effect of stress and corrosion[J]. Construction and Building Materials，2019，214（JUL. 30）：37-48.

[29] 李铮，汪波，何川，等. 多重防腐锚杆抗腐蚀性试验研究[J]. 岩土力学，2015，36（4）：1071-1077，1146.

[30] GUO X, WANG B, WANG Z, et al. Application of the microclamped fiber bragg grating (fbg) sensor in rock bolt support quality monitoring[J]. Advances in Civil Engineering，2020，2020：1-10.

[31] 郭新新，杨铁轮，马振旺，等. 软岩挤压型大变形隧道锚杆施工特性及工艺优化[J]. 铁道科学与工程学报，2020，17（4）：924-930.

[32] 李国良，朱永全. 乌鞘岭隧道高地应力软弱围岩大变形控制技术[J]. 铁道工程学报，2008（3）：54-59.

[33] 杨木高. 木寨岭隧道大变形控制技术[J]. 现代隧道技术，2019，56（02）：175-181.

[34] 刘高，张帆宇，李新召，等. 木寨岭隧道大变形特征及机理分析[J]. 岩石力学与工程学报，2005（S2）：5521-5526.

[35] 鲜国，印建文. 成兰铁路隧道建造关键技术与实践[J]. 隧道建设（中英文），2018，38（10）：1741-1752.

[36] 杨忠民，高永涛，吴顺川，等. 隧道大变形机制及处治关键技术模型试验研究[J]. 岩土力学，2018，39（12）：4482-4492.

[37] 刘志春，朱永全，李文江，等. 挤压性围岩隧道大变形机理及分级标准研究[J]. 岩土工程学报，2008（5）：690-697.

[38] 周艺，何川，汪波，等. 基于支护参数优化的强震区软岩隧道变形控制技术研究[J]. 岩土力学，2013，34（4）：1147-1155.

[39] 赵勇. 隧道软弱围岩变形机制与控制技术研究[D]. 北京：北京交通大学，2012.

[40] 韩常领，张天，徐晨，等. 大断面软岩隧道变形特征及多层初支控制研究[J]. 公路，2021，66（1）：335-339.

[41] 徐国文，何川，代聪，等. 复杂地质条件下软岩隧道大变形破坏机制及开挖方法研究[J]. 现代隧道技术，2017，54（5）：146-154.

[42] 王建宇，胡元芳，刘志强. 高地应力软弱围岩隧道挤压型变形和可让性支护原理[J]. 现代隧道技术，2012，49（3）：9-17.

[43] 李国良，李宁. 挤压性围岩隧道若干基本问题探讨[J]. 现代隧道技术，2018，55（1）：1-6.

[44] 佘诗刚，林鹏. 中国岩石工程若干进展与挑战[J]. 岩石力学与工程学报，2014，33（3）：433-457.

[45] TERZAGHI K. Rock defects and loads in tunnel supports[C]//Rock Tunneling With Steel Supports. Youngstown Ohio：The Commercial Shearing and Stamping Co.，2004：17-99.

[46] BARLA G. Squeezing rocks in tunnels[J]. ISRM News Journal，1995（3/4）：44-49.

[47] ANAGNOSTOU G. A model for swelling rock in tunnelling[J]. Rock Mechanics and Rock Engineering，1993，26（4）：307-331.

[48] AYDANÖ, AKAGI T, KAWAMOTO T. The squeezing potential of rocks around tunnels：theory and prediction[J]. Rock Mechanics and Rock Engineering，1993，26（2）：137-163.

[49] 何满潮，吕晓俭，景海河. 深部工程围岩特性及非线性动态力学设计理念[J]. 岩石力学与工程

学报，2002，21（8）：1215-1224.

[50] 王建宇. 理念的更新——对软弱围岩隧道工程的思考 [J]. 现代隧道技术，2018，55（6）：1-10.

[51] 王建宇. 对形变压力的认识——隧道围岩挤压性变形问题探讨 [J]. 现代隧道技术，2020，57（4）：1-11.

[52] 叶圣教. 辛普伦铁路隧道的施工和回顾 [C] //铁路工程建设科技动态报告文集——铁路隧道及地下工程. 成都：西南交通大学出版社，1995.

[53] 金鑫. 陶恩隧道掘进中的一些经验 [J]. 隧道译丛，1976（2）：50-54.

[54] 刘大椿. 奥地利东阿尔伯格（Arlberg）公路隧道 [J]. 隧道建设，1982（1）：51-55.

[55] 杨景芳. 日本惠那山道路隧道简介 [J]. 公路，1989（1）：42-45.

[56] 张祉道. 家竹箐隧道施工中支护大变形的整治 [J]. 世界隧道，1997（1）：7-16.

[57] 雷军，张金柱，林传年. 乌鞘岭特长隧道复杂地质条件下断层带应力及变形现场监测分析 [J]. 岩土力学，2008，29（5）：1367-1371.

[58] 黄明利，赵建明，谭忠盛，等. 兰渝铁路木寨岭隧道岭脊段衬砌-围岩结构体系变形受力特征分析 [J]. 现代隧道技术，2016，53（06）：89-99，107.

[59] 夏瑞萌. 承载土体中隧道开挖引起的塑性区与塌落拱范围的理论与数值分析 [D]. 北京：北京交通大学，2008.

[60] FENNER R. Untersuchungen zur erkenntnis des gebirgsdruckes [J]. Glückauf，1938，74：681-695.

[61] RABCEWICZ L V. The new Austrian tunnelling method [J]. Water Power，1964，17（1）：511-515.

[62] Brown E T. Putting the NATM into perspective [J]. Tunnels & Tunnelling International，1981，13（10）：13-17.

[63] SALAMON M D G. Energy considerations in rock mechanics: fundamental results [J]. Journal of the South African Institute of Mining and Metallurgy，1984，84（8）：233-246.

[64] 久武胜保. 软岩隧道的非线性弹塑性状态 [J]. 隧道译丛，1992（1）：11-18.

[65] 李庶林，桑玉发. 应力控制技术及其应用综述 [J]. 岩土力学，1997，18（1）：90-96.

[66] LUNARDI P. The design and construction of tunnels using the approach based on the analysis of controlled deformation in rocks and soils [J]. Tunnels and Tunnelling，2000（5）：1-30.

[67] 冯豫. 我国软岩巷道支护的研究 [J]. 矿山压力与顶板管理，1990，7（2）：1-5.

[68] 孙钧. 对开展高地应力区岩性特征及隧洞围岩稳定研究的认识 [J]. 岩石力学与工程学报，1988，7（2）：185-188.

[69] 董方庭，来宏伟，郭志宏，等. 巷道围岩松动圈支护理论 [J]. 煤炭学报，1994（1）：21-32.

[70] 方祖烈. 拉压域特征及主次承载区的维护理论 [C] //世纪之交软岩工程技术现状与展望. 北京：煤炭工业出版社，1999：48-51.

[71] KANG H P，WANG J H，LIN J. Reinforcement technique and its application in complicated roadways in underground coal mines [J]. Journal of Engineering Materials & Technology，2011，117（3）：255-259.

[72] 李志军，郭新新，马振旺，等. 挤压大变形隧道研究现状及高强预应力一次（型）支护体系 [J]. 隧道建设（中英文），2020，40（06）：755-782.

[73] AN X，CHEN W，LIU H，et al. Stress-strain characteristics of foamed concrete subjected to large deformation under uniaxial and triaxial compressive loading [J]. Journal of Materials in Civil Engineering，2018，30（6）：04018095.

[74] TAN X，CHEN W，HAO Y，et al. Experimental study of ultralight (<300kg/m^3) foamed con-

crete [J]. Advances in Materials Science and Engineering, 2014, 2014: 1-7.

[75] TAN X, CHEN W, LIU H, et al. A combined supporting system based on foamed concrete and U-shaped steel for underground coal mine roadways undergoing large deformations [J]. Tunnelling and Underground Space Technology, 2017, 68: 196-210.

[76] SONG G, LI W, WANG B, et al. A Review of Rock Bolt Monitoring Using Smart Sensors [J]. Sensors, 2017, 17 (4): 776.

[77] 李怀珍, 李学华, 种照辉, 等. 煤岩锚固系统滑移脱黏试验研究与力学性能分析 [J]. 采矿与安全工程学报, 2017, 34 (6): 1088-1093.

[78] 李景文, 乔建刚, 付旭, 等. 岩土锚固吸能锚杆支护材料/结构及其力学性能研究进展 [J]. 材料导报, 2019, 33 (9): 1567-1574.

[79] LI C C, STJERN G, MYRVANG A. A review on the performance of conventional and energy-absorbing rockbolts [J]. Journal of Rock Mechanics and Geotechnical Engineering, 2014, 6 (4): 315-327.

[80] O·Γ·萨赫诺, 周蒲英. 一种新型的让压锚杆 [J]. 中州煤炭, 1987 (5): 42-43.

[81] 赖应得, 索金生. 几种可伸长锚杆 [J]. 煤矿开采, 1998 (3): 3-5.

[82] 侯朝炯, 何亚男. 杆体可伸长锚杆的原理及应用 [J]. 岩石力学与工程学报, 1997 (6): 544-549.

[83] LI C C. A new energy-absorbing bolt for rock support in high stress rock masses [J]. International Journal of Rock Mechanic sand Mining Sciences, 2010, 47 (3): 396-404.

[84] 王贺, 陈何, 曹辉. 我国大变形锚杆研究现状及发展趋势 [J]. 黄金科学技术, 2020, 28 (1): 112-123.

[85] ORTLEPP W D. The design of support for the containment of rockburst damage in tunnels-An engineering approach [C] // Kaiser P K. Mccreath D R. Rock Support in Mining and Underground Construction. Rotterdam: Alkema, 1992: 593-609.

[86] WU Y K, OLDSEN J. Development of a new yielding rock bolt-YieldLok bolt [C] //The 44th US Rock Mechanics Symposium-5th US/Canada Rock Mechanics Symposium. Salt Lake City: Curran Associates Inc., 2010: 190-197.

[87] 连传杰, 徐卫亚, 王志华. 一种新型让压管锚杆的变形特性及支护作用机制分析 [J]. 防灾减灾工程学报, 2008, 28 (2): 242-247.

[88] 高美奔, 吴钟腾, 张航, 等. 一种可适应围岩变形的锚杆: CN108343457A [P]. 2018-07-31.

[89] VARDEN R, LACHENICHT R, PLAYER J, et al. Development and implementation of the Garford dynamic bolt at the Kanowna Belle Mine [C] //The 10th Underground Operators'Conference 2008: Boom and Beyond Proceedings. Launces-ton: Australasian Institute of Mining and Metallurgy, 2008: 95-102.

[90] CHARETTE F, PLOUFFE M. Roofex-results of laboratory testing of a new concept of yieldable tendon [C] //CHARETTE F, PLOUFFE M. Deep Mining 2007 Proceedings. Perth: Australian Centre for Geomechanics, 2007: 395-404.

[91] 何满潮, 李晨, 宫伟力, 等. NPR 锚杆/索支护原理及大变形控制技术 [J]. 岩石力学与工程学报, 2016, 35 (8): 1513-1529.

[92] 李鹏. 一种吸能-抗震锚杆: CN207609439U [P]. 2018-07-13.

[93] 王建宇. 对形变压力的认识——隧道围岩挤压性变形问题探讨 [J]. 现代隧道技术, 2020, 57 (4): 1-11.

[94] 王青成. 三心拱巷道 U 型钢支架承载能力与补强技术研究 [D]. 淮南: 安徽理工大学, 2017.

[95] FELLNER D, AMANN F. Modelling yielding support by programming FLAC-2D/FLAC-3D [J]. Eurock Salzburg, 2004: 673-678.

[96] ANAGNOSTON G, GANTIENI L. Design and analysis of yielding supports in squeezing ground [C]//Proc 11th ISRM congress. Lisbon, 2007.

[97] WU G, CHEN W, TIAN H, et al. Numerical evaluation of a yielding tunnel lining support system used in limiting large deformation in squeezing rock [J]. Environmental Earth Sciences, 2018, 77 (12): 1-10.

[98] BARLA G, BONINI M, SEMERARO M. Analysis of the behaviour of a yield-control support system in squeezing rock [J]. Tunnelling and Underground Space Technology, 2011, 26 (1): 146-154.

[99] GANTIENI L, ANAGNOSTON G. The interaction between yielding supports and squeezing ground [J]. Tunnel and Underground Space Technology, 2009 (24): 309-322.

[100] 仇文革, 王刚, 龚伦, 等. 一种适应隧道大变形的限阻耗能型支护结构研发与应用 [J]. 岩石力学与工程学报, 2018, 37 (08): 1785-1795.

[101] 李畅, 王刚, 仇文革, 等. 限阻器在高水平地应力隧道支护中的研究与应用 [J]. 现代隧道技术, 2020, 57 (3): 15-24.

[102] 李畅. 高地应力水平岩层隧道围岩稳定性特征 [D]. 成都: 西南交通大学, 2019.

[103] 李术才, 王新, 王琦, 等. 深部巷道U型约束混凝土拱架力学性能研究及破坏特征 [J]. 工程力学, 2016, 33 (1): 178-187.

[104] 王琦, 李为腾, 李术才, 等. 深部巷道U型约束混凝土拱架力学性能及支护体系现场试验研究 [J]. 中南大学学报（自然科学版）, 2015, 46 (6): 2250-2260.

[105] KIMURA F, OKABAYASHI N, KAWAMOTO T. Tunnelling through squeezing rock in two large fault zones of the Enasan Tunnel Ⅱ [J]. Rock Mechanics & Rock Engineering, 1987, 20 (3): 151-166.

[106] BARLA G, BONINI M, SEMERARO M. Analysis of the behaviour of a yield-control support system in squeezing rock [J]. Tunnel and Underground Space Technology, 2011 (26): 146-154.

[107] 张祉道, 白继承. 家竹箐隧道高瓦斯、大变形、大涌水的整治与对策 [J]. 世界隧道, 1998 (1): 1-10.

[108] 白继承, 管健. 超长锚杆在控制家竹箐隧道大变形中的应用 [J]. 世界隧道, 1998 (1): 57-59.

[109] F Q, GAO H P, et al. Effects of pre-existing discontinuities on the residual strength of rock mass—sight from a discrete element method simulation [J]. Journal of Structural Geology, 2016, 85: 40-50.

[110] 康红普. 我国煤矿巷道锚杆支护技术发展60年及展望 [J]. 中国矿业大学学报, 2016, 45 (6): 1071-1081.

[111] KANG H, WU Y, GAO F, et al. Fracture characteristics in rock bolts in underground coal mine roadways [J]. International Journal of Rock Mechanics & Mining Sciences, 2013, 62: 105-112.

[112] WU Y, KANG H, WU J, et al. Deformation and support of roadways subjected to abnormal stresses [J]. Procedia Engineering, 2011, 26 (none): 665-674.

[113] GAO F, STEAD D, KANG H, et al. Discrete element modelling of deformation and damage of a roadway driven along an unstable goaf—A case study [J]. International Journal of Coal Geology, 2014, 127: 100-110.

[114] 方树林, 红普, 林健, 等. 锚喷支护软岩大巷混凝土喷层受力监测与分析 [J]. 采矿与安全工程学报, 2012, 29 (6): 776-782.

［115］ 康红普，王金华，林健. 煤矿巷道锚杆支护应用实例分析［J］. 岩石力学与工程学报，2010，29（4）：649-664.

［116］ 张农，阚甲广，杨森. 锚杆（索）和 U 型钢支架支护失效形式与控制技术［J］. 煤炭科学技术，2015，43（6）：41-47.

［117］ 王其洲，谢文兵，荆升国，等. 动压影响巷道 U 型钢支架-锚索协同支护机理及其承载规律［J］. 煤炭学报，2015，40（2）：301-307.

［118］ 李子长. 软岩巷道新型支架联合支护研究［J］. 矿业装备，2020（4）：184-185.

［119］ 郭俊凡. 沿空留巷围岩控制关键技术研究［J］. 能源与环保，2020，42（7）：184-187.

［120］ HE M，GONG W，WANG J，et al. Development of a novel energy-absorbing bolt with extraordinarily large elongation and constant resistance［J］. International Journal of Rock Mechanics and Mining Sciences，2014，67：29-42.

［121］ HE M，LI C，GONG W，et al. Dynamic tests for a Constant-Resistance-Large-Deformation bolt using a modified SHTB system［J］. Tunnelling & Underground Space Technology，2017，64（Apr.）：103-116.

［122］ 罗刚. 中国 10km 以上超长公路隧道统计［J］. 隧道建设（中英文），2019，39（8）：1380-1383.

［123］ HONGPU K，JIAN L，YONGZHENG W. Development of high pretensioned and intensive supporting system and its application in coal mine roadways［J］. Procedia Earth and Planetary Science，2009，1（1）：479-485.

［124］ Kang H，Lin J，Fan M. J. Investigation on support pattern of a coal mine roadway within soft rocks—A case study［J］. Int. J. Coal Geol.，2015，140：31-40.

［125］ MOHAMED K M，MURPHY M M，LAWSON H E. Analysis of the current sidewall support practices and techniques in U. S. coal mines［J］. Int. J. Min. Sci. Technol，2016，26：77-87.

［126］ 单仁亮，彭杨皓，孔祥松，等. 国内外煤巷支护技术研究进展［J］，岩石力学与工程学报，2019，38（12）：2377-2403.

［127］ LASIELLO C，CALDENTEY A P. Analysis of high stresses in tunnel boring machine joints：experimental study and theoretical justification［J］. ACI Structural Journal，2020，117（3）：55-69.

［128］ Oreste P P. Analysis of structural interaction in tunnels using the convergence-confinement approach. Tunnelling and Underground Space Technology，2003，18（4）：347-363.

［129］ 吴博. 混凝土应力-应变曲线试验研究与随机损伤本构模型［D］. 西安：西安建筑科技大学，2015.

［130］ 唐雄俊. 隧道收敛约束法的理论研究与应用［D］. 武汉：华中科技大学，2009.

［131］ CARRANZA T C，FAIRHURST C. The elasto-plastic response of underground excavations in rock masses that obey the Hoek-Brown failure criterion［J］. International Journal of Rock Mechanics and Mining Sciences，1999，36（6）：777-809.

［132］ 刘少峰. 岩质隧道初衬安全系数及失效概率计算方法［D］. 长沙：湖南大学，2017.

［133］ EVERT H. Big tunnels in bad rock［J］. Journal of Geotechnical and Geoenvironmental Engineering，2001，127（9）：726-740.

［134］ 胡元芳，刘志强，王建宇. 高地应力软岩条件下挤压变形预测及应用［J］. 现代隧道技术，2011，48（3）：28-34.

［135］ 宋彦辉，巨广宏. 基于原位试验和规范的岩体抗剪强度与 Hoek-Brown 准则估值比较［J］. 岩石

力学与工程学报,2012,31(5):1000-1006.

[136] INDRARATNA B, KAISER P K. Analytical model for the design of grouted rock bolts [J]. International Journal for Numerical and Analytical Methods in Geomechanics, 1990, 14: 27-251.

[137] 陈浩,任伟中,舒中根,等. 不同支护条件下锚杆支护作用的模型试验研究与数值分析 [J]. 岩土力学,2012,33(S1):277-282.

[138] 李春清,梁庆国,吴旭阳,等. 复合式衬砌初期支护刚度及影响因素分析 [J]. 隧道建设,2014,34(8):754-759.

[139] 郑颖人,阿比尔的,向钰周. 隧道稳定性分析与设计方法讲座之三:隧道设计理念与方法 [J]. 隧道建设,2013,33(8):619-625,614.

[140] 郑颖人,丛宇. 隧道稳定性分析与设计方法讲座之二:隧道围岩稳定性分析及其判据 [J]. 隧道建设,2013,33(7):531-536.

[141] 孙钧,朱合华. 软弱围岩隧洞施工性态的力学模拟与分析 [J]. 岩土力学,1994,15(4):20-23.

[142] GALLI G, GRIMALDI A, LEONARDI A. Three-dimensional modeling of tunnel excavation and lining [J]. Computers and Geotechnics, 2004, 31 (3): 171-183.

[143] 朱义欢,邵国建. 地下洞室围岩短长期稳定性的评判准则综述 [J]. 地下空间与工程学报,2013,9(S2):2093-2098.

[144] 徐立功,李浩,陈祥林,等. 锚杆参数对围岩稳定性影响的数值分析 [J]. 岩土工程学报,2010,32(S2):249-252.

[145] 郑颖人,邱陈瑜,张红,等. 关于土体隧洞围岩稳定性分析方法的探索 [J]. 岩石力学与工程学报,2008(10):1968-1980.

[146] HOEK E, BROWN E T. Practical estimates of rock mass strength [J]. Int. J. Rock Mech. Min. Sci, 1997, 34 (8): 1165-1186.

[147] ZDENEK P, BAZANT F. Continuum theory for strain-softening [J]. Journal of Engineering Mechanics, 1984, 110 (12): 1666-1692.

[148] 李文婷,李树忱,冯现大,等. 基于莫尔-库仑准则的岩石峰后应变软化力学行为研究 [J]. 岩石力学与工程学报,2011,30(7):1460-1466.

[149] 杨超,崔新明,徐水平. 软岩应变软化数值模型的建立与研究 [J]. 岩土力学,2002,23(6):695-697,701.

[150] 张流,王绳祖,施良骐. 我国六种岩石在高围压下的强度特性 [J]. 岩石力学与工程学报,1985(1):13-22.

[151] WANG X, DU Y, PAN Y, et al. An elastic and brittle model with damage and application in study on rock localized failures [J]. Yingyong Jichu yu Gongcheng Kexue Xuebao/Journal of Basic ence and Engineering, 2012, 20 (4): 642-653.

[152] 尤明庆. 岩石试样的杨氏模量与围压的关系 [J]. 岩石力学与工程学报,2001,22(1):53-53.

[153] 曾飞涛,邵龙潭,郭晓霞. 围压对横观各向同性砂岩弹性参数的影响 [J]. 地下空间与工程学报,2019,15(02):128-136.

[154] 王吉渊. 围压对煤体力学性质影响的实验研究 [J]. 煤矿安全,2010,41(12):14-16.

[155] 王红才,赵卫华,孙东生,等. 岩石塑性变形条件下的Mohr-Coulomb屈服准则 [J]. 地球物理学报,2012,55(12):4231-4238.

[156] AL-SHAYEA N A, MOHIB K R. Parameters for an elasto-plasto-damage model for the stress-strain behavior of dense sand [J]. International Journal of Damage Mechanics, 2011, 20 (1): 63-87.

[157] AL-SHAYEA N A, MOHIB K R. Parameters for an elasto-plasto-damage model for the stress-strain behavior of cohesive soils [J]. International Journal of Damage Mechanics, 2012, 21 (4): 309-339.

[158] 陆银龙, 王连国, 杨峰, 等. 软弱岩石峰后应变软化力学特性研究 [J]. 岩石力学与工程学报, 201, 29 (3): 640-648.

[159] HONGPU K, JIAN L, YONGZHENG W. Development of high pretensioned and intensive supporting system and its application in coal mine roadways [J]. Procedia Earth & Planetary Science, 2009, 1 (1): 479-485.

[160] ZHANG Z, KANG H P, WANG J H. Surrounding Rock Deformation Mechanism and Bolts Supporting of the Cracked Roadways [C] //Chinese Society for Rock Mechanics and Engineering. International Symposium on Risk Control and Management of Design, Construction and Operation in Underground Engineering, 2009: 419-422.

[161] 吕刚, 刘建友, 赵勇. 超大跨度隧道围岩支护体系构件化设计方法及其应用研究 [J]. 隧道建设 (中英文), 2018, 38 (9): 1520-1528.

[162] LI C C. Principles of rockbolting design [J]. Journal of Rock Mechanics and Geotechnical Engineering, 2017, 9 (3): 18-36.

[163] LANG T A. Theory and practice of rock bolting [J]. Transactions of the American Institute of Mining Engineers, 1961, 220: 333-348.

[164] ZHANG Y J, SU K, QIAN Z D, WU H G. Improved Longitudinal Displacement Profile and Initial Support for Tunnel Excavation [J]. KSCE Journal of Civil Engineering, 2019, 23 (6): 2746-2755.

[165] SONG G J, YUN H S, SEO Y S. Prediction of Fault Zone ahead of Tunnel Face Using Longitudinal Displacement Measured on Tunnel Face [J]. The Journal of Engineering Geology, 2016, 26 (2): 187-196.

[166] GONG J W, XI X W, WANG Y J, et al. Numerical Model Method of Stress and Strain—Introduce to Numerical Model Software FLAC [J]. journal of east china geological institute, 2002 (3): 220-227.

[167] 孙钧, 潘晓明, 王勇. 隧道软弱围岩挤压大变形非线性流变力学特征及其锚固机制研究 [J]. 隧道建设, 2015, 35 (10): 969-980.

[168] 孙钧, 钦亚洲, 李宁. 软岩隧道挤压型大变形非线性流变属性及其锚固整治技术研究 [J]. 隧道建设 (中英文), 2019, 39 (3): 337-347.

[169] 韩建新. 基于应变软化模型的岩体峰后变形特性和隧洞结构稳定性研究 [D]. 济南: 山东大学, 2012.

[170] 康红普, 林健, 张冰川. 小孔径预应力锚索加固困难巷道的研究与实践 [J]. 岩石力学与工程学报, 2003 (3): 387-390.

[171] KANG H P, YANG J H, MENG X Z. Tests and analysis of mechanical behaviours of rock bolt components for China's coal mine roadways [J]. Journal of Rock Mechanics and Geotechnical Engineering, 2015, 7 (1): 14-26.

[172] 刘长明, 张红, 晏祥智, 等. 隧道围岩的黏弹塑蠕变模型及参数劣化分析 [J]. 应用力学学报, 2020, 37 (6): 2341-2347, 2691.

[173] MA S Q, GUTIERREZ M. A time-dependent creep model for rock based on damage mechanics [J]. Environmental Earth Sciences, 2020, 79 (19): 1-8.

[174] 李建伟, 雷胜友, 李振, 等. 木寨岭隧道炭质板岩流变力学特性研究 [J]. 隧道建设, 2012, 32

(1)：36 40.

[175] 陶志刚，罗森林，康宏伟，等. 公路隧道炭质板岩变形规律及蠕变特性研究［J］. 中国矿业大学学报，2020，49（5）：898-906.

[176] 徐慧臣. 木寨岭深埋隧道板岩吸水强度软化结构效应实验研究［D］. 北京：中国矿业大学，2019.

[177] 宋勇军，雷胜友，邹翀，等. 干燥与饱水状态下炭质板岩蠕变特性研究［J］. 地下空间与工程学报，2015，11（03）：619-625，664.

[178] 康红普，杨景贺，姜鹏飞. 锚索力学性能测试与分析［J］. 煤炭科学技术，2015，43（6）：29-33，106.

[179] 程伟. 基于围岩感知的锚钻装备推进回转协同自适应控制研究［D］. 徐州：中国矿业大学，2018.

[180] WANG B，ZHENG L，CHUAN H，et al. Durability of multiple-anticorrosive bolts in a corrosive environment［J］. Practical Metallography，2014，51（5）：426-450.

[181] Li C C. Principles of rock bolting design［J］. Journal of Rock Mechanics and Geotechnical Engineering，2017（9）：396-414.

[182] GAMBOA E，ATRENS A. Material influence on the stress corrosion cracking of rock bolts［J］. Engineering Failure Analysis，2005，12（2）：201-235.

[183] 陈晓斌，唐孟雄，马昆林. 地下混凝土结构硫酸盐及氯盐侵蚀的耐久性实验［J］. 中南大学学报（自然科学版），2012，43（7）：2803-2811.

[184] YANG H，HUANG D，YANG X，et al. Analysis model for the excavation damage zone in surrounding rock mass of circular tunnel［J］. Tunnelling and Underground Space Technology incorporating Trenchless Technology Research，2013，35：78-88.

[185] 孙伟，缪昌文. 现代混凝土理论与技术［M］. 北京：科学技术出版社，2012.

[186] YAZICI S，KAISER P K. Bond strength of grouted cable bolts［J］. International Journal of Rock Mechanics and Mining Sciences & Geomechanics Abstracts，1992，29（3）：279-292.

[187] CAO C，REN T，ZHANG Y D，et al. Experimental investigation of the effect of grout with additive in improving ground support［J］. International Journal of Rock Mechanics & Mining Sciences，2016，85：52-59.

[188] 刘利，冯玉伟. 螺栓拧紧力矩的确定及检验方法［J］. 煤矿机械，2007（5）：155-156.

[189] 刘辉，高贯林. 锚杆螺母相关技术参数对预紧力的影响［J］. 煤矿安全，2018，49（12）：126-127，131.

[190] HE M C，GONG W L，WANG J，et al. Development of a novel energy-absorbing bolt with extraordinarily large elongation and constant resistance［J］. Int J Rock Mech. Min. Sci，2014，67：29-62.

[191] WENNING L，MUSER M H. Friction laws for elastic nanoscale contacts［J］. EPL (Europhysics Letters)，2001，54（5）：693-693.

[192] 何满潮，吕谦，陶志刚，等. 静力条件下恒阻大变形锚索应变特征实验研究［J］. 中国矿业大学学报，2018，43（9）：53-58.

[193] 吕谦，陶志刚，李兆华，等. 恒阻大变形锚索弹塑性力学分析［J］. 岩石力学与工程学报，2018，34（11）：2179-2187.

[194] 王仲仁，苑世剑，胡连喜. 弹性与塑性力学基础［M］. 哈尔滨：哈尔滨工业大学出版社，1997.

[195] 姜伟. 膨胀管弹塑性力学特性分析与设计研究［J］. 中国海上油气，2008（2）：111-114.

[196] 谢和平，鞠杨，黎立云. 基于能量耗散与释放原理的岩石强度与整体破坏准则［J］. 岩石力

与工程学报，2005（17）：3003-3010.

[197] 李国良，李宁，丁彦杰. 高地应力软岩大变形隧道防控关键技术研究 [J]. 中国铁路，2020（12）：69-73.

[198] 石州，罗彦斌，陈建勋，等. 木寨岭公路隧道大变形综合评价预测 [J]. 公路交通科技，2020，37（8）：90-98，158.

[199] 孙振宇，张顶立，侯艳娟，等. 基于现场实测数据统计的隧道围岩全过程变形规律及稳定性判据确定 [J]. 岩土工程学报，2021，43（7）：1261-1270，1376-1377.